Lindauer Texte

Texte zur
psychotherapeutischen Fort- und Weiterbildung

Herausgeber:
P. Buchheim M. Cierpka Th. Seifert

Springer
Berlin
Heidelberg
New York
Barcelona
Hong Kong
London
Mailand
Paris
Singapur
Tokio

P. Buchheim M. Cierpka Th. Seifert (Hrsg.)

Symptom und Persönlichkeit im Kontext

Ressourcen

Aspekte der Wirklichkeit

Unter Mitwirkung von:

G. Benedetti, M. Bockemühl, H. M. Emrich, P. Hahn, H. Kächele, L. Köhler, L. Luborsky, D. Orlinsky, I. Rösing, G. Rudolf, Th. Seifert, H. Stierlin, H. Stolze, M. Stone, U. Streeck, A. Trenkel

Springer

Herausgeber

Prof. Dr. med. Peter Buchheim
Institut und Poliklinik für Psychosomatische Medizin
und Psychotherapie der Technischen Universität München
Klinikum rechts der Isar
Langerstraße 3
81675 München

Prof. Dr. Manfred Cierpka
Georg-August-Universität Göttingen
Abt. Psychosomatik und Psychotherapie - Schwerpunkt Familientherapie
Humboldtallee 38
D-37073 Göttingen

Dr. Theodor Seifert
Mörikestraße 54
D-71299 Wimsheim

ISSN 1431-5440

ISBN 3-540-65832-7 Springer-Verlag Berlin Heidelberg New York

Die Deutsche Bibliothek - CIP-Einheitsaufnahme
Symptom und Persönlichkeit im Kontext. Ressourcen. Aspekte der Wirklichkeit / Hrsg.: Peter Buchheim ... - Berlin; Heidelberg, New York; Barcelona; Hongkong; London; Mailand; Paris; Singapur; Tokio: Springer, 1999 (Lindauer Texte)
ISBN 3-540-65832-7

Satz: Reproduktionsfertige Vorlagen von den Herausgebern

Herstellung: Druckerei Henrich, Frankfurt a. M.
SPIN: 10691837 26/3134 - 5 4 3 2 1 0 - Gedruckt auf säurefreiem Papier

Vorwort

Der 9. Band der *Lindauer Texte* enthält die Beiträge zu den beiden Leitthemen der 48. Lindauer Psychotherapiewochen: *Symptom und Persönlichkeit im Kontext* und *Ressourcen.* Im dritten Teil des Bandes befinden sich die Beiträge aus der Vorlesungsreihe *Aspekte der Wirklichkeit* zu Ehren von Herrn Prof. Dr. med. H. Stolze anläßlich seines 80. Geburtstags.

Helmuth Stolze hat mit seiner herausragenden Persönlichkeit als Psychotherapeut und Wissenschaftler die Lindauer Psychotherapiewochen in den Jahren 1959 bis 1975 geleitet und in dieser Zeit die Entwicklung und das Profil dieser größten jährlich wiederkehrenden psychotherapeutischen Fort- und Weiterbildungsveranstaltung geprägt.

Das erste Leitthema beschäftigt sich mit dem *Symptom* in seinen verschiedenen Bedeutungen und *Kontexten*. Es wird auf die Psychobiologie von Kontext und Bedeutung bei der Bildung von Symptomen Bezug genommen sowie auf subjektive Beziehungswirklichkeiten im Sinne einer kreativen Schöpfung. Es wird auch zu einer verstärkten Berücksichtigung des Kontextes bei der Symptombildung und therapeutischen Behandlungsmöglichkeiten hingeführt. Darüber hinaus wird die wissenschaftliche Operationalisierung dieses Konstrukts anhand der Symptom-Kontext-Methode vorgestellt. Die Symptome sind in die Persönlichkeit eines Individuums eingebettet und deshalb nur auf diesem Hintergrund zu verstehen. Persönlichkeitsstörung als pathologische Abweichung wird aus entwicklungs-, sozialpsychologischer und klinischer Sichtweise beleuchtet.

Das Thema *Ressourcen* widmet sich einerseits den adaptiven Kräften und gesunden Ich-Anteilen des Individuums. Andererseits werden die Kräfte der Familie und Partnerschaft aus systemischer Sicht im Hinblick auf Ressourcen diskutiert. Ein Beitrag interpretiert Konzepte von Gesundheit, Krankheit und Heilung im transkulturellen Vergleich. Dies geschieht am Beispiel der in der andinen und tibetischen Kultur wohlbekannten und wohldefinierten Krankheit des "Seelenverlustes". Mit den heilenden Kräften des Pychotherapeuten setzt sich ein englisch-sprachiger Beitrag auf dem Hintergrund der Psychotherapieforschung auseinander.

Weiterhin ist es das besondere Anliegen der Weggefährten von Helmuth Stolze, sich der "Wirklichkeit" aus verschiedenen Perspektiven anzunähern. Dabei werden Aspekte der Wissenschaftlichkeit, subjektive Beziehungswirklichkeit, das Erschaffen einer Wirklichkeit im Bereich der Kunst und Naturwissenschaft sowie die Besinnung auf die innere Wirklichkeit aus spiritueller Sicht thematisiert.

Unser besonderer Dank gilt wiederum Dipl. -Psych. Anna Buchheim für die sorgfältige Aufbereitung und redaktionelle Bearbeitung der Texte bis zur druckreifen Herstellung des Bandes. Wir bedanken uns auch wieder sehr herzlich bei Regine Karcher-Reiners für ihre stete Unterstützung bei der redaktionellen Arbeit.

Wir freuen uns, diesen Band den Teilnehmerinnen und Teilnehmern der 49. Lindauer Psychotherapiewochen und allen Interessierten, die letztes Jahr nicht in Lindau sein konnten, wieder überreichen zu können.

April 1999

Peter Buchheim, München
Manfred Cierpka, Heidelberg
Theodor Seifert, Wimsheim

Inhaltsverzeichnis

Symptom und Persönlichkeit im Kontext

Ressourcen

Aspekte der Wirklichkeit

Mitarbeiterverzeichnis

Gaetano Benedetti, Prof. Dr. med.
Inzlingerstraße 291, CH-4125 Riehen

Michael Bockemühl, Prof. Dr. phil.
Alfred-Herrhausen-Straße 50, D-58448 Witten

Hinderk M. Emrich, Prof. Dr. med.
Konstanty-Gutschow-Str. 8, D-30625 Hannover

Peter Hahn, Prof. Dr. med.
Strahlenbergerstraße 11, D-69198 Schriesheim

Horst Kächele, Prof. Dr. med.
Am Hochsträß 8, D-89081 Ulm

Lotte Köhler, Dr. med.
Pienzenauerstraße 91, D-81925 München

Lester Luborsky, Prof. Ph. D.
3600 Market Street, 7th Floor, Philadelphia
PA 19104-2648, USA

David Orlinsky, Prof. Ph. D.
5730 South Woodlaen Ave, Chicago,
Illinois 60637, USA

Ina Rösing, Prof. Dr. phil. habil.
Am Hochsträß 8, D-89081 Ulm

Theodor Seifert, Dr. rer. biol. hum., Dipl.- Psych.
Mörikestraße 54, D-71299 Wimsheim

Helm Stierlin, Prof. Dr. med.
Kapellenweg 19, D-69121 Heidelberg

Helmuth Stolze, Prof. Dr. med.
Adalbert-Stifter-Straße 31, D-81925 München

Michael H. Stone, Prof. M. D.
Suite 114, 225 Central Park West
New York City, NY 10024, USA

Ulrich Streeck, Prof. Dr. med.
Krankenhaus Tiefenbrunn, D-37124 Rosdorf

Arthur Trenkel, Dr. med.
Kramgasse 47, CH-3011 Bern

Persönlichkeit und Symptom im Kontext der Psychotherapie

G. Rudolf

Das Thema Persönlichkeit in ihren psychotherapeutischen Kontexten ist so breit angelegt, daß sogleich viele Fragen aufgerufen werden: "Welches Konzept von Persönlichkeit wollen wir verwenden, wie entsteht Persönlichkeit und wie konstant besteht sie, wie erlangt eine Persönlichkeit ein Bild von einer anderen, was bedeutet Gesundheit und Störung bezogen auf die Persönlichkeit, in welchem Zusammenhang stehen Persönlichkeit und Symptombildung?" Nicht zuletzt wird das zentrale Thema der Psychotherapie angesprochen: "Wie verändert sich Persönlichkeit im Verlauf einer Psychotherapie und wie läßt sich diese Umstrukturierung erfassen?" Ich will innerhalb dieser Bandbreite drei thematische Akzente setzen: Zum Ersten will ich die Einflüsse des Gesellschaftlichen auf die Persönlichkeit untersuchen, zum Zweiten ihre intrapsychische Regulation betrachten und zum Dritten der Frage nachgehen, wie in wissenschaftlichen Fragestellungen ein Bild der Persönlichkeit gewonnen werden kann und welche Modellvorstellungen dabei verwendet werden. Das letztgenannte Thema mündet in Fragen der empirischen Forschung, d. h. der "Messung" von Persönlichkeitsfaktoren und ihrer Veränderungen in der Psychotherapie.

Persönlichkeit unter dem Einfluß der Gesellschaft

Persönlichkeit ist nicht irgendein psychologischer Begriff, sondern hat die Aura des Besonderen: Darin ähnelt er anderen altmodischen Formeln wie "die Nation" oder "die Moral"; auch das sind Begriffe, die suggestiv glauben machen wollen, daß sie unbestreitbar und unerschütterlich existierten.

Persönlichkeit betrachtet man als etwas, das aus sich heraus gewachsen und gereift ist und sich dabei individuell ausgestaltet. Man betont dabei nicht das Glatte, Harmonische, sondern die Ecken und Kanten, das Widersprüchliche, Asymmetrische, aber auch das Originelle, Kreative, den göttlichen Funken sozusagen.

Persönlichkeit ist ferner etwas, das in die Gesellschaft hineinwirkt und dort wahrgenommen wird. Man sagt, sie oder er sei wirklich eine Persönlichkeit, eine angesehene, eine Führungspersönlichkeit, eine Persönlichkeit der Zeitgeschichte, des öffentlichen Lebens. All diesem Großartigen steht ein Begriff wie Persönlichkeitsstörung gegenüber: die instabile, gespaltene, multiple, kurzum die bedrohte und bedrohliche Ausprägung von Persönlichkeit.

Im Raum des Juristischen und des Politischen wird dem Persönlichkeitsbegriff eine besondere Achtung zuteil, man spricht von der Würde der menschlichen Persönlichkeit. Sie wird in der Deklaration der Menschenrechte der Vereinten Nationen von 1948 eindrucksvoll beschrieben. Danach soll die Persönlichkeit sich unter rechtlichem Schutz entfalten und verwirklichen und über sich selbst verfügen können. Der rechtliche Schutz richtet sich vor allem gegen aggressive Einwirkungen von außen, gegen orale Aggressivität im Sinne von Beraubung und Ausbeutung, gegen destruktive Aggressivität im Sinne der Erniedrigung, Verletzung, Folter, Versklavung, Tötung und gegen sexuelle Aggressivität im Sinne des Mißbrauchs und der sexuellen Ausbeutung. Auf dem Gegenpol dieses Schutzes vor den Übergriffen von Außen steht das Recht auf die Ausweitung eigener Interessen in die Gesellschaft hinein. Die Persönlichkeit soll sich frei bewegen, ihre Meinung frei äußern, ihre Gedanken und religiösen Überzeugungen frei entwickeln dürfen. Sie soll sich Wissen, Bildung und Eigentum aneignen können, sie soll tätig werden in der Arbeit und dafür gerecht entlohnt werden. Sie soll sich mit anderen als Paar oder im Sinne einer Familiengründung verbinden oder in Gemeinschaften zusammenschließen dürfen.

Die so garantierte Selbstverfügung und Selbstentfaltung der Einzelpersönlichkeit unter dem Schutz der Gesellschaft gilt gleichzeitig als Bedingung für Gesundheit: In der WHO-Charta von Ottawa (1996) werden genau diese Elemente als Voraussetzungen für Wohlbefinden und Lebensqualität genannt.

Genau betrachtet, handelt es sich hierbei um ethische Wertsetzungen: So "soll" es sein! Derartige Wertüberzeugungen definieren, was richtig und falsch ist im Umgang von Menschen mit Menschen. Aber für wen gelten sie und seit wann?

Richten wir den Blick von den 40er Jahren, aus denen die Menschenrechtsdeklaration stammt, auf die 30er Jahre in Deutschland, so bietet sich uns ein völlig verändertes Bild. Der Nationalsozialismus hatte beschlossen, seine Weltsicht und Wertvorstellungen mit kriegerischer Gewalt in die Nachbarländer hineinzutragen. Dem war vorausgegangen, daß die Rechte des Einzelnen zu Gunsten gesellschaftlicher Rechtsforderungen abgebaut worden waren, was im nachhinein betrachtet, mit einer breiten Zustimmung der deutschen Bevölkerung geschehen war, die sich später als Opfer der unaufhaltsam fortschreitenden Entwicklung erfuhr. So kam es, daß junge Männer, z. B. unsere Väter, auf viele Rechte verzichten mußten, auf das Recht, ihren Aufenthaltsort selbst zu bestimmen, ihren erlernten Beruf auszuüben, in ihrer Familie zu leben, ihre Kinder selbst zu erziehen, ihre Meinung zu äußern. Sie erhielten statt dessen eine Uniform und einen Marschbefehl Richtung Front, wo sie vor der Alternative standen, für das Vaterland zu kämpfen und zu sterben oder als Widerstandskämpfer ihr Leben zu riskieren. Von unseren kaisertreuen Großvätern im Sinne der Kriegergesellschaft zu Pflichterfüllung und Gehorsam erzogen, fügten sich die meisten unserer Väter und verloren entweder ihr Leben oder sie überlebten als beschädigte, d. h. als körperlich und psychisch traumatisierte Persönlichkeiten.

In der Nachkriegszeit wurde die Pflicht zum Wehrdienst umgemünzt in die Pflicht zur schulischen und beruflichen Leistung, zum Wiederaufbau. Der Pflichtenkanon jener Zeit war umfangreich, insbesondere hochmoralisch. Ein Gymnasiast, der einen Witz sexuellen Inhalts erzählt hatte, eine Schülerin, die zum tanzen in ein amerikanisches Lokal gegangen war, wurden als moralisch untragbar aus der Höheren Schule entfernt; die Pflicht zu Leistung und Gehorsam war mit einer spezifisch triebfeindlich getönten Sauberkeitspflicht verwoben.

Als in der 68er Epoche dieses Wertegewebe an allen vier Ecken angezündet wurde, erlebten viele meiner Generation das als stimmig und befreiend, nebenbei bemerkt kam für mich persönlich die Umwälzung etwas zu spät, ich hatte schon zu viel von der Pflichtenlogik verinnerlicht, so daß ich wegen häufiger Bereitschaftsdienste selten Zeit hatte, an den gesellschaftsverändernden Demonstrationen teilzunehmen. Immerhin hat vielen von uns die Übersiedlung nach Westberlin geholfen, die inzwischen neu etablierte Bundeswehr und damit die Rückkehr in die Kriegergesellschaft zu umgehen.

Aber wenigstens ihren Kindern wollten die Eltern meiner Generation die neu entdeckte Selbstverwirklichung zuteil werden lassen. Sie gründeten Kinderläden, studierten Wilhelm Reich und Vera Schmidt und richteten zur Entfaltung der frühkindlichen Sexualität Schmuseecken ein. Autorität, Gehorsam, Pflicht, Dienstleistung wurden als Werte suspendiert. Hier zeigt sich ein krasser Wertewandel, weg von dem Pol der gesellschaftlichen Verfügbarkeit des Einzelnen hin zu einer individuumzentrierten Selbstigkeit, weg von den Pflichten hin zu den Rechten. Erst allmählich im Laufe der nächsten zwei Jahrzehnte verlor dieser Trend seine anfängliche hedonistisch egozentrische Ausrichtung zu Gunsten einer nun wieder stärkeren sozialen Einbindung. Diese galt aber nun nicht mehr dem Staat oder der Gesellschaft, sondern zunächst der Zweierbeziehung und in einem nächsten Schritt dem Ganzen der Mitwelt, also gewissermaßen einer ökologischen Einbindung.

1997 schließlich legte eine Gruppe von Politikern den Vereinten Nationen eine "Allgemeine Erklärung der Menschenpflichten" vor, die gewissermaßen der Menschenrechtserklärung zur Seite gestellt ist. Sie enthält neben den Werten des Gewaltverzichts, des Respekts, der Toleranz gegen andere auch die Verpflichtung auf das Wohlergehen anderer, der Partner, der Kinder, aber auch der gesamten lebenden Umwelt. So sehen wir im Pendelschwung der Entwicklung nach drei

Jahrzehnten der betonten Rechte die Wiederkehr der Pflichten in nunmehr veränderter Form.

Die sich wandelnden Wertvorstellungen der Gesellschaft üben einen großen Einfluß auf die Persönlichkeit aus, auf ihre Ich-Idealbildungen und ihre Selbstentwürfe und das, worauf sie ihren Selbstwert gründet. Eine Studie, die an unserer Klinik an Migranten der zweiten Generation durchgeführt wird, läßt erkennen, was es für die Persönlichkeit, ihre Identität und den Selbstwert bedeutet, zwischen zwei gesellschaftlichen Wertsystemen aufzuwachsen und welche psychischen und körperlichen Gesundheitsfolgen daraus resultieren. Auch unsere psychotherapeutische Arbeit mit älteren Patienten läßt erkennen, wie sehr diese von einer ganz anderen Wertwelt geprägt sind und daher zweifeln, ob sie heute noch verstanden werden können.

Als Fazit läßt sich festhalten, Persönlichkeit in ihrer Ausgestaltung, in ihren Widersprüchen ist in starken Maße ein Produkt gesellschaftlicher Wertvorstellungen oder genauer gesagt ein Produkt der Auseinandersetzung zwischen solchen Wertvorstellungen, die internalisiert mitgetragen werden und solchen, die aktuell im gesellschaftlichen Außen wirksam sind.

Das Thema der gesellschaftlichen Geprägtheit der Persönlichkeit könnte mich in die Vorlesung von morgen hinübergleiten lassen, wo es im Zusammenhang mit den somatoformen Störungen um den Umgang mit dem Körper geht. Die in der Gesellschaft entwickelten Idealbilder betreffen vor allem auch den Körper: Jede Gesellschaft hat ein starkes unbewußtes Interesse an der Errichtung von Idealbildern des Körperselbst, denn sie kann auf diesem Wege einen großen Einfluß auf die Individuen ausüben, von denen die meisten keine Chance haben, das Ideal je zu erreichen, denkt man z. B. an das aktuelle weibliche Körperideal mit seiner Jugendlichkeit, Schlankheit und androgynen erotischen Ausstrahlung bei gleichzeitiger hoher Leistungsfähigkeit und Genußfreudigkeit.

An dieser Stelle wäre es angebracht, das Wissen über die Entwicklungsgeschichte der Persönlichkeit zu resümieren, also das Zusammenspiel von ererbten Faktoren, frühen Beziehungserfahrungen, charakterlichen Bewältigungsformen. Ich möchte es mir erlauben, dieses gesamte Kapitel als bekannt vorauszusetzen und beiseite zu lassen, weil es den zentralen Bereich der psychodynamischen Persönlichkeitstheorie ausmacht und weil insbesondere die Woge der Begeisterung für die aktuelle Säuglings- und Kleinkindforschung kaum jemanden unberührt und uninformiert gelassen haben dürfte. So spreche ich an dieser Stelle nicht weiter darüber, wie die Persönlichkeit sich gesunderweise entwickelt, sondern darüber, wie sie sich nach Abschluß einer angenommen gesunden Entwicklung selbst reguliert und immer wieder konstituiert.

Sein befreundeter Gesprächspartner gibt ihm Recht:

"Die Welt ist einmal wie sie ist und die Dinge verlaufen nicht, wie wir wollen, sondern wie die anderen wollen. Unser Ehrenkultus ist ein Götzendienst, aber wir müssen uns ihm unterwerfen, solange der Götze gilt."

Während Fontane (geboren 1819) beschreibt, wie seine Gestalten dem internalisierten gesellschaftlichen Muß verpflichtet sind und daran psychisch leiden oder zugrunde gehen, postuliert der gleichaltrige Karl Marx (geboren 1818) eine völlig andere Haltung gegenüber dem Götzen Gesellschaft. Er schreibt im Kapital:

"In diesem Augenblick regen sich Kräfte und Leidenschaften im Gesellschaftsschoße, welche sich von ihr gefesselt fühlen. Sie muß vernichtet werden, sie wird vernichtet, die Bourgeoisie ... produziert vor allem ihre eigenen Totengräber. Ihr Untergang und der Sieg des Proletariates sind gleich unvermeidlich."

Es ist nicht schwer, heute klüger zu sein als Fontane oder Marx und das Wechselspiel von Person und Gesellschaft jener Zeit zu durchschauen. Es liegt aber nahe anzunehmen, daß wir die Verhältnisse in unserer Zeit nur schwer oder kaum verstehen und daß wir uns als Persönlichkeiten in Dinge fügen, gegen die wir politisch Stellung nehmen müßten oder umgekehrt, daß wir politische Markierungen setzen, die uns psychisch überfordern werden. Das liegt nicht an unserem Unvermögen, sondern an der Systemlogik. Wenn man in einem System verwoben ist, kann man es nicht gleichzeitig mit distanziertem Blick von außen betrachten.

Als Fazit möchte ich festhalten, daß die zentralen Strukturen der individuellen Persönlichkeit - hier als Selbst beschrieben - wiederum nicht statisch dauerhaft gegeben sind, sondern sich ständig konstituieren müssen. Persönlichkeit ist, so gesehen, Potentialität; sie ist die Fülle ihrer inneren Möglichkeiten und, von außen betrachtet, die jeweilige Realisierung eines ihrer vielen Selbstentwürfe in einer jeweiligen aktuellen interpersonellen Situation. Man kann auch sagen, die Persönlichkeitsstruktur arbeitet ständig an sich selbst. Sie tut das - und damit komme ich auf meine Anfangsthese von der gesellschaftlichen Bedeutung zurück - im ständigen Rückbezug auf die anderen, d. h. in der Auseinandersetzung mit den *äußeren* anderen und in der Abstimmung mit den *internalisierten* Objekten und verinnerlichten Werten der Gesellschaft. Zum Thema des Selbstentwurfs gibt es bekanntlich interessante philosophische Überlegungen bei den Existenzialisten (Heidegger oder Sartre) in dem Sinne, daß der Mensch auf diese Weise versucht, sein Geschick selbst zu gestalten, sich gewissermaßen bewußt ein zweites Mal zur Welt bringen kann, um nicht nur - wie bei der biologischen Geburt - unfreiwillig ins Dasein geworfen zu sein.

Die Persönlichkeit in der Begegnung

Um das Bild einer Persönlichkeit zu gewinnen, arbeitet die akademische Psychologie bevorzugt mit Skalen der Selbsteinschätzung, von denen viele als Persönlichkeitsinventar bezeichnet sind. Sie führen zu Persönlichkeitsprofilen oder Persönlichkeitstypologien. Die Psychotherapie bleibt gegenüber dieser Vermessung einer Persönlichkeit durch eine andere skeptisch, sie folgt eher der Vorstellung, daß zwei menschliche Subjekte sich begegnen, daß sie mit der vieldeutigen Sprache aufeinander einwirken, daß sie einander szenisch und körpersprachlich zu beeinflussen versuchen. Es lassen sich leicht ein Dutzend Bedeutungsebenen dieses sprachlichen und nichtsprachlichen Austauschs zusammenstellen. Sie können in der Forschung, im slow motion des Videobandes, in der Wort-für-Wort-Analyse des Textes entwirrt werden. Der Therapeut oder Untersucher ist überfordert, wollte er alle diese Signale voneinander unterscheiden. Seine Aufmerksamkeit fängt hier ein Wort, da ein Blick, dort eine Geste auf und verbindet alles zu einem Gesamteindruck, von dem er nachträglich nicht genau weiß, wie er zustande gekommen ist. Es ist ein Eindruck, der sich auf zwei Ebenen abbilden läßt:

1. als das Bild des anderen, das im Subjekt entsteht und
2. als die Eigenbefindlichkeit, welche die unvermeidliche Resonanz jeder Begegnung bildet (man kann auch sagen Gegenübertragung).

Damit sind wir mitten in einem System der Beziehungsgestaltung zweier Subjekte, die einander Anteile ihrer Persönlichkeit sehen lassen und andere Anteile voreinander verbergen, die einander von ihrer Sicht zu überzeugen versuchen und die auf diese Weise einen Aushandlungsprozeß in Gang setzen, der, solange die Beziehung besteht, immer Prozeß bleibt und nicht in einen definitiven Endzustand einmündet. Was jemand von der Persönlichkeit eines anderen erfährt und von seiner eigenen Persönlichkeit erlebt, ist also keineswegs statisch, sondern erfolgt in Prozeßabläufen.

Als Fazit dieses Abschnittes wird unterstrichen, daß das Bild der Persönlichkeit in starkem Maße Produkt einer Begegnung ist, beziehungsweise Produkt eines Aushandlungsprozesses zwischen zwei Personen und somit wiederum nur in begrenztem Maße objektivierbares Faktum darstellt.

Modelle der Persönlichkeit

Der Untersucher, der eine andere Persönlichkeit, z. B. einen Patienten, verstehen will, braucht theoretische Modelle. Solche Modelle beanspruchen keine Vollständigkeit, sie beschränken sich auf wenige Teilaspekte. In der Psychologie kommt man ganz gut mit Eysencks Drei-Faktoren-Modell (Eysenck 1970) oder dem bekannten Modell der 5 Faktoren, "the big five", zurecht (Costa u. McCrae 1986). Gegenüber dieser Reduktion auf wenige Dimensionen ist das psychodynamische Modell ausufernd detailliert. Es paßt im Grunde immer nur für einen Menschen, beim nächsten Patienten ist schon wieder alles ganz anders. Wenn wir die im wissenschaftlichen Sinne erwünschte Vergleichbarkeit wollen, kommen wir um eine Portion Reduktionismus nicht herum. Ich skizziere kurz ein solches reduktionistisches psychoanalytisches Modell (Rudolf 1996, S. 122).

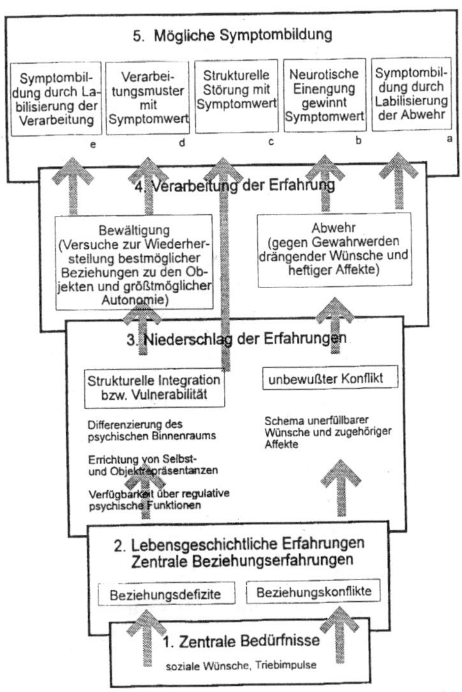

Abb. 1. Persönlichkeitsentwicklung unter klinischen Gesichtspunkten

Es bezieht sich darauf, daß frühe Grundbedürfnisse von der sozialen Umwelt beantwortet werden, was zu zentral wichtigen Erfahrungen führt. Im negativen Sinne resultieren Beziehungsdefizite auf der einen Seite und Beziehungskonflikte auf der anderen Seite. Die Beziehungskonflikte bilden das unbewußt wirksame Schema von Motivationen und Affekten. Die Beziehungsdefizite bestimmen die Reifung oder Störung der strukturellen Entwicklung. Hier finden wir zwei zentrale Module des psychodynamischen Persönlichkeitskonzepts:

Es sind die internalisierten frühen Erfahrungen, die unter vielen Begriffen beschrieben werden (zentrale Beziehungserfahrung, emotional schema, Beziehungsrepräsentanzen, representation of interaction generalized, zentraler Beziehungskonflikt, frame structure, unconcious plan, network schema of being with, internalized working model).

Die frühen Erfahrungen werden zu Inhalten der Innenwelt (d. h. zu Konflikten), aber sie bedingen auch die Entfaltung der Struktur, also das Funktionsniveau, auf dem Erfahrungen organisiert, der äußeren Welt begegnet und die innere Welt reguliert werden kann.

Konflikte und strukturelle Vulnerabilität unterliegen vielfältigen Veränderungsprozessen. Es konstelliert sich Abwehr und Bewältigung. Nicht was jemand erfahren hat, sondern was er aus den Erfahrungen gemacht hat, prägt später seine Persönlichkeit. Das Modell erlaubt auch ein Verständnis für die unterschiedlichen Wege der Symptombildung:

a) Die Labilisierung und der Zusammenbruch der Abwehr führt zur Symptombildung.
b) Dic konfliktbedingte neurotische Einengung gewinnt ihrerseits Symptomwert.
c) Das Ausmaß der strukturellen Defizite gewinnt Symptomwert.
d) Die charakterlichen Bewältigungen der strukturellen Defizite gewinnen Symptomwert.
e) Labilisierung und Zusammenbruch der charakterlichen Bewältigung von strukturellen Vulnerabilitäten führen zur Symptombildung.

Die Linie unbewußter Konflikte/Konfliktabwehr/Abwehrlabilisierung/Symptombildung ist psychodynamisch gut untersucht. Das gilt weniger für die Linie der Entwicklung struktureller Vulnerabilität und ihrer Bewältigungsversuche und den darauf aufbauenden Symptombildungen. Ich will den strukturellen Gesichtspunkt, mit dem ich mich auch im Zusammenhang der OPD-Entwicklung in der Arbeitsgruppe OPD-Struktur besonders beschäftigt habe, hervorheben und nochmals deutlich machen, welches Persönlichkeitsbild hier skizziert wird (Rudolf et al 1995).

- Von zentraler Bedeutung für die Entwicklung der Persönlichkeit ist die *Beziehungserfahrung*, ihre Qualität, ihre Verläßlichkeit, ihre spezielle Gefühlstönung. Alles, was im Außen geschieht und auf das Selbst einwirkt, findet seinen Widerhall und Niederschlag in dieser psychischen Binnenwelt und umgekehrt alles, was darin psychisch repräsentiert ist, tönt die Wahrnehmung der Außenwelt, die Einstellungen zu ihr, die Bewertung, die Bedeutungen, die ihr zugeschrieben werden.

- Eine bedeutsame Konsequenz davon bildet die Entwicklung der *Internalisierung/Psychisierung*. Sie meint die Entfaltung eines psychischen Binnenraums, in den die Welt hereingenommen werden kann. Der Vorgang ist vergleichbar mit dem Aufbau einer inneren Bühne, auf welcher die Ereignisse, die sich im Außen zwischen dem Selbst und der Objektwelt zugetragen haben, nachgespielt und durchgespielt werden können, so oft, bis sie zum ganz eigenen werden: "Dieses Stück, das hier zuerst im Außen, dann im Innen gespielt wird, das bin ich selbst" (Wir können psychoanalytisch sagen: Aufbau der Selbstrepräsentanzen, Objektrepräsentanzen, Beziehungsrepräsentanzen).
- Die innere Differenzierung beziehungsweise Fähigkeit zur Internalisierung ist gleichbedeutend mit der *Fähigkeit zur Bindung*, das heißt der Fähigkeit, äußere Objekte, auch wenn sie abwesend oder abweisend sind, innerlich zu bewahren und emotional zu besetzen.
- Damit verbunden ist die zunehmend sichere Unterscheidung und Grenzziehung zwischen Innen und Außen: "Das bin ich - das sind die anderen" (*Selbst-Objektdifferenzierung*).
- Ein weiterer zentraler Punkt ist die zunehmende Bewußtheit dieser Vorgänge. Sie ist verbunden mit der Fähigkeit, sich selbst introspektiv und reflexiv zum Gegenstand der eigenen Wahrnehmung zu machen. Aus dem Sein, das intentional auf die Welt gerichtet ist, wird Bewußtsein, welches den Blick auf sich selbst zurückwenden kann und die eigene Innenwelt, die eigenen Handlungsimpulse, die Objekterfahrungen und Gefühlsbewegungen differenzieren und - eine weitere Entwicklung - in sprachliche Begriffe zu fassen vermag. So entsteht integrativ ein Bild des Selbst, welches in seiner äußersten Verdichtung den Eindruck des mit sich selbst gleichbleibenden, also der *Identität* vermittelt. Zugleich wird habituell eine Bewertung des eigenen Selbst vorgenommen; eine Bewertung, die zunächst ganz der von außen kommenden entspricht und nach und nach in eine Selbstbewertung überführt wird (System der *Selbstwertregulierung*).
- Die Entwicklung eines sich zunehmend integrierenden Selbst mündet in die Überzeugung von eigener Kompetenz, von Selbstbestimmung: Das *Selbst als Akteur*, welches die widersprüchlichen Gefühlsbewegungen, Trieberregungen, Objektwahrnehmungen so aufeinander abstimmen kann, daß das gesamte System in lebendiger

Bewegung bleibt und doch immer wieder in ein inneres Gleichgewicht zurückfindet und eine Stabilität der äußeren Beziehungen sicherstellt (Prinzip der *Integration und Steuerung*).

- Die übrigen strukturellen Elemente, vor allem die objektgerichteten, die Fähigkeit, sich dem Objekt interessiert und verstehend anzunähern, sie realitätsgerecht wahrzunehmen, sich mit ihnen handelnd auseinanderzusetzen, bilden die komplementäre Seite des bisher Beschriebenen (*Intention, Empathie, Kommunikation*). Was sich zwischen Selbst und Objekten abspielt, spielt sich auch im Selbst ab. Es sind zwei Seiten der gleichen Medaille. Die Schwierigkeit, sich selbst differenziert wahrzunehmen, entspricht der Schwierigkeit, die Objekte zu verstehen, vor allem die Tatsache, daß sie nicht Ich-haft, sondern andersartig sind, zu akzeptieren (*Alterität*).

So bietet meines Erachtens die strukturelle Betrachtung, das heißt der Blick auf die Verfügbarkeit bestimmter Fähigkeiten und Funktionen auf unterschiedlichem Integrationsniveau der Struktur eine große Chance des Verstehens von Persönlichkeit (Ressourcen versus Vulnerabilität). Erst auf diesem Hintergrund gewinnen die individuellen Konflikte, das heißt die unbewußten dysfunktionalen Verhaltensmuster der Patienten ihre jeweilige klinische Bedeutung.

In unseren *Therapiestudien* haben wir die Achsen Beziehung, Konflikt und Struktur als psychodynamisch besonders bedeutsam herausgegriffen und sie in den Vordergrund unserer Persönlichkeitsbeschreibung gestellt (Grande et al. 1997). Das klingt zunächst nach objektivierender positivistischer Beurteilung eines Untersuchungsobjekts durch einen Untersucher. Diese positivistische Idee kollidiert bekanntlich mit der psychotherapeutischen Wertvorstellung des intersubjektiven Feldes. OPD versucht beidem gerecht zu werden. Eine Persönlichkeit kann man nicht untersuchen, so wie man ein Stück Metall untersucht oder die Verhaltensweisen eines Tieres im Tierexperiment. Der Personenstatus des Gegenübers, in diesem Fall des Patienten, verlangt, daß man zu ihm in Beziehung tritt und eine Begegnung mit ihm sucht. Die psychotherapeutische Begegnung unterscheidet sich von der Alltagsbegegnung durch ihren professionellen Rahmen. Die verschiedenen Formen des Interviews, des diagnostischen und des therapeutischen Gespräches sind professionell ausgestaltete Formen der Begegnung, die einen bestimmten Zweck verfolgen, nämlich die gemeinsame Klärung einer Problematik oder die gemeinsame therapeutische Bearbeitung einer Schwierigkeit auf seiten des Patienten. Der psychotherapeutische Untersucher, auch der OPD-Untersucher, kann nicht distanziert und außerhalb bleiben, er muß sich einlassen und sodann aus dieser seiner Erfahrung als teilnehmender Beobachter seine Schlüsse über den Patienten ziehen. Dabei stellt die Selbstbeobachtung, die Introspektion, die Wahrnehmung der eigenen Gegenübertragung, ein wesentliches

Instrument für das Verständnis des Gegenübers dar. Im psychotherapeutischen Verständnis erwächst das Bild von der Persönlichkeit des anderen nicht aus seiner objektivierenden Untersuchung, sondern aus der intersubjektiven Begegnung.

Das bedeutet aber nicht, daß jedes untersuchende Subjekt einen völlig eigenen unterschiedlichen Eindruck vom Patienten bekommt, sondern daß die vorgegebenen Operationalisierungen eine Einschätzung von hoher Ähnlichkeit erlauben. Lassen Sie mich das an einem klinischen Beispiel illustrieren:

Eine "früh gestörte" Patientin spricht über ihre eigenen Kinder. Das älteste Kind, ein Junge, wird beschrieben wie ein kleiner Verfolger, der die Patientin, seine Mutter, mit List ausspielt und drangsaliert und gegen den sie sich präventiv-aggressiv zur Wehr zu setzen sucht. Das Bild des zweiten Kindes, eines Mädchens, gerät zu dem einer Sofapuppe. Sie ist artig, niedlich, sie tut alles, was die Mutter sagt, sie versteht die Patientin voll und ganz, ihr kann die Patientin in allem trauen. Es gibt ein drittes Kind, von dem kaum die Rede ist, es wird vergessen, es ist irgendwie nicht da. Bei der Untersucherin entsteht der Eindruck, daß die Patientin die Welt der anderen, in diesem Fall die ihrer Kinder ganz nach der eigenen inneren Verfassung wahrnimmt, sie in Gut und Böse aufspaltet oder völlig negiert. Die realistische Individualität der Kinder taucht an keiner Stelle auf, sie sind Klischeebilder. Die Gegenübertragung, welche diese Schilderung auslöst, enthält heftige Gefühle angesichts der Strafrituale, welche die Patientin dem einen Kind und der vermeintlich liebevollen Einengung, welche sie dem anderen Kind angedeihen läßt. In Identifizierung mit den Kindern wird in der Gegenübertragung die eigene Ohnmacht gegenüber dem interaktionellen Drängen der Patientin spürbar, im Umkehrschluß wird diese Ratlosigkeit und Ausgeliefertheit als ein Aspekt des Selbsterlebens der Patientin verstanden.

Wahrscheinlich treten bei unterschiedlichen Untersuchern, die mit der Patientin sprechen oder ihr Video anschauen, unterschiedliche Facetten der Wahrnehmung und Gegenübertragungsreaktionen in den Vordergrund. Dennoch bilden alle zusammengenommen ein Cluster, welches in der Checkliste der OPD-Struktur-Items auf ein gering integriertes Strukturniveau der Patientin verweist.

Auf diese Weise - d. h. durch die detaillierte Beschreibung des strukturellen Funktionsniveaus, der lebensbestimmenden unbewußten Konflikte, der dysfunktionalen Beziehungsmuster, dem Modus der neurotischen Verarbeitung - gewinnen wir aus der interpersonellen Situation der diagnostischen Begegnung mit dem Patienten ein Bild seiner Persönlichkeit bzw. von einigen wichtigen Persönlichkeitsdimensionen.

Lassen Sie mich in wenigen Sätzen ausführen, welche klinische und wissenschaftliche Bedeutung diese Daten haben. Ich beziehe mich dabei auf Ergebnisse unserer Therapiestudien an stationären Psychotherapien und ambulanten Psychoanalysen.

1. Persönlichkeitseinschätzungen auf der Grundlage dieser OPD-Befunde zeigen eine befriedigende Interraterreliabilität (was bedeutet, daß mehrere Untersucher zu einer befriedigenden Übereinstimmung gelangen). Das ist etwas, was im psychoanalytischen-psychotherapeutischen Bereich sehr selten der Fall ist (Rudolf et al. 1996).
2. Die Daten sind valide, d. h. sie haben einen hohen klinischen Aussagewert: Die Interkorrelationen zeigen, daß bestimmte Konflikte mit einem bestimmten Strukturniveau verbunden sind oder ein bestimmtes Strukturniveau mit bestimmten dysfunktionalen interpersonellen Mustern und wiederum mit speziellen Diagnosen (Grande et al. 1998).
3. Die Daten sind prädiktiv für Therapien. D.h. konkret, daß das Ergebnis stationärer Psychotherapien z. B. durch bestimmte Strukturmerkmale wie die Fähigkeit zur emotionalen Bindung vorhergesagt werden kann.
4. Diese Daten sind - zumindest für unsere Arbeitsgruppe - indikations- und therapierelevant. Je ausgeprägter die strukturelle Störung ist, d. h. je mehr das Problem sich im interpersonellen Raum anstatt in dem wenig entwickelten intrapsychischen Binnenraum abspielt, desto mehr setzen wir unseren therapeutischen Akzent in der stationären Behandlung auf psychodynamisch interaktionelle und nonverbale Therapien (im Gegensatz zu aufdeckenden sprachorientierten Therapien).
5. Diese Daten bilden die Grundlage der therapeutischen Veränderungsmessung.

Diesen letzten Punkt möchte ich zum Abschluß kurz beleuchten, weil er nichts weniger als die große Frage berührt, wie sich die Persönlichkeit in der Psychotherapie verändert? An dieser Stelle müßte ich wieder ein Modell einführen und zwar ein Modell der therapeutischen Veränderung. Das würde an dieser Stelle zu viel Raum einnehmen, deswegen nur zwei Sätze dazu: Der wenig strukturierte therapeutische Raum, in den der Patient mit seiner Konfliktbereitschaft und seiner strukturellen Vulnerabilität eintritt, ruft seine zentralen Beziehungserfahrungen und Beziehungserwartungen auf. Dieses zentrale dysfunktionale Beziehungsangebot wird intensiviert und verdichtet, fließt ein in die Übertragung, determiniert die Gegenübertragung, produziert Gedanken, Geschichten, Erinnerungen, Träume, Narrative, in denen das, was zunächst nur emotional körperlich oder atmosphärisch spürbar war, allmählich zur Sprache gelangt, in die Beziehung einfließt und neue Beziehungserfahrungen nach sich zieht. Man kann diese Entwicklungs- und Veränderungsprozesse an der sich wandelnden Sprachstruktur, an den Konfliktthemen oder am nonverbalen Verhalten untersuchen. Unsere eigenen Untersuchungen (Grande et al. 1997; Rudolf et al. 1997) gelten der Umstrukturierung im OPD-Fokusthema. Die Einschätzung erfolgt auf der Grundlage einer Umstrukturierungsskala, die wir in Anlehnung an Stiles et al. (1992) entwickelt haben und welche die zunehmende Aneignung des zentralen Themas durch den Patienten, die innere und äußere Auseinandersetzung mit seinen alten Mustern, die Versuche der Neuorientierung und Umgestaltung bis hin zur

Auflösung und Integration des jeweiligen Fokus beinhalten. Eine Studie an stationären Patienten konnte nachweisen, daß die in Forschungsinterviews ermittelte Umstrukturierung hoch korreliert mit den Therapieergebnis-Einschätzungen des Einzeltherapeuten, des Visitenarztes und der Schwestern.

Bewegungen von 40 stationären Patienten auf der Heidelberger Skala zur therapeutischen Umstrukturierung

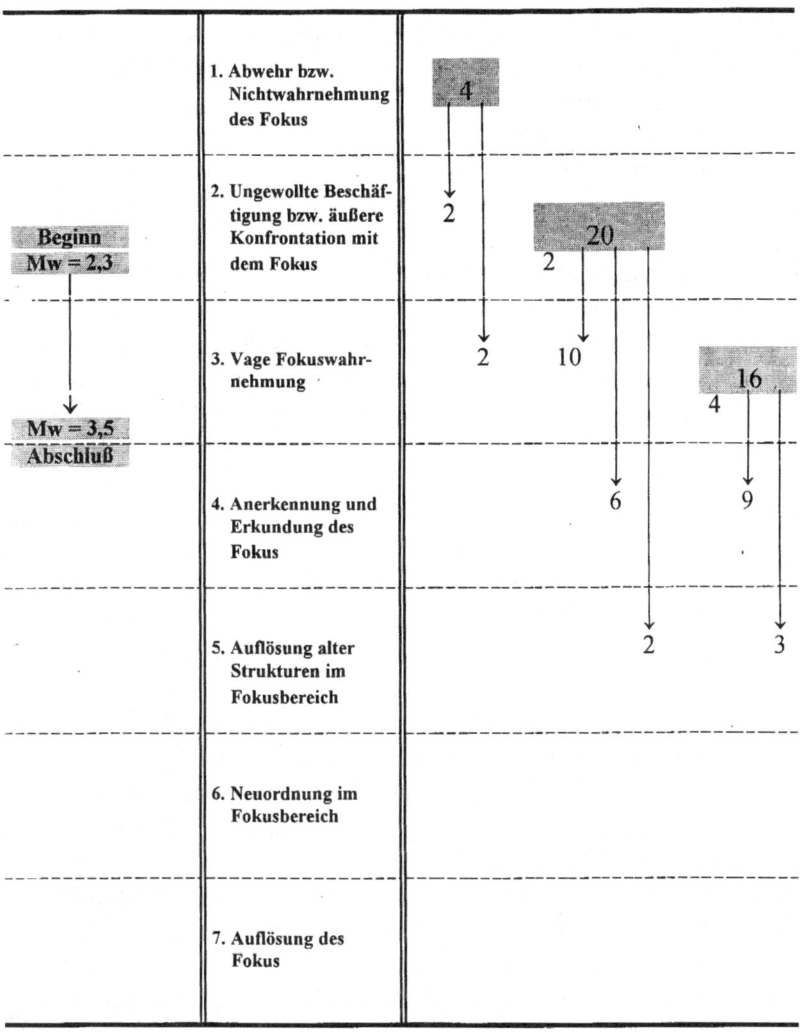

Abb. 2. Das Ausmaß der Umstrukturierung bei stationär behandelten Patienten

Wir konnten ferner zeigen, wie weit die therapeutische Umstrukturierung in einer 12wöchigen stationären Therapie reicht. Sie geht in der Regel aus von dem Niveau der Abwehr und Nichtwahrnehmung der eigenen Problematik bis hin zur vagen Wahrnehmung des fokalen Problems bei einigen Patienten bzw. zur Anerkennung und Erkundung des zentralen Problems (bei 2/3 der Patienten), während 10 % bis in den Bereich der Auflösung alter Konfliktstrukturen gelangen. Das bedeutet, daß wir bei den schwer kranken, stationär behandelten Patienten, die in der Regel keine psychologische Vorstellung ihres Problems haben, sondern körperliche Schmerzen, panikartige Ängste oder Eßanfälle, immerhin bis zu jenem Punkt gelangen können, an dem eine neu entwickelte Selbstreflexivität und Introspektivität es ihnen erlaubt wahrzunehmen, *daß* sie ein Problem haben und oft sogar, um *welches* Problem es sich handelt. Den Prozeß der wachsenden Selbstreflexivität im Behandlungsverlauf der interaktionellen Gruppentherapie verfolgte Seidler (1998) in einer eigenen Untersuchung mit Hilfe eines speziellen Ratingsystems.

In einer OPD-Struktur-Checkliste (ISO) sind es nach der Einschätzung der Therapeuten vor allem affektive Merkmale, welche sich in der stationären Therapie deutlich verbessern: Die Fähigkeit, Affekte zu differenzieren, Affekte zu tolerieren, Affekte zum Ausdruck zu bringen und Affekte anderer zu verstehen. In diesem Zusammenhang erscheint bemerkenswert, daß die therapeutische Umstrukturierung der Persönlichkeit nicht identisch ist mit der Symptombesserung. Symptomwegfall gibt es offenbar bereits durch die Entlastung, Ermutigung, Remoralisierung der Therapie, auch ohne daß eine Umstrukturierung erfolgt. In unserer Langzeitpsychoanalyse-Studie sind wir dabei, diese Prozesse der Umstrukturierung in ihrer zeitlichen Gestalt, in ihrer Dauerhaftigkeit und in ihrem Zusammenhang mit Gesundheit, Krankheit und Lebensqualität, nicht zuletzt aber auch im Zusammenhang mit Kostenfaktoren im Sinne der Effizienz zu untersuchen.

Als Fazit dieses letzten empirischen Teils möchte ich festhalten: Psychoanalytische Modelle der Persönlichkeit erlauben eine wissenschaftlich zuverlässige diagnostische Erfassung therapierelevanter Persönlichkeitsdimensionen und sie vermitteln einen Eindruck, daß und in welchem Umfang eine Umstrukturierung der Persönlichkeit im Therapieverlauf erfolgt.

Mit einer Anmerkung zum oben gegebenen Stichwort Effektivität und Effizienz möchte ich schließen. Die Psychotherapie soll beides sein, effektiv, d. h. wirksam und effizient, d. h. kostengünstig, damit der Kostenträger bereit ist, sie zu übernehmen. Dem kann im Prinzip jeder zustimmen, aber es bleibt ein Rest von Unbehagen, weil im Sinne des aktuellen Zeitgeistes alles und jedes unter diesem Gesichtspunkt bewertet wird. Auch die Persönlichkeit soll effektiv und effizient sein, sie soll sich auszahlen; das in sie therapeutisch Investierte soll Rendite bringen und Unkosten einsparen. Was also darf die Entwicklung einer

Persönlichkeit kosten oder anders gefragt, was ist der Gesellschaft die Herstellung oder Wiederherstellung einer intakten Persönlichkeit wert? Und welche gesellschaftliche Rolle übernimmt dabei der Therapeut? Ist er der Agent der Gesellschaft, der ineffiziente Persönlichkeiten effizient macht, der die Kriegszitterer seiner Epoche wieder fronttauglich machen soll? Ist er ein Untergrundkämpfer, der mit seinem Patienten gegen die Gesellschaft Front macht? Ist er ein Träumer, der zusammen mit seinen Patienten in alternative Welten entschwebt? Ist er ein Philosoph, der Gelassenheit und Versöhnung gegenüber der Tragik des Lebens zu vermitteln sucht?

Mir gefällt nach wie vor die Sichtweise des heute vergessenen Psychoanalytikers Schultz-Hencke (1965), dem ich ein Stück Anhänglichkeit bewahrt habe. Er äußert über die Wirkungsweise der Psychoanalyse, die Analytikerin oder der Analytiker vermittle seinem Patienten Gefühle der Geborgenheit und werde daher als liebevoll erlebt. Die Begegnung mit einem solchen Menschen - "sehr häufig sind liebevolle Menschen ja nicht gerade" - sagt Schultz-Hencke - verändere etwas Wesentliches an der weltanschaulichen Einstellung des Patienten, der letztlich zu dem Eindruck gelange, es gebe in Welt eben doch so etwas wie Liebe. Damit sei er imstande, ein existentielles Geborgenheitsgefühl in der Welt überhaupt zu entwickeln.

Das bedeutet im Blick auf die Persönlichkeit wohl auch, daß nur die Erfahrung liebevoller Bezogenheit die Welt zu einer bewohnbaren Stätte werden läßt und daß vieles von der Welt und im eigenen Selbst überhaupt erst in diesem Lichte in Erscheinung treten kann. Die Rolle des Therapeuten wäre dann nicht mehr nur die des Machers, des Kämpfers oder des Träumers oder Philosophen, sondern die des liebevoll Zugewandten, der imstande ist, in der therapeutischen Beziehung die Erfahrung existentieller Geborgenheit auftauchen zu lassen. Damit schafft er ein Gegengewicht gegen die übermächtig ausgeprägte Erfahrung des Geworfenseins oder Verworfenseins, welche aus zerstörerischen biographischen Bedingungen resultiert und die Entwicklung zu einer eigenverantwortlichen Persönlichkeit bis dahin beeinträchtigt oder unmöglich gemacht hat. Vermutlich ist dieses einer der wichtigsten Kontexte im Thema Symptombildung und Therapie der Persönlichkeit. Er zeigt, daß der psychotherapeutische Persönlichkeitsbegriff mehr meint als das Individuum, insofern er über sich selbst hinausweist und immer auf den anderen bzw. auf das Ganze bezogen ist.

Literatur

Arbeitskreis OPD (Hrsg) (1996) Operationalisierte Psychodynamische Diagnostik. Grundlagen und Manual. Huber, Bern

Costa P, Mc Crae R (1986) Personality stability and its implications for clinical psychology. Clin Psychol Rev 6: 407-423

Eysenck J (1970) The structure of human personality. Methuen, London

Grande T, Rudolf G, Oberbracht C (1997) Die Praxisstudie Analytische Langzeittherapie. Ein Projekt zur prospektiven Untersuchung struktureller Veränderungen in Psychoanalysen. In: Leuzinger-Bohleber M, Stuhr U (Hrsg) Psychoanalysen im Rückblick. Psychosozial, Gießen, S 415-431

Grande T, Oberbracht C, Rudolf G (1998) Empirische Zusammenhänge zwischen den Achsen Beziehung, Konflikt und Struktur. In: Schauenburg H, Buchheim P, Cierpka M, Freyberger HJ (Hrsg) OPD in der Praxis. Konzepte, Anwendungen, Ergebnisse der Operationalisierten Psychodynamischen Diagnostik. Huber, Bern, S 121-138

Fontane TH (1994) Effi Briest. Könemann, Berlin, S 252

Liebrand C (1990) Das Ich und die anderen. Rombach, Freiburg

Marx K (1867) Das Kapital. 24. Kapitel

Rudolf G (1996) Lehrbuch der Psychotherapeutischen Medizin 3. Aufl. Enke, Stuttgart

Rudolf G, Buchheim P, Ehlers W, Küchenhoff J, Muhs A, Pouget D, Rüger U, Seidler GH, Schwarz F (1995) Struktur und strukturelle Störung. Psychosom Med 41: 197-212

Rudolf G, Grande T, Oberbracht C, Jakobsen Th (1996) Erste empirische Untersuchungen zu einem neuen diagnostischen System: Die Operationalisierte Psychodynamische Diagnostik OPD. Psychosom Med 42: 343-357

Rudolf G, Grande T, Oberbracht C (1997) A research strategy for measuring structural change in psychoanalytic psychotherapies. In: Kächele H, Mergenthaler E, Krause R (eds) Psychoanalytic process research strategies II. 12 years later. In: http//www.uni.-saarland.de/philfak/fb6 krause/Ulm 97

Seidler GH (1998) Strukturelle Veränderungen im Selbstzug während stationärer Psychotherapie. Habilitationsschrift, Universität Heidelberg

Schultz-Hencke (1965): Lehrbuch der analytischen Psychotherapie. Enke, Stuttgart

Stiles WB, Meshot CM, Anderson TM, Sloan WW (1992) Assimilation of problematic experiences: The case of John Jones. Psychother Res 2: 81-101

Die Symptom-Kontext-Methode

Vorbedingungen für sich wiederholende Symptome während Psychotherapie und Psychoanalyse: Eine neue Theorie der Symptomentstehung

Lester Luborsky und Horst Kächele

Der Autor dieser Vorlesung war auf den Lindauer Psychotherapiewochen 1998 selbst nicht anwesend, das Material für den vorliegenden Text stammt von ihm. Ich habe in Stellvertretung für Lester Luborsky die Version seines 50seitigen Manuskriptes übersetzt, bearbeitet und vorgetragen. Lassen Sie mich zunächst ein paar Worte zu seiner Person sagen.

Lester Luborsky begann mit den hier vorgestellten Untersuchungen im Jahre 1946 an der University of Illinois - Sie haben richtig gehört. Geboren 1920 beendete er mit 25 Jahren seine psychologische Dissertation an der Duke Universität. Damals arbeitet er mit Raymond Cattell zusammen, dessen Datenwürfel jedem Psychologiestudenten bekannt sein dürfte. Sie untersuchten einen jungen Mann, der an Magenbeschwerden litt, und den Luborsky als einen seinen ersten Psychotherapiefälle behandelte. Cattell und Luborsky entwickelten an diesem Fall die Anwendung der Faktorenanalyse auf einen Einzelfall, die sog. P-Technik (Cattell u. Luborsky 1950). Die Sichtweise dieser neuen Technik auf ein psychotherapeutisches Problem führte zu ersten Gedanken über die Symptom-Kontext-Methode; diese wurden 1953 in dem Buch von Mowrer, das erste Übersichtswerk über Psychotherapieforschung, veröffentlicht (zit. n. Luborsky 1953).

*Ungefähr im gleichen Alter wie Luborsky hatte auch ich die Gelegenheit, meine ersten Erfahrungen als Therapieforscher zu machen. Mangels örtlicher Anleitung - mein Chef, Prof. Thomä, war zwar als Analytiker renommiert, doch von Therapieforschung hatte er nur die Einsicht, daß er fast nichts wußte - hatte ich mich in der Welt der Therapieforschung umzusehen. Mein erster Brief an Herrn Prof. Luborsky im Dezember 1970 beschäftigte sich just mit dem Problem der faktoranalytischen Aufbereitung eines Einzelfalles und den Möglichkeiten einer Symptom-Kontext-Analyse. Denn der Ulmer Forschungsfall - inzwischen bekannt unter dem Namen Christian Y - litt an massiven repetitiven Angstfällen. Deshalb waren wir daran interessiert eine Untersuchungsmethode zur Erfassung der jeweiligen symptomauslösenden Randbedingungen zu etablieren. Gemeinsam mit einer Arbeitsgruppe der Ulmer Psychosomatik - die sich mit Auslösern für Blutdruckanstiege beschäftigten - wurden erste intensive Diskussionen zur Symptom-*Kontext-Methode geführt *(s. Kächele et. al. 1974; Adler et al. 1976).*

Deshalb ist es für mich eine besondere Ehre und Freude, Ihnen die Aufbereitung der Ergebnisse einer 50jährigen *Arbeit vorzustellen.*

Einleitung

Luborskys Untersuchungen zur Bedeutung des Kontextes für die Entstehung von Symptomen waren (angeblich) eine glückliche Zufallsentdeckung und das kam so:

An einem schönen Frühlingstag im Jahre 1963 hörte ich einer Patientin zu. Plötzlich hörte sie auf zu sprechen, pausierte, und erklärte dann: "Au, ich hab grad was vergessen, was war es doch?" Nach einer kurze Pause: "Oh, ich hab's wieder".

Sie brachte eine Erinnerung an Zurückweisungen durch andere, ein Thema, das scheinbar immer dann ihr Denken beherrschte, wenn sie plötzlich etwas vergaß.

In diesem Augenblick - als die Patientin ihren Gedanken wiederfand, kam mir eine glückliche Zufallsidee für eine Forschungsmethode, wie die Vorbedingungen für die Entwicklung psychologischer Symptome studiert werden könnten. Es war eine neue Version einer Idee, die mir schon vor Jahren gekommen war.

Blättern wir also weiter zurück: Als Junior von Raymond Cattell behandelte der frisch gebackene Doktor der Psychologie Lester Luborsky 1946 einen jungen, 25 Jahre alten Studenten, der sich in einer sog. "free association treatment" befand. Das muß ein ungewöhnliches Therapieunternehmen gewesen sein, denn die Quasi-Behandlung fand fünfmal in der Woche im Liegen statt und war nach 54 Sitzungen abgeschlossen. Der Patient mußte zunächst eine Stunde lang psychometrische Tests und psychophysiologische Untersuchungen über sich ergehen lassen, und dann durfte er eine weitere Stunde seine diversen vorwiegend sozialen Ängste mit dem Therapeuten, Luborsky, diskutieren.

Es handelte sich um also eine experimentelle Therapie, für die der Patient, Herr Paul Rycheck sich freiwillig gemeldet hatte. Deren Hauptzweck war es, für die Erprobung von Cattells P-Faktorenanalyse-Technik Daten zu liefern. Im Gegenzug erhielt der Patient seine kostenlose Therapie, und diese war auch klinisch vertretbar.

Der Patient hatte nach zwei Semestern seine Prüfungen nicht bestanden und mußte sich erneut bewerben. Das Versagen schien auf einen neurotischen Konflikt mit einem Lehrer zurückzugehen, der "wie sein Vater sich nicht darum kümmerte, ob ich lernte oder nicht". Der Patient wurde nicht zum Dienst in der Armee gezogen, weil er an einem peptischen Ulcus litt, welcher vor Beginn seines Studiums, also ein Jahr vor dem Versagen, operativ behandelt worden war. Trotzdem litt er immer wieder unter Magenschmerzen. Bei seinen großen sozialen Ängsten - er war zunächst als Farmer relativ erfolgreich gewesen - war dies eine herbe Niederlage und mußte erstmals verkraftet werden. Als Therapieziele hatte er formuliert: "mehr Unterstützung auf dem College zu finden", "mehr Kontakt mit anderen Leute zu haben", und " selbst stärker zu werden". Zum Beispiel sprach der Patient in der 8. Sitzung über sein Bemühen, das Amt des Präsidenten des CVJM anzupeilen. Aber dann fiel ihm ein, daß er noch immer das Schlußlicht im Kreis der Autoritäten wäre, und in diesem Moment spürte er seinen Magenschmerz:

8. Sitzung:
"Ich denk grad über die Erfahrung nach, was dieses Komitee und das andere mir geben wird, und in einem Jahr, vielleicht ein Jahr, könnte ich das Amt des Präsidenten des CVJM anpeilen, und doch, um die eine oder andere Aktivität würde ich mich kümmern, anstatt die verschiedenen Funktionen der ganzen Organisation kennenzulernen --- ich, ich werd' trotzdem noch das Schlußlicht der ganzen Organisation sein (Pause) *Grad jetzt meldet sich mein alter Magen wieder.* Es scheint, er tut das immer, wenn ich mich auf diese Couch lege, als ob er was rausspritzen würde. Ich habe das schon manchmal beobachtet, nicht sehr oft, ich frag mich, warum tut er das. Ich glaub', es ist öfters, wenn ich hungrig bin."

Theorie

Über die letzten 50 Jahre haben viele Therapeuten sich bemüht, die Randbedingungen zu erkunden, die verschiedene psychologische und psychosomatische Symptome triggern. Luborsky war nur einer von diesen, und zudem ein Nachzügler. Der Anführer in dieser Suche war natürlich Freud mit seiner Arbeit "Hemmung, Symptom und Angst" (1926). Dort klärte er die Beziehungen seiner Angsttheorie zu neurotischen Symptomen. Diese Theorie hatte er schon seit 1895 zu entwickeln begonnen. Sowohl die alte wie auch die neue Version seiner Theorie behauptete, daß vor dem Beginn eines Symptoms sich ein Zustand von Hilflosigkeit und Angst aufbaut, die sich als Folge der Wahrnehmung verschiedener gefährlicher Situationen ergibt.

1895 lautete die Formulierung folgendermaßen:

"Die Psyche gerät in den Affekt der Angst, wenn sie sich unfähig fühlt, eine von außen nahende Aufgabe (Gefahr) durch entsprechende Reaktion zu erledigen; sie gerät in die Neurose der Angst, wenn sie sich unfähig merkt, die endogen entstandene (Sexual-) Erregung auszugleichen. Sie benimmt sich also, als projizierte sie diese Erregung nach außen" (Freud 1895, S. 338).

1926 lautete die Formulierung:

"Die Gefahrensituation ist die erkannte, erinnerte, erwartete Situation der Hilflosigkeit. Die Angst ist die ursprüngliche Reaktion auf die Hilflosigkeit im Trauma, die dann später in der Gefahrsituation als Hilfssignal reproduziert wird.

Das Ich, welches das Trauma passiv erlebt hat, wiederholt nun aktiv eine abgeschwächte Reproduktion desselben, in der Hoffnung, deren Ablauf selbständig leiten zu können" (Freud 1926, S. 199f.).

Freuds Auffassung und die anderer, die ihm gefolgt sind (z. B. Engel und Schmale (1967, dt. 1969), mag zutreffend sein. Allerdings weist dieses Feld der Forschung keine Studien auf, die sich auf die Kombination von klinischer und quantitativ-systematischer Methodik verlassen. Tatsache ist, es gibt keine Studien, welche die Randbedingungen von einem wiederholt auftretenden Symptom zuverlässig bestimmen, wie es die Methode leistet, die Luborsky in diesem Referat beschreibt. Seine Methode ist die einzige: sie benützt kontrollierte Untersuchungen der Vorbedingungen für wiederholt auftretende Symptome während psychotherapeutischer und psychoanalytischer Sitzungen.

Das vorweggenommene Ergebnis der Untersuchung ist folgendes: Man kann nun die Vorbedingungen für jedes der sieben Symptome angeben und die gemeinsamen, geteilten Vorbedingungen für das ganze Set der Symptome.

Warum hat es so lange gedauert, bis eine solche Studie vorlag ? Hauptsächlich weil es sehr schwierig ist, a) ausreichend viele Daten über faktisch wiederholt auftretende Symptome zu bekommen und b) weil es sehr schwierig ist, gerade dann mit einem Tonbandgerät in der Nähe zu sein, wenn ein Symptom auftritt.

Zur Definition des Gegenstands der Untersuchung sind noch einige Bemerkungen zu machen: Was ist ein Symptom? Ein Verhalten, welches eine bedeutsame Einschränkung einer gewöhnlichen seelischen oder physischen Funktion anzeigt. Nicht als Symptom qualifiziert wiederholtes Verhalten, z. B. lachen, schreien, sich an die Wange fassen, oder wenn Kinder, die im Streß sind, wichtige Objekte berühren. Die sieben untersuchten Symptome sind drei psychologische Symptome:

- momentanes Vergessen
- depressive Zustandsänderungen
- phobisches Verhalten

sowie vier somatische Symptome:

- Magenschmerzen
- Migräne-Kopfschmerzen
- Petit-Mal-Episoden
- vorzeitige ventrikuläre Herzaktionen

Ziel

Diese Darstellung über die Symptom-Kontext-Studien hat drei Ziele:

a) mehr zu lernen über die Bedingungen, bevor ein Symptom auftritt (mehr dazu findet sich in dem neuesten Buch (Luborsky 1996);
b) die systematisch gefundenen Ergebnisse mit den klassischen Theorien zur Symptomentstehung zu vergleichen und
c) Hinweise für klinische Anwendungen der Ergebnisse zu geben.

Struktur der Methode

Die basale Struktur der Symptom-Kontext Methode besteht - wie in der ersten Übersicht gezeigt (Tabelle 1) in der Zusammenfügung von drei Momenten aus dem Material der therapeutischen Situation:

Tabelle 1. Die basalen Elemente der Symptom-Kontext-Methode

Hinter-grund		unmittel-barer Kontext		unmittel-barer Kontext	Hintergrund
		vor dem Symptom	*während* d. Symptoms	*nach* dem Symptom	
Symptom-kontexte	- Rating der Sitzung - ZBKT der Sitzung	Wörter des Patienten und des Therapeuten	Symptome oder Verhalten	Wörter des Patienten und des Therapeuten	- Rating der Sitzung - ZBKT der Sitzung
Kontroll-kontexte	dito	dito	Kontroll-punkt in gleicher oder anderen Sitzung	dito	dito

Der erste Schritt besteht in der Identifizierung eines als symptomatisch gekennzeichneten Ereignisses des Symptoms; der jeweilige unmittelbare Kontext wird in zwei Teile aufgeteilt: der sog. kurze Kontext unmittelbar vor dem Symptom, meist ca. 30-50 Wörter lang und der weitere Kontext, der ungefähr 300-400 Wörter vor dem Auftreten des Symptoms umfaßt.

Die Beurteilung der Daten besteht in einem Vergleich zwischen dem kurzen unmittelbaren Kontext und dem kurzen unmittelbaren Kontext vor einem sog. Kontrollpunkt, der von der gleichen oder einer anderen Sitzung ausgewählt wird.

Diese Technik wurde zuerst von Brenman (1952) in ihren Studien zur spontanen Veränderung in der Hypnosetiefe ausgewählt. Das Wort "Symptom" wird am Ende jedes Prä-Symptoms und jedes Prä-Kontroll-Segmentes eingefügt: die Beurteiler sollen denken, alle Segmente entstammen Prä-Symptom-Textstellen.

Folgende weitere Prozeduren für die Beurteilung von Prä- und Post-Symptom-Segmenten werden dann angewandt: Die Sitzung wird in Segmente aufgeteilt. Diese werden rein formal durch die Textlänge definiert, obwohl naürliche Einheiten auch denkbar sind (z. B. thought units).

Eine Reihe von emotionalen Qualitäten werden in jedem Segment von zumindest zwei Beurteilern auf einer 5-Punkte-Skala geschätzt: z. B. werden Kontrollverlust, Blockiertsein, Hilflosigkeit, Zufuhr, Depression, Schuldgefühl, Feindseligkeit zum T., Involvierung mit T., Trennungsangst, Feindseligkeit zu anderen eingeschätzt.

Die Auswahl geeigneter Textstellen ist das Ergebnis gründlichen, wiederholten Lesens der Protokolle. Es scheint mir überhaupt das Geheimnis des Erfolgs von Luborskys Art der Therapieforschung zu sein, daß er als ausgebildeter Psychoanalytiker seine klinische Kompetenz nie unterschlägt und immer wieder betont, daß die Kombination von klinischem und quantitativem Vorgehen der Schlüssel zum Erfolg sei. Die Auswahl geeigneter Kontrolltexte ist von zentraler Bedeutung:

"The user should select controls using an unbiased procedure, such as selecting parts of the same session or parts of another session that have none of the target symptoms. The selection rule for aspiring symptom sessions with control sesssion is purposely arbitrary; for example a control session is designated as three sessions before or three sessions after the symptom session. Within the control session a control point is located at a time in the session that is as far temporally into the control session as the symptom is in the paired symptom session" (Luborsky 1996, S. 15).

Das simple statistische Operation besteht dann aus einem Vergleich der Symptomkontexte mit den Kontrollkontexten für jeden Patienten.

Der vierte Schritt dieser Operation besteht in einer vielfältigen Beurteilung des Symptom- und Kontrollkontextes. Der eingehenden klinischen Beurteilung (clinical review) folgt die Anwendung der Rating-Skalen für die bis zu 12 emotionalen Zustände, und dann wird auch die ZBKT-Methode angewandt.

Es ist ein Prinzip der Vorgehensweise von Luborsky, die Evidenz fallspezifisch zu entwickeln, ganz im Einklang mit den Vorstellungen von Edelsons Argumentationsstruktur für psychoanalytische Behandlungen (Edelson 1985, 1986). Deshalb bewegen wir uns auf der Ebene der Einzelfalldemonstration.

Die Leistungsfähigkeit und Fruchtbarkeit der Methode erschließt sich zunächst durch das Studium einzelner Fälle. Im folgenden möchte ich den Fall von Ms. Apfel betrachten:

Momentanes Vergessen

Die Patientin, Frau Apfel, war eine 31jährige Frau in psychoanalytischer Behandlung bei einem renommierten Analytiker[1]. Sie war Tutorin an einer Universität. Ihr Hauptproblem war die Unfähigkeit, zufriedenstellende Beziehungen zu Männern herzustellen, was ihren Wunsch zu heiraten immer wieder scheitern ließ. Sie verliebte sich meist in jüngere Männer, bei denen sie in eine mütterliche Position geriet. Anlaß zur Behandlung war die Unfähigkeit, ihre Dissertation abzuschließen. In ihrer Herkunftsfamilie hatte sie besonders häufig Konflikte mit ihrem Vater. Dessen Herzerkrankung verhinderte jedoch die Möglichkeit, diese auszutragen.

Bei ihr fanden Luborsky u. Mintz (1974) durch systematisches Abhören der tonband-aufgezeichteten Stundenprotokolle ein wenig auffallendes, fast alltägliches Symptom, welches weder ihr noch dem Analytiker so recht auffiel. Immer wieder stoppte sie und sagte: "Jetzt habe ich vergessen, was ich gerade sagen wollte".

Zunächst folgen wir Lester Luborskys Methode der Einweisung in sein Vorgehen. In seinem Manuskript sind drei Beispiele aufgenommen, an denen Sie prüfen können, ob Sie auch intuitiv herausfinden, in welchem Fall sich ein momentanes Vergessen ereignet hat:

---

[1] Inzwischen ist der Name in der scientific community bekannt; es handelt sich um eine der ersten tonbandaufgezeichneten Psychoanalysen, die Gill in Chicago durchführte. Nach der plötzlichen Erkrankung von Gill nahm eine jüngere Kollegin die Patientin in Analyse. Der unglückselige Verlauf dieser zweiten Behandlung wurde durch die Studie von Dahl (1972) dokumentiert.

Beispiel 1 von Frau Apfel:

Std. 20
"Wir könnten einfach mit der Behandlung nicht weiter machen, hm, weil es mir einfach nicht gut tat (4 Sekunden) oder daß Sie meinen würden ... hm" (*momentanes Vergessen* ?)

Std. 25
"Aber, hm, ich denk hm ... sie ist so eine Art Elternfigur und ich bin nicht sehr bereit so weiterzumachen, weil es einfach zu nichts führt. Ich dachte, irgendwie würde ich von ihr überrascht sein." (*momentanes Vergessen* ?)

Ich lasse Ihnen allen einen Moment Zeit, sich zu entscheiden, welche der beiden Textausschnitte ein Prä-Symptom Beispiel ist, und welche von einer Kontroll-Textstelle stammt.

Die richtige Antwort ist: die Stelle aus der Std. Nr. 20. Woher können Sie das wissen? Nun, wenn Sie viele solcher Vergleiche gesehen hätten, können Sie vielleicht begründen, warum Sie sich für die erste Passage entschieden haben. Diese erste Stelle berichtet von der Idee der Patientin, daß ihr Therapeut beschließen könnte, die Behandlung nicht fortzusetzen. Also die Vorstellung, plötzlich fortgeschickt zu werden, so etwas derart.

Noch ein Beispiel:

Std. 36
Warum ich mich besser fühle? ... es hatte irgendwie mit dem Thema "Ich zeig mich Ihnen in einer Art und Weise, daß ich Sie nicht mögen kann" zu tun; was immer für ein Gedanke, hm, hinter dieser, hm, unsinnigen Feststellung stecken mag. (*momentanes Vergessen* ?)

Std. 45
Ich hatte, hm, (3 sec. Pause) mörderische Gedanken über Kinder, vielleicht (Pause, 3 sec.) identifiziere ich mich mit ihm in meiner Rolle als Lehrer, es gibt so eine Art von, hm (Pause, 2 sec.) vorbeten, was man tut (*momentanes Vergessen* ?)

In der Std. 36 wollte die Pat. eigentlich sagen: "Sie können mich nicht mögen", sagte aber: "Ich kann Sie nicht mögen". Möglicherweise ahnen Sie schon, daß der Gedanke, der Therapeut könne sie nicht mögen, ein symptomauslösendes Moment ist. In der Std. 45 spricht sie offen über mörderische Gedanke über Kinder; also die richtige Wahl ist die Textstelle aus Std. 36.

Noch ein drittes Beispiel:

Std. 76
Ich halte mich nicht für über - zumindest bewußt, nicht für überbesorgt mit solchen Sachen, aber, hm, (Pause 6 sek.), aber sie ist´s noch viel weniger als ich. Ich denke, viel weniger besorgt über- (*momentanes Vergessen* ?)

Std. 66
Es war nicht wegen was ich gerade gesagt habe, hm, wir, wir mußten halt (mit der Sitzung) aufhören, weil die Zeit rum war. Mit anderen Worten, daß Sie, meine ich, das war freundlich, und, hm (15 Sek.) (*momentanes Vergessen* ?)

Vermutlich ist nun Ihr Blick geschärft; in der Tat es ist die Textstelle aus Std. 66. Was anklingt ist feindselige Zurückweisung, auch wenn die Patientin manifest und bewußt versichert, daß es nicht so gemeint war. Die Erwartung feindseliger Zurückweisung durch andere, insbesondere durch ihren Therapeuten erwies sich in 13 Symptom-Kontexten im Vergleich zu 13 Kontrolltexten als signifikant diskriminierend. Das nächste Bild zeigt nun den mittleren Verlauf der "Verwicklung mit dem Therapeuten" in den sechs 50-Wort-Einheiten, bevor das Symptom des Momentanen Vergessens auftritt. Nach der 200-Wort-Marke steigt die Intensität der Verwicklung bis zum Beginn des Vergessens scharf an. Nach dem symptomatischen Akt kehrt die Verwicklungsintensität wieder auf das Maß zurück, das auch die Kontrolltexte zeigen.

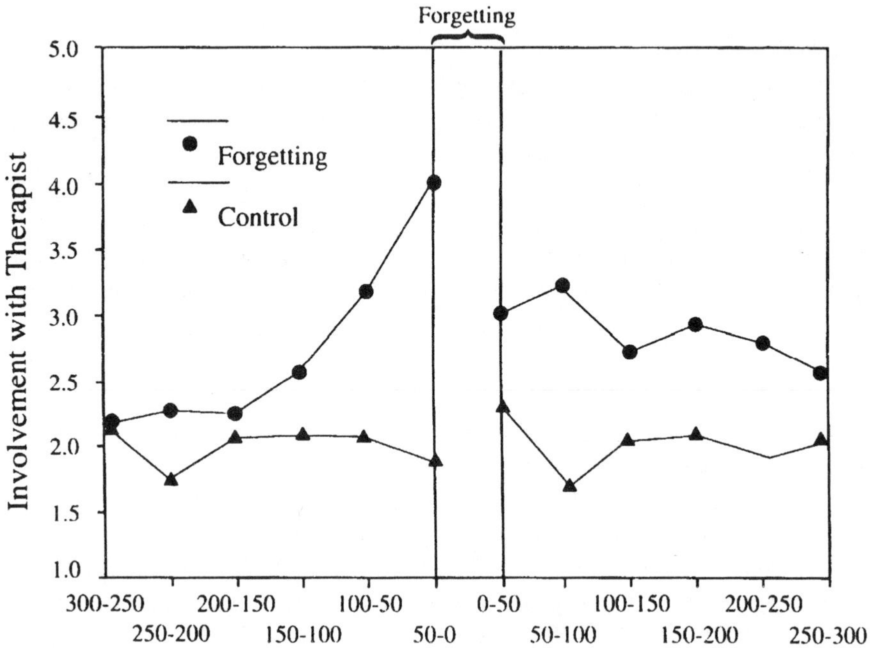

Abb. 1. Mittlere Ratings der *Verwicklung* mit dem Therapeuten in sechs 50-Wort-Einheiten *vor* versus sechs 50-Wort-Einheiten *nach* dem momentanen Vergessen von Ms. Apfel.

Die nächste Abbilung zeigt Ähnliches für die Beurteilung der Kategorie "Zurückweisung". Ab den 150 Worten vor dem Symptom steigt diese Kurve an und geht nach dem Symptom wieder zurück.

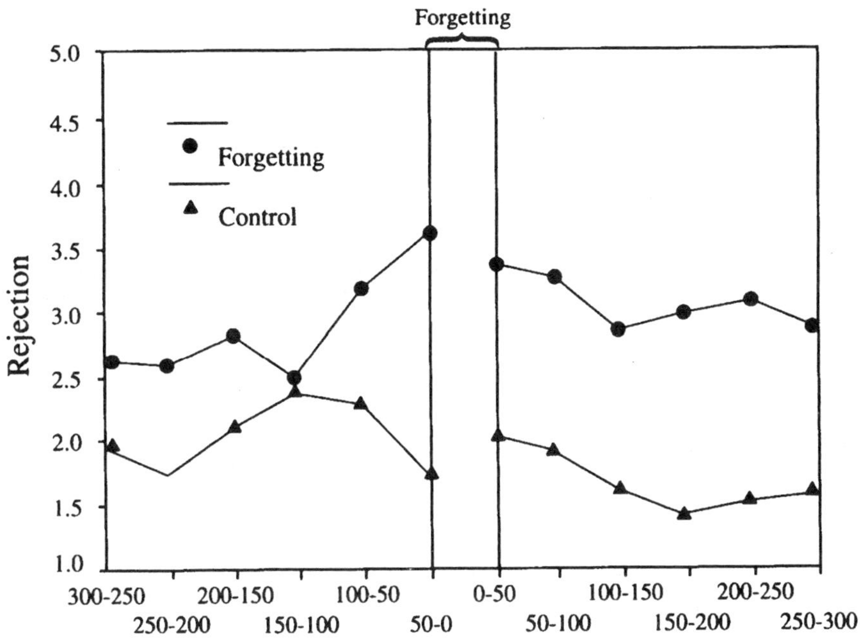

Abb. 2. Mittlere Ratings von *Zurückweisung* mit dem Therapeuten in sechs 50-Wort-Einheiten *vor* versus sechs 50-Wort-Einheiten *nach* dem momentanen Vergessen von Ms. Apfel.

Erinnern wir uns an das erste Beispiel. Die Patientin sagte: "Wir könnten einfach mit der Behandlung nicht weiter machen, hm, weil es mir einfach nicht guttat." Zu diesem Zeitpunkt trat das MV auf. Zusammen mit der Kategorie "Verwicklung" ist die Kategorie "Zurückweisung" implizit enthalten.

Die folgende Darstellung gibt eine Reihenfolge wieder. Vergleicht man die Intensitätswerte von den verschiedenen emotionalen Kategorien zwischen den echten Prä-Symptom-Texten und den Kontroll-Prä-Symptom-Texten, dann lassen sich die Unterschiede mit einem Maß, der sog. Effektstärke darstellen. Von den 12 emotionalen Qualitäten, die für Ms. Apfels Texte eingeschätzt werden, sind folgende sechs bedeutsam:

Tabelle 2. Variablen, die signfikant zwischen momentanem Vergessen und Kontrolltext diskriminieren

	Einheit: t 100-50	Einheit: t 50-0	*p* *
Verwicklung mit dem Therapeuten	2.26	4.20	.000
Zurückweisung,	2.11	4.04	.001
Trennungsängste	1.30	2.13	.022
Hoffnungslosigkeit	1.78	2.04	.027
Hilflosigkeit	2.63	1.80	.043
Feindseligkeit gegenüber dem Therapeuten	1.97	1.80	.430

* Die *p*-Werte beziehen sich auf die Signifikanz des Unterschieds der 50-0-Einheiten der Prä-Symptom und Prä-Kontroll Texte

Auf der Grundlage dieser Unterschiede schlußfolgert Luborsky:

"This is the basis for my conclusion for this patient: We have discovered that there is a special set of qualities that were expressed before the forgetting with more intensity than before the control points ... We infer that these qualities also were very likely to have been involved in the symptom that brought her to treatment - the recurrent conflicts and break-ups with men".

zu deutsch heißt dies:

"... wir haben entdeckt, dass es einen Satz von (emotionalen) Qualitäten gibt, die in größerer Intensität vor dem momentanen Vergessen als vor den Kontrollpunkten auftreten ... Wir schließen daraus, daß diese Qualitäten sehr wahrscheinlich auch an den Symptomen beteiligt sind, die die Patientin in die Behandlung brachten, nämlich die wiederholten Konflikte und Abbrüche in der Beziehung zu Männern. Besonders herausragend waren die Kategorien der Verwicklung mit dem Therapeuten (Involvement) und die Erfahrung der Zurückweisung (Rejection)".

Depressive Verstimmungen als Symptom

Im Orginalmanuskript von Luborsky wird nun der Leser zu dem zweiten Symptom geführt, welches systematisch erkundet wurde. Ich möchte einen Moment innehalten, um Ihr Interesse nochmals auf die grundlegende Seite der Sache zu lenken. Momentanes Vergessen - was ist das schon? Haben wir nicht Wichtigeres zu tun, als solche klinisch wenig bedeutsame "Symptömchen" zu erklären?

Wie ich eingangs zitiert habe, hatte Freud folgende zentrale Hypothese zur Symptombildung entwickelt: Ein neurotisches Symptom ist Teil eines Lösungsversuchs in einer Situation. Diese Situation wird von dem Individuum als so gefährlich eingeschätzt, daß dieser Mensch von Hilflosigkeit bedroht ist. Allerdings kommt die Gefahr aus dem Inneren, aus der Welt der eigenen Wünsche und Impulse.

Was an den Mini-Symptomen von Frau Apfel also untersucht wird, ist eines der wichtigsten Bestimmungsstücke der psychoanalytischen Theorie zur Entstehung von Störungen. Es ist vernünftig in der wissenschaftlichen Arbeit, einen Gegenstandsbereich zu identifizieren, der ein kontrollierendes Vorgehen ermöglicht. Gefordert wird allerdings eine hinlängliche Analogie des isolierten Präparats mit der komplexen klinischen Wirklichkeit, was im Fachjargon "externe Validität" heißt.

Kommen wir zum nächsten Symptom und dessen Kontext. Mr. James Quinn litt längere Zeit an depressiven Verstimmungen, die die Diagnose einer neurotischen Depression, heute einer dysthymen Störung (DSM-IV 300.40), rechtfertigten. Er wurde für drei Jahre zweistündig pro Woche mit analytischer Psychotherapie (Luborskys supportive-expressive psychotherapy (1984, 1988)), im vierten Jahr einstündig pro Woche behandelt. Von Zeit zu Zeit berichtete er in der psychotherapeutischen Sitzung über jähe Schwankungen seiner Stimmung. Zum Beispiel sagt er: "Ich werde wieder depressiv" oder "Jetzt wird's wieder besser".

Ein solches Beispiel für eine Intensivierung des Depressionserlebens im 50-Wort-Prä-Symptom-Kontext in der 144. Sitzung zeigt die Tablelle 3.

P.: Ich denke der [der Vater] hat nie was getan, er war einfach nutzlos, ja, er hat Geld verdient, okay, wenn ich sein Milieu betrachte und, blah, blah blah, und daß er Depressionen hatte, und nichts zu essen und all das---aber ich, ich, ich weiß nicht -- jetzt werd ich wieder ganz depressiv

T.: Sie sagten ...

P.: Ich haßte ihn ... aber man muß ja seinen Vater lieben.

Im Rahmen dieser Studie konnten 9 solcher Textsegmente ausgewertet werden; fünf Segmente zeigten eine Abnahme der Depressivität und vier eine Zunahme.

Da unsere Theorien selten genug erwähnen, wie denn Symptome wieder verschwinden, bot dieses Symptom eine besonders interessante zweiseitige Fragestellung. Sind es die gleichen Variablen, die in beide Richtungen - Zu- und Abnahme - arbeiten? Das Ergebnis zeigt die Tabelle 3:

Tabelle 3. Variablen, die signfikant zwischen depressivem Symptom- und Kontrolltext diskriminieren

Variablen	**0-100 nach dem Shift**	***p* (einseitig)**
Schuldgefühl	4.15	.002
Verlust von Selbstwert	3.33	.007
Feindseligkeit gegen Selbst	2.97	.011
Hoffnungslosigkeit	2.85	.013
Angst	2.43	.023
Blockiertsein	2.41	.024
Sorgen um Unterstützung	1.99	.044
Ödipale Konflikte	1.90	.050

Um noch eine klinische Illustration zu geben, nehme ich einen Text aus der Stunde 135. Der Patient spricht über ein Mädchen, mit dem er gerne ausgehen möchte. Er meint, dazu müßte ein Kerl her, viel stärker als er:

"If it is me then I am not strong enough".

Nach diesem Gedanken berichtet der Patient eine Bewegung hin zu mehr erlebter Depression. Als nächstes käme der Bericht über die Auswertung eines phobischen Symptoms. Ich werde mich mit dem Hinweis auf das entsprechende Kapitel von Luborsky et al. (1996) begnügen.

Erinnern Sie noch den ersten Fall?

8. Sitzung
Ich denk grad über die Erfahrung nach, was dieses Komitee und das andere mir geben wird, und in einem Jahr, vielleicht ein Jahr, könnte ich das Amt des Präsidenten des CVJM anpeilen, und doch, um die eine oder andere Aktivität würde ich mich kümmern, anstatt die verschiedenen Funktionen der ganzen Organisation kennenzulernen---ich, ich werd' trotzdem noch das Schlußlicht der ganzen Organisation sein (Pause). *Grad jetzt meldet sich mein alter Magen wieder.* Es scheint, er tut das immer, wenn ich mich auf diese Couch lege, als ob er was rausspritzen würde. Ich habe das schon manchmal beobachtet, nicht sehr oft, ich frag mich, warum tut er das. Ich glaub, es ist öfters, wenn ich hungrig bin."

In den 54 Sitzungen fanden sich 26 symptomatische Äußerungen von Herrn R. Untersucht man die 30 Wörter vor der Äußerung über Magenschmerzen im Vergleich zu Kontrolltexten, findet man folgende Kategorien: Ödipaler Konflikt, Angst, Befürchtung, die Unterstützung zu verlieren (supplies), Kontrollverlust und Hilflosigkeit.

Tabelle 4. Variablen, die zwischen Symptom- und Kontrolltext diskriminieren

Variablen Ratings / Scoring	**t-Werte**	**signifikant 1-seitig**
Ödipaler Konflikt	2.38	.010
Angst	2.37	.013
Sorge um Verlust der Unterstützung	2.09	.023
Kontrollverlust	1.82	.040
Hilflosigkeit	1.73	.048
Hilflosigkeit (Manual)		.001

Für dieses Symptom, wie für die anderen, ist eine Qualität besonders prägnant und dies ist die Sorge, nicht zu bekommen, was er sich wünscht. In diesem Fall konnten aufgrund der eingehenden psychophysiologischen Untersuchungen auch eine Fülle anderer Messungen einbezogen werden. Die Faktorenanalyse dieser anderen Werte ergab einen Faktor, der eine Koinzidenz mit den Stunden zeigte, in denen der Patient Magenschmerzen äußerte. Dieser Faktor wurde Spannung (surgency) benannt, und er stellt einen Zustand hoher seelischer Aktivierung dar (mehr Einzelheiten s. Luborsky et al. 1996, S. 190).

Fazit

Ohne Ihnen die Lektüre des spannenden Buchs "The Symptom-Context Method" ersparen zu wollen, im Gegenteil, um Ihren Appetit darauf noch anzuregen, berichte ich die Schlußfolgerungen, die Luborsky zu ziehen weiß:

Fazit Nr. 1.
Für jeden Fall lassen sich bei den Symptomkontexten und die Kontrolltexten signifikant unterschiedene emotionale Qualitäten identifizieren. In jedem einzelnen Fall sind es besondere Qualitäten wie z. B. im Fall der Frau Apfel die Furcht vor Zurückweisung. Liest man die klinischen Zusammenfassungen, die stets auch angefertigt werden, dann läßt sich unschwer erkennen, daß die Furcht vor Zurückweisung Hilflosigkeit auslöst, die dann zur erhöhter Feindseligkeit führt.

Aggregiert man die Befunde über die sieben Fälle, bezahlt man zwar mit einem Verlust an Spezifität, aber man gewinnt verallgemeinbare Aussagen. Bedeutsame psychologische Vorbedingungen wie:

- Hoffnungslosigkeit
- Kontrollverlust
- Angst
- sich blockiert fühlen
- Hilflosigkeit
- Sorge um Versorgung

Diese sechs Kategorien finden sich in fast allen Vergleichen zwischen Kontroll- und Symptomtexten.

Fazit Nr. 2.
Die Vorbedingungen für die drei psychologischen und vier somatischen Symptome unterscheiden sich nicht.

Fazit Nr. 3.
Jedes Symptom weist besonders herausragende Vorqualitäten auf; dies scheint patientenspezifisch zu sein.

Fazit Nr. 4.
Die herausragenden Qualitäten der Vor-Symptomphase sind dem zentralen Beziehungskonflikt des Patienten sehr ähnlich.

Fazit Nr. 5.
Die Intensität der Vor-Qualitäten steigt in Richtung auf die Symptombildung an; man findet einen engen zeitlichen Abstand, ca. 50-100 Wörter, bevor ein Symptom sich manifestiert. Solche Miniausschnitte aus dem Verhaltensstrom wurden schon anderweitig als sehr erhellend beschrieben. Dieser Befund deckt sich im wesentlichen mit den in den verschiedenen Theorien zur Symptom-entstehung (Luborsky u. Aronson 1996).

Fazit Nr. 6.
Die verschiedenen Symptome sind unterschiedlich gut mit der hier vorgestellten Methode zu identifizieren (Tabelle 5)

Tabelle 5. Effektstärken der Symptome

Symptom	Mittelwert der 5 größten Effekstärken
Momentanes Vergessen	.43
Depression	.71
Phobie	.65
Magenschmerzen	.34
Migräne	.71
Petit Mal	.53
PVC	.55

Fazit Nr. 7.
Erstaunlicherweise ist kein Unterschied zu finden, ob die Symptome als subjektive Störungen vom Patienten mitgeteilt werden oder ob sie durch eine objektive Registrierung, wie bei EEG und EKG, bestimmt werden können.

Fazit Nr. 8.
Vorläufige Untersuchungen an sog. nicht-symptomatischen Fällen, bei denen wiederkehrendes, repetitives Verhalten quasi als Symptom untersucht wurde, ergaben, daß deutlich weniger emotionale Vorläufer bestimmt werden konnten.

Fazit Nr. 9.
Die Befunde der im unmittelbaren Kontext arbeitenden Symptom-Kontext-Methode weisen Parallelen zu den Befunden auf, die mit der ZBKT-Methode im mittelbaren Hintergrund des Materials gefunden werden können.

Fazit Nr. 10.
Die Bedingungen für die Symptombildung können auch durch retrospektives Berichten untersucht werden, wie im Fall der Phobie belegt (Luborsky 1996).

Fazit Nr. 11.
Die Richtung der bisherigen Analyse geht vom Symptom zu den Vorbedingungen; Erste Analysen zeigen, daß von den Vorbedingungen allein die Übergangswahrscheinlichkeiten zu einer Symptombildung nicht sehr groß sind; es gibt halt verschiedene Wege mit dem Gefühl der Hilflosigkeit zu kämpfen.

Fazit Nr. 12.
Die Symptome sind unterschiedlich gut zeitlich zu lokalisieren.

Fazit Nr. 13.
Bislang sind nur für MV zehn Fälle verfügbar: Dabei gibt es eine gute Kongruenz der Ergebnisse.

Fazit Nr. 14.
Multiple methodische Zugänge sind nützlich.

Didaktisch angezeigt ist es, nochmals den empirischen, nun gut begründeten Kern der langjährigen Forschung zusammenzufassen:

Zusammenfassung der Vorbedingungen für die Entstehung eines Symptoms

Die Enstehung eines Symptoms zeigt in allen bislang untersuchten Beispielen folgende acht Punkte:

1. Wahrnehmung einer potentiellen Gefahr
2. Gefahr durch die gegenwärtige Involvierung mit Leuten
3. Die Aktivierung des zentralen Konflikt-Beziehungsmusters (ZBKT)
4. Zuwachs von Hoffnungslosigkeit, Kontrollverlust, Angst, Blockierung und Hilflosigkeit
5. Ansteigende Kognitive Störung
6. Psychologische Veränderungen parallel mit physiologischem Störungen
7. Der Zustand im Hintergrund läuft parallel zu einigen Qualitäten des aktuellen Zustandes
8. Das Zielsymptom tritt auf - wird bestimmt durch biopsychosoziale Disposition

Therapeutische Implikationen

Vergnügen wir uns abschließend mit einem fiktiven Dialog zwischen Robert Waelder, einem brillianten psychoanalytischen Kliniker und Theoretiker (1963) und Lester Luborsky, einem brillianten Forscher und Kliniker, mit dem auch die Monographie die therapeutischen Implikationen ins Auge faßt (Luborsky 1996, S. 403):

LL: Es ist schon lange her, daß Sie gesagt haben, es gäbe nichts mehr durch klinisch-quantitative Forschung zu lernen, was wir nicht schon durch klinische Erfahrung wüßten.

RW: In der Tat, was Sie demonstriert haben, haben wir Jahr für Jahr in der klinischen Arbeit gesehen.

LL: (Ich glaube, ich muß die Frage anders stellen) Alle Ergebnisse der Symptom-Kontext-Methode für die sieben Symptome zeigen signifikante Prä-symptom-Anstiege von Hoffnungslosigkeit oder Hilflosigkeit. Würden Sie das klinisch erwarten ?

RW: Ja, das ist genau, was wir klinisch erwarten.

LL: Was wäre denn, wenn keine der Theorien zur Symptomentstehung durch die Symptom-Kontext-Methode bestätigt worden wäre? Was hätten Sie dann gesagt?

RW: Als Kliniker muß ich zugeben, daß mich dies auch nicht überrascht hätte. Bei so kleinen Stichproben hätte es gut sein könnnen, daß sich die Theorien nicht hätten bestätigen lassen.

LL: So lehren uns die Befunde der Symotom-Kontext-Methode doch etwas, was wir klinisch nicht so sicher wußten.

RW: Das ist wahr. Sie tun dies wirklich.

LL: Und was sagen Sie zu den acht Vorbedingungen, die in der Theorie nun spezifiziert werden können?

RW: Beeindruckend, in der Tat. Natürlich hätten wir einiges davon klinisch auch erwartet, aber Sie haben mehr gefunden und dies sollte in der klinischen Arbeit in der Zukunft berücksichtigt werden können.

Klinisch wichtig - so das Ergebnis dieser Studien - ist die Fokussierung der Arbeit auf kritische Momente in der Beziehung mit wichtigen Personen, von den der oder die Patientin bewußt oder unbewußt annimmt, diese nicht angemessen handhaben zu können. Das ist der Kern der Freudschen Theorie der Symptombildung und dieser wurde durch diese Untersuchungen bestens bestätigt.

Literatur

Adler R, Hermann J, Schäfer N, Schmidt T, Schonecke O, Uexküll T v (1976) A context study of psychological conditions prior to shifts in blood pressure. Psychosom Psychother 27: 198-204

Ambady N Rosenthal R (1992) Thin slices of expressive behavior as predictors of interpersonal consequences: A meta-analysis. Psych Bulletin 111: 256-274

Brenman M, Gill MM, Knight R (1952) Spontaneous fluctuations in the depth of hypnosis and their implications for ego-function. Int J Psycho-Anal 33: 22-33

Cattell R, Luborsky L (1950) P-technique demonstrated as a new clinical method for determining personality structure. J Gen Psychol 42: 3-24

Dahl H (1972) A quantitative study of psychoanalysis. In: Holt RR, Peterfreund E (eds) Psychoanalysis and contemporary science. vol. 1 pp 237-257

Engel GL, Schmale AH Jr (1969) Eine psychoanalytische Theorie der somatischen Störung. Psyche 23: 241-261

Edelson M (1985) The hermeneutic turn and the single case study in psychoanalysis. Psychoanal Contemp Thought 8: 567-614

Edelson M (1986) Causal explanation in science and psychoanalysis. Psychoanal Study Child 41: 89-127

Freud S (1895) Über die Berechtigung, von der Neurasthenie einen bestimmten Symptomenkomplex als Angstneurose abzutrennen. GW Bd 1, S 313-342

Freud S (1926) Hemmung, Symptom und Angst. GW Bd 14, S 111-205

Gottschalk L, Fronczeck J et al (1993) The cerebral neurobiology of hope and hopelessness. Psychiatry 56: 270-281

Kächele H, Schaumburg C, Thomä H (1974) A study of recurrent anxiety. Abteilung Psychotherapie, Universität Ulm. Unveröffentlichtes Manuskript

Luborsky L (1953) Intra-individual repetitive measurements (P-technique) in understanding psychotherapeutic change. In: Mowrer OH (ed) Psychotherapy - Theory and Research. Ronald Press, New York, pp 389-413

Luborsky L (1984) Principles of psychoanalytic psychotherapy. A manual for supportive-expressive treatment. Basic Books, New York (dt.: Einführung in die analytische Psychotherapie. Springer, Berlin Heidelberg New York, 2. Aufl 1995 Vandenhoeck & Ruprecht, Göttingen)

Luborsky L (1996) The symptom-context method. APA Books, Washington DC

Luborsky L, Mintz J (1974) What sets off momentary forgetting during a psychoanalysis. Psychoanal Contemp Sci 3: 233-268

Luborsky L, Aronson G (1996) Classical theories of symptom formation: Freud, Engel & Schmale, Goldstein & Seligman. In: Luborsky L (ed) The symptom-context method. APA Books, Washington DC, pp 365-376

Luborsky L, Diguer L, Johnson S, Seligman DA, Friedman S, Kasabakalian-Mckay R (1996) Stalking the elusive contexts of a phobia with a modified symptom-context method. In: Luborsky L (ed) The symptom-context method. APA, Washington, DC, pp 151-173

Waelder R (1963) Die Grundlagen der Psychoanalyse. Huber, Bern

Zur Psychobiologie von Kontext und Bedeutung im Hinblick auf die Bildung von Symptomen

Hinderk M. Emrich

Wittgenstein (1984) hat in seinem "blauen Buch" über die Frage nach dem Bedeuten einen sehr bemerkenswerten Satz ausgesprochen. Da heißt es:

"Die Fragen 'Was ist Länge?', 'Was ist Bedeutung?', 'Was ist die Zahl Eins?' etc. verursachen uns einen geistigen Krampf. Wir spüren, daß wir auf nichts zeigen können, um sie zu beantworten, und daß wir gleichwohl auf etwas zeigen sollten ... Denn sicherlich mußt du, um die Bedeutung von 'Bedeutung' zu verstehen, auch die Bedeutung von 'Erklärung der Bedeutung' verstehen."

Es geht also um Erklärung des Bedeutungsphänomens im Hinblick auf Symptome der Psyche. Ob man nun heute, ca. 50 Jahre nach der Niederschrift dieses Wittgensteinschen Textes, das Phänomen des Bedeutung-Habens erklären kann, ist eher zu bezweifeln; jedoch ist dies zumindest eine spannende Herausforderung an die Psychobiologie; und man kann meines Erachtens zeigen, daß das Bedeutungsproblem eine zentrale Rolle spielt bei der Entstehung psychopathologischer "Symptome". Dabei stehen "Bedeutung" und "Kontext" in einem sehr engen korrelativen Verhältnis.

Kontexte

Selten ist das Leben so einfach wie wir es vielleicht gerne hätten; und wäre es tatsächlich einfach, dann wäre es doch nicht kontextlos. Das einfache Leben, das Leben in Einfachheit, eine bereits klassisch römische Utopie, wie wir sie bei Ovid besungen finden, ist nicht einfach und kontextlos als es selbst, sondern insofern wir es dazu machen. So sagt Bachmann (1993) in ihrem Roman "Der Fall Franza": "Denn die Tatsachen, die das Leben ausmachen, sie bedürfen des Nichttatsächlichen, um von ihm aus verstanden zu werden." Es geht also um eine Wirklichkeit jenseits der Tatsachen, die den Verstehensprozeß, und damit auch

"Bedeutungen" und "Kontexte" möglich macht. Das Verstehen komplexer Lebenswirklichkeit beruht auf dem Ingangsetzen einer Kontexte erzeugenden gewissermaßen "nicht-tatsächlichen", dabei aber Tatsachen erzeugenden Instanz in uns, aufgrund derer es zu Subjektivität, zu Bedeutung, zu einem "point of view", damit einer "Perspektive" kommt, von der aus eben ein Text als etwas erscheint, in Bezug auf das ein anderer Text, ein anderer semantischer Gehalt, sich in einen Zusammenhang setzen läßt. Dieses Erzeugen von Kontextualitäten ist wesentlich bestimmend dafür, daß überhaupt Wahrnehmen, Leben, Bewußtsein möglich sind: Leben als Er-Leben. Wir können uns einem Gegenstand zuwenden, ihn isoliert sehen und uns wieder auf uns selbst, schließlich einen anderen Gegenstand und auf die nun entstandenen Zusammenhänge, d. h. Kontexte, beziehen. Erzeugen von Kontextualität ist ein Verbinden und Vergleichen und wiederum Isolieren. Etwas sehen "als etwas". Etwas als etwas betrachten bedeutet, einen intentionalen Gegenstand im Bewußtsein haben, heißt Bezogenheit auf etwas im Hinblick auf etwas anderes, heißt "Intentionalität" im Sinne von Brentano (1924), heißt: das "Meinen von etwas" vollziehen.

Diese Vorgänge der Erzeugung von Kontexten in und um uns fallen nun aber nicht einfach vom Himmel; sie entstehen vielmehr in uns aufgrund spezifischer psychobiologischer Prozesse im Zentralnervensystem, deren Neuro- und Pathophysiologie im folgenden im Hinblick auf die Entstehung von psychiatrisch-psychopathologischen Symptomen besprochen werden soll. Warum kommt es überhaupt zur Bildung von solchen Symptomen? Könnte man sich nicht lebende Systeme vorstellen, die Kontexte erzeugen, die in einer bedeutungshaften Wirklichkeit leben, an denen aber die Erlebnishaftigkeiten dieser Kontexte quasi spurlos vorübergehen, die quasi in die Kontextwelt ihres Lebens "so wenig eingetaucht" sind, daß sie symptombildungsresistent sind, immun gegen allfällige traumatische, konflikthafte, problemhaltige Erlebnisse ihres Daseins? Anhand der psychobiologischen Forschungsergebnisse der letzten Jahre läßt sich zeigen, daß die Kontexte und Konflikte "intern" erzeugt werden müssen; d. h., daß im Sinne der "Konstruktivität von Gehirnen" (Roth 1992) innere Realitäten erzeugt werden müssen, aufgrund derer Störungen auch intern vorkommen, und damit von der Subjektivität von Menschen unabtrennbar sind: wer er-leben will, muß auch er-leiden, um sich er-freuen zu können. Eustreß und well-being, Hedonie und Glücklichsein sind zwar keine Themen psychopathologischer Forschung, sind aber wohl der zentrale Grund, weshalb als Störungen dieser Zustände auch "Symptome" im Sinne der Psychopathologie in Kauf genommen und behandelt werden müssen.

Zur Psychobiologie von Kontexthaftigkeit und "Angst"

Das Symptom "Angst" gehört zu den zentralen, fundamentalen Geschehnissen des psychischen Lebens. Für den Philosophen Kierkegaard, der Mitte des vorigen Jahrhunderts das berühmte Werk "Der Begriff Angst" schrieb und der damit die philosophische Psychologie und den späteren Existentialismus begründete, war Angst ein Synonym für In-der-Welt-Sein, für Existenz. Existenz in Angst bedeutet für den Philosophen Gadamer (1926) folgendes:

"Angst steht mit Enge, mit der plötzlichen Ausgesetztheit ins Weite und ins Fremde in engstem Zusammenhang. Wir haben alle etwas von dieser Urerfahrung in vielen Wörtern unserer Sprache und können sie von ihr abhören. So erscheint mir für uns Deutsche, daß Worte wie ‚ungeheuer' und ‚unheimlich' darauf hindeuten, ‚Geheuer' heißt daheim. Die Verneinung ist ‚ungeheuer', das heißt fremd und unheimlich. So sagen wir: es ist einem nicht geheuer, und: es kommt einem nicht geheuer vor. Das ‚Un-geheure' ist eine affektive Aussage für die unüberschaubare Größe und Weite, für die Leere, Ferne und Fremde, die einem für das Bestehen des Lebens, das Sich-Einhausen in dieser hiesigen Welt den Atem benimmt. Mit dem Wort Einhausen gebrauche ich ein Lieblingswort von Hegel. Er sah darin die Grundverfassung des Menschen, daß er bei sich zu Hause sein will, um, von aller Bedrohung zurückgezogen, im Vertrauten, Griffbereiten und Begriffenen von aller Angst frei zu sein. Wenn wir so von Angst reden, meinen wir jedenfalls nicht die spezifischen Phänomene der medizinischen Anthropologie, sondern die eine Grundverfassung des Lebens, aus der Enge ins Weite zu drängen."

Auch für Sigmund Freud ist Angst das vielleicht zentralste psychische Geschehen, das er in mehreren Folgen von Theorien der Angst zu bewältigen versuchte. So heißt es bei Freud (1926):

"Die Angst ist die Reaktion auf die Gefahr. Man kann doch die Idee nicht abweisen, daß es mit dem Wesen der Gefahr zusammenhängt, wenn sich der Angstaffekt eine Ausnahmestellung in der seelischen Ökonomie erzwingen kann. Aber die Gefahren sind allgemein menschliche, für alle Individuen die nämlichen; was wir brauchen und nicht zur Verfügung haben, ist ein Moment, das uns die Auslese der Individuen verständlich macht, die den Angstaffekt trotz seiner Besonderheit dem normalen seelischen Betrieb unterwerfen können, oder das bestimmt, wer an dieser Aufgabe scheitern muß."

Angst hat damit etwas Fundamentales, ja Apriorisches für die Frage nach dem Psychischen schlechthin. Gibt es eine Möglichkeit, auch vom psychobiologischen Standpunkt aus, Angst als etwas Zentrales für unser psychisches Leben auszuweisen? Besonders wichtig scheint mir hier der Gedanke zu sein, daß Angst mit

Vertrautheitsverlust, mit der unsicher gewordenen oder immer schon vorgängig unabgesicherten Geborgenheitsfunktion zu tun hat, so wie Kierkegaard (1992) sagt:

"Man kann die Angst mit einem Schwindel vergleichen. Wer in eine gähnende Tiefe hinunterschauen muß, dem wird schwindlig. Doch was ist die Ursache dafür? Es ist in gleicher Weise sein Auge wie der Abgrund - denn was wäre, wenn er nicht hinuntergestarrt hätte?"

Die Fragen nach Abgrund, Schwindel und Freiheit haben im Sinne der Themenstellung dieses Beitrags und dieser Tagung, mit Kontexten zu tun. Nur im Kontext mit anderen Phänomenen und Geschehnissen des Lebens läßt sich von "Abgrund" reden, vom Fallen, von Geborgenheitsverlusten, von Angst als "Enge" etc.

Wie geht nun aber die Psychobiologie hiermit um? Es soll im folgenden darum gehen, die von den Neuropsychologen Gray u. Rawlins (1986) entwickelte hippokampale "Komparatortheorie der Angst" darzustellen. Um Kontexte wahrnehmen zu können, müssen sie allerdings zuerst vom Zentralnervensystem "konstruiert" werden. Denn auch die hier nötigen Konstrukte fallen nicht vom Himmel. Damit etwas als etwas im Hinblick auf anderes wahrgenommen werden kann, muß der Gegenstand im Hinblick auf dessen Hintergrund konstruiert werden. Ja, es muß sozusagen die "Gesamtsituation" konstruiert werden; und es stellt sich die Frage, wie dies geschieht.

Einführung in den Konstruktivismus

Im täglichen Leben geht man üblicherweise von einem Weltbild aus, das von Philosophen als "naiver Realismus" beschrieben wird. Hierbei wird stillschweigend vorausgesetzt, die äußere Wirklichkeit sei exakt so strukturiert, wie wir sie wahrnehmen, ganz so, als ob es genügen würde, die Welt "wie sie wirklich ist", einfach mit einer Kamera abzufotografieren bzw. abzufilmen, und das menschliche "Subjekt", das "Ich", sei gewissermaßen nichts anderes als eine Art von Computer, der diese Sinnesdaten auswertet und in sich abbildet. Tatsächlich ist der Vorgang der Sinneswahrnehmung allerdings wesentlich komplizierter: Bevor Sinnesdaten ausgewertet, interpretiert und integriert werden können, bedarf es eines "Konzeptes", eines Weltbildes, eines "mitlaufenden Weltmodells" (Prinz 1983), in das die aktuellen Sinnesdaten eingefügt werden, bzw. von dem aus sie verworfen werden können. Dies führt zu einem Vergleich "erwarteter Wirklichkeit" und tatsächlicher Wirklichkeit und damit offenbar zu einem Erlebnis, das man mit den Worten beschreiben könnte: "Dies geschieht jetzt wirklich". In der Neurobiologie geht man derzeit davon aus, daß das mentale Geschehen "modular" organisiert ist, d. h., daß den mentalen Funktionen funktionell und zum Teil topographisch zuzuordnende "Module" mit unterschiedlichen Eigenschaften entsprechen, wobei angenommen wird, daß die verschiedenen Module "interaktiv" miteinander wechselwirken, wofür bestimmte sog. "Konvergenzzonen" - nach Damasio (1989) - von Bedeutung sind. Nach Arbeiten von Mumford ist ein, für die Konzeptualisierung besonders wichtiges Modul die thalamokortikale Rückkopplungsschleife, die Mumford in folgender Weise charakterisiert:

"Es handelt sich um eine vielfache Quelle von Erfahrungswissen auf der Grundlage von Wahrnehmungen, die ihrerseits vielfältige, oft widersprüchliche Hypothesen generiert, die in den neuronalen Systemen des Thalamus integriert werden und in die kortikalen Eingangsstrukturen zurückprojiziert werden."

Nach Mumford (1991) bilden diese Rückkopplungsschleifen in dem Kern des Thalamus sog. "aktive Blackboards", aktive Repräsentationen, auf denen die jeweils besten Rekonstruktionen bestimmter Aspekte der Außenwirklichkeit dargestellt werden; und insofern können thalamische Strukturen im oben beschriebenen Sinne als "Konvergenzzonen" interpretiert werden.

Wie kommt nun an dieser Stelle des psychobiologischen Konstruktivismus das Symptom "Angst" ins Spiel? Hierzu ist es notwendig zu verstehen, daß die psychobiologische Welt eine solche der "Übersetzung" ist. Es ist eine wichtige Erkenntnis der Kognitionstheorie, daß Menschen nicht nur Wahrnehmungen machen und Kognitionen haben, sondern daß sie diese jeweils in einen internen Bewertungszusammenhang hineinziehen, in gewissermaßen "Bewertungskontexte" überführen, die dem kognitiven oder Wahrnehmungserlebnis den "mitlaufenden Gefühlston" verleihen, von dem aus das Erlebnis einen spezifischen emotionalen Gehalt zugeteilt bekommt. Es entsteht somit das Thema der Frage nach der einerseits Wahrnehmungs-/Kognitions-Emotionskopplung und der jeweiligen Rückübersetzung dieses Wechselverhältnisses. Eine der großen Fragestellungen der Psychobiologie der Gegenwart ist damit die Frage, wie diese Übersetzungsvorgänge von Wahrnehmung und Kognition in Emotion und umgekehrt vollzogen werden. Und diese "Übersetzungen" sind nun in der Tat genau jene Prozesse, deren Störungen zu psychischen "Symptomen" führen, wie Wahrnehmungsstörungen, psychotischen Dekompensationen, Gefühls- und Affektstörungen wie Manie und Depression, Süchtigsein und schließlich "Angst". Die Grundlagen für das Verständnis dieser Übersetzungsprozesse wurden von dem US-amerikanischen Neurobiologen McLean in den 50er Jahren gelegt, mit seinem Modell des "tri-une-brain", das eine Dreiteilung zentralnervöser Funktionen im Sinne des Vegetativums, des darüber gelagerten sog. limbischen Systems und schließlich kortikaler Systeme impliziert. McLean (1982) war allerdings noch davon ausgegangen, diese drei Systeme operierten weitgehend unabhängig voneinander, während die heutige Neuropsychologie gerade nach den Wechselwirkungen, in diesem Sinne den "Übersetzungsverhältnissen" der Systeme untereinander fragt. Nach neueren Erkenntnissen scheinen Zugänge vom kortikalen System zum limbischen System einmal über das evolutionsbiologisch alte System des Riechhirns zu erfolgen, zum anderen im Bereich der Temporallappen über die Mandelkerne und den Hippokampus (Abb. 1).

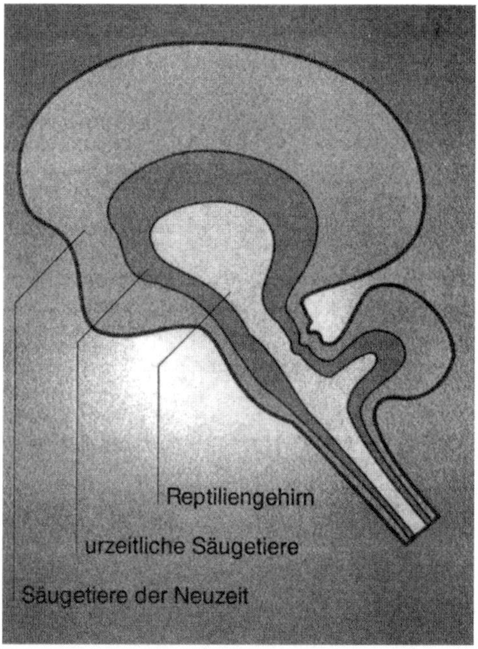

Abb. 1. Dreiteilungsmodell des Gehirns auf verschiedenen phylogenetischen Entwicklungsstufen

Der Zugang über das Riechhirn scheint für die "Enzephalisation", d. h. die extreme Großhirnentwicklung der Säuger evolutiv von entscheidender Bedeutung zu sein. Aufgrund der starken "Verstärkereigenschaften" des angenehmen Geruchs- und Geschmacksreizes bei der Brustfütterung scheint es zu einer immer stärkeren Entwicklung von kognitiven- und Wahrnehmungsleistungen und damit psychischen und kognitiven Eigenwelten gekommen zu sein.

Geruch und Traum

Wie soeben bereits aufgrund evolutionsbiologischer Befunde angedeutet, und ferner aufgrund wahrnehmungspsychologischer Befunde läßt sich eine besonders enge Kopplung zwischen Geruchswahrnehmungen und emotionellen Leistungen annehmen. Dieses Konzept war ausschlaggebend für eine experimentelle Studie, die ich kurz andeuten möchte:

Gesunde Probanden wurden im Schlaflabor während ihrer REM-Traumphasen in von den Probanden unvorhergesehener Weise angenehmen bzw. unangenehmen Geruchsreizen ausgesetzt. Danach wurden Weckungen vorgenommen und die Traumberichte protokolliert. Eine Auswertung der Trauminhaltsanalysen ergab hochsignifikante Unterschiede hinsichtlich der Trauminhalte in dem Sinne, daß angenehme Geruchsreize angenehme Träume induzierten und vice versa (Willer-Neff 1992).

Dieses Ergebnis steht in Übereinstimmung mit der Hypothese, daß bei der emotionellen limbischen Bewertung von Wahrnehmungsreizen offenbar eine Hierarchie vorhanden ist, die es gestattet, zwischen primärer und mehr kontextueller Bewertung zu unterscheiden: Geruchsreize, die einen "archaischen" und evolutiv frühen Zugang zum internen Bewertungssystem haben, führen zu "Umstimmungen", die weitgehend situationsunabhängig sind und relativ stabile, quasi "hermetische" Bewertungen zur Folge haben; dagegen ist anzunehmen, daß die, vermutlich über die hippokampalen Komparatorsysteme vermittelten, Wahrnehmungs-/Emotionskopplungsleistungen in viel stärkerem Maße kontextabhängig sind.

Der, wenn man so will, "archaische" Charakter der rhinenzephalen Emotionskopplung zeigt sich hier auch gerade darin, daß offenbar nicht nur das Bewußtsein, sondern insbesondere das Traumerleben und damit (nach Freud) in Form der "primären Traumgedanken" das Unbewußte erreicht wird.

Aus diesen Befunden läßt sich ableiten, daß das archaische, gewissermaßen "festverdrahtete" schwer korrigierbare interne Bewertungssystem für die Grundgefühlszustände der Psyche von entscheidender Bedeutung ist, und es erscheint plausibel, daß Suchtvorgänge mit Störungen dieses primären Bewertungssystems zu tun haben. Das andere evolutionsbiologisch "spätere" Bewertungssystem ist dasjenige, von dem aus das Symptom "Angst" verstanden werden kann. Dieses System wird durch die "Übersetzungsfunktion" von Mandelkernen und Hippokampus realisiert und ist zuständig für "Vergleichsleistungen", sog. "Komparatorfunktionen" in der Kognitions-Emotionskopplung. Wie sind diese Leistungen zu verstehen?

Hippokampale Komparatoren und die neuropsychologische Theorie der Angst

Es gehört nun zu den herausragenden Kapiteln der Geschichte der neurobiologischen Psychologie der Gegenwart, daß das Phänomen "Angst" zu einem erheblichen Teil auf molekularer Ebene interpretierbar und auch z. T. therapierbar geworden ist. Hierbei spielt die Entdeckung der Benzodiazepine und ihre Einführung in die Therapie von Angstzuständen eine entscheidende Rolle. Dabei ist der Begriff des "mitlaufenden Weltmodells" (Prinz 1983) von entscheidender Bedeutung. Ein prägnantes Beispiel hierfür ist die Gewöhnung an das regelmäßige Tropfen eines Wasserhahnes, das so weit in das mitlaufende Weltmodell eingebaut werden kann, daß es schließlich völlig unbeachtet bleibt. Bei Ausbleiben eines solchen Tropfgeräusches kann dann jedoch eine regelrechte "Weckreaktion" erfolgen, gerade deshalb, weil die Diskrepanz zwischen dem Erwartungswert und der tatsächlichen Sinnesdatenlage das "Komparatorsystem" gewissermaßen "alarmiert".

Die Autoren Gray u. Rawlins (1986) haben dieses Grundprinzip angewendet, um zu einem modellhaften Verständnis der Neurobiologie der Angst und deren psychopharmakologischen Therapiemöglichkeiten zu gelangen. Nach diesem Modell wirken angstlösende Medikamente dadurch, daß sie ein "behavioral inhibition system", d. h. ein Hemmsystem bestimmter Verhaltensweisen in seiner Aktivität beeinflussen, und zwar so, daß sie die durch ungewöhnliche Außenreize und verschiedene Arten von Stressoren ausgelöste Aufmerksamkeitsreaktion und den damit verbundenen Erregungszustand herabmindern, was zur Folge hat, daß das im jeweiligen Moment sinnvolle Verhalten durch den Stressor weniger stark gehemmt wird (Streßreduktion). In diesem Sinne ist davon auszugehen, daß die vorzugsweise im Hippocampus und verwandten Strukturen lokalisierten "Comparatorsysteme" neurobiologische "Alarmsignale" gerade dann aussenden, wenn unerwartete Sinnesdaten auftreten, die das übliche Ausmaß von Diskrepanz überschreiten (Abb. 2). Diese Diskrepanzmeldung wird in psychischer Hinsicht vom System als "Angstzustand" erlebt. Benzodiazepine haben offensichtlich die Eigenschaft, diese Diskrepanzmeldung in ihrem Ausmaß zu verringern bzw. die Ansprechbarkeit des Systems auf diese Signale zu vermindern. Man könnte zur Angstdefinition in diesem Sinne sagen: das Einbrechen des Angstsignals in das mitlaufende Weltmodell hat immer mit einem Kontextualitätsbruch, mit der partiellen Zerstörung der eigenen subjektiven Erwartungswelt zu tun. Angst ist insofern perturbativer Außenkontakt, Weltkontakt: steht für Realität, im Sinne von Kierkegaards "Existenz".

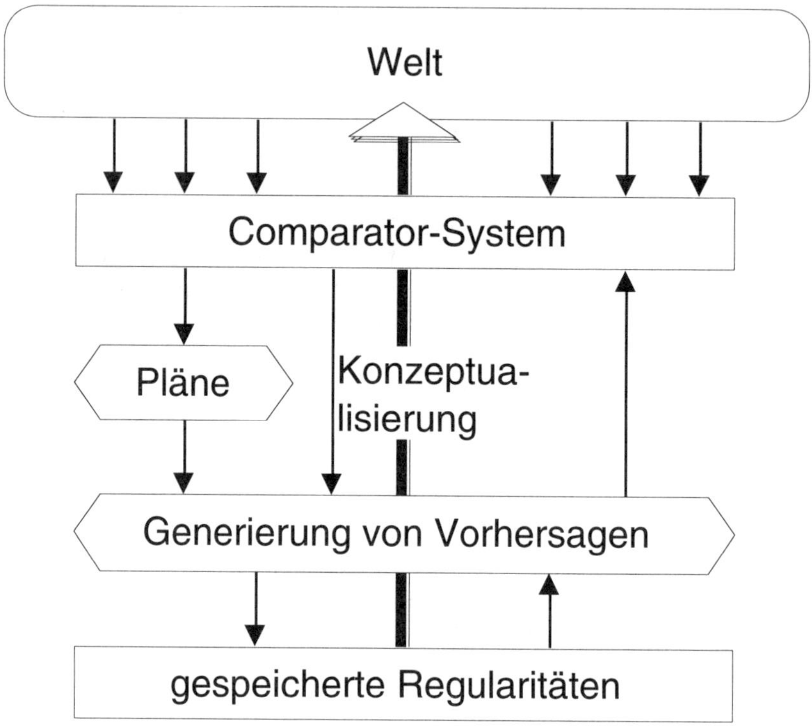

Abb. 2. Darstellung des "hippokampalen Komparatorsystems" nach Gray u. Rawlins (1986), wobei jeweils Abgleiche zwischen Außendaten und gespeicherten Innendaten (stored regularities) durchgeführt werden

Zur Psychobiologie des Süchtigseins

Benzodiapezine erzeugen - ebenso wie Alkohol - außer der Angstlösung auch eine gewisse suchthafte Abhängigkeit; diese erreicht aber niemals dieses intensive Ausmaß des Süchtigseins, das wir bei Opiatabhängigen beobachten.

Es stellt sich die Frage: Wieso werden Menschen überhaupt süchtig? Um diese Frage zu beantworten, gibt es verschiedene Zugänge. Ein Weg besteht darin, sich dem Süchtigen innerlich zu nähern, indem man versucht, sich in die Sucht "einzufühlen" und diese, quasi "aus ihm heraus" einfühlend zu verstehen. Jaspers (1973) hat nun aber in seiner "Allgemeinen Psychopathologie" zwischen dem einfühlenden Verstehen und dem "kausalen Erklären" unterschieden. Folgt man dieser Unterscheidung, so läßt sich fragen: wie läßt sich Süchtigsein "erklären"? Was sind die kausalen Faktoren für Sucht? Hier sind wiederum zwei Zugehensweisen zu unterscheiden, zum einen der gewissermaßen "geisteswissenschaftliche" Zugang unter Einbeziehung der sozioökonomischen und gesellschaftlichen Faktoren. Süchtigsein erscheint dann als ein Mangel an "Sinnfülle" in einer Gesellschaft, die sich Zielen verschrieben hat, in der Menschen wenig Geborgenheit finden und in ihrem Dasein kaum einen tiefergehenden Sinn erblicken können. Ein alternativer Zugang des kausalen Erklärens von Süchtigsein besteht in der Neurobiologie des Gehirns. Welche Fortschritte wurden hier in den letzten Jahren erreicht?

Wir kehren hierzu noch einmal zu dem "primären Bewertungssystem" des mesiobasalen Vorderhirns in seinem Zusammenhang mit dem Riechhirn zurück.

Befunde der Neurobiologen Belluzzi u. Stein (1982) zeigen tierexperimentell, daß die Mikroinjektion von Opiaten in bestimmte Areale des mesiobasalen Vorderhirns ebenso wie die Elektrostimulation Belohnersysteme aktiviert, die durch den Opiatantagonisten Naloxon antagonisiert werden können und sich somit durch körpereigene opiatähnliche Stoffe als aktivierbar erweisen.

Süchtiges Verhalten und das Davon-abhängig-Werden, bestimmte mentale Zustände mit einer gewissen Dringlichkeit aufzusuchen, läßt sich nur verstehen vor dem Hintergrund einer neurobiologischen Theorie der "pleasureable states", angenehmer Emotionszustände, deren Erreichen Befriedigung des Suchvorgangs und damit des angestrebten Ziels des Süchtigen bedeutet.

Psychotische Desorganisation als "Symptom"

Wie läßt sich nun von der Warte einer Psychobiologie von Kontext und Bedeutung die Symptomatik des psychotischen Geschehens verstehen? Hierzu kann man von der 3-Komponenten-Hypothese psychotischer Wahrnehmung ausgehen.

Bei der 3-Komponenten-Hypothese der Wahrnehmung wird angenommen, daß Wahrnehmung grundsätzlich aus dem Zusammenwirken folgender drei Teilkomponenten resultiert:

1. Eingehende Sinnesdaten ("sensualistische Komponente")
2. Interne Konzeptualisierung ("konstruktivistische Komponente")
3. Interne Kontrolle ("Zensur"- bzw. "Korrekturkomponente")

Bei dieser Konzeption wird angenommen, daß sich bei der Wahrnehmung sog. "bottom-up"-Strategien (Komponente 1) mit sog. "top-down" Strategien (Komponente 2) überlagern. Da die von den Sinnesdaten hervorgerufene Datenlage mit den internen Konzepten in Konflikt geraten kann, ist eine dritte Komponente, eine Kontroll- bzw. Korrekturkomponente anzunehmen, die eine biologisch sinnvolle Wirklichkeitsfiktion i. S. von Watzlawick (1981) garantiert. Wirklichkeit wird also nicht nur formiert, produziert, generiert; sie wird auch überarbeitet, modifiziert, gewissermaßen "geglättet".

Die grundsätzliche Richtigkeit der Überzeugung, daß Wahrnehmung die Resultante eines derartigen interaktiven Prozesses ist, wird vor allem durch eine Fülle von Daten über Wahrnehmungsillusionen belegt, bei denen es zu einer "Desillusionierung" von "Vorurteilen" kommt.

Dies bedeutet, daß, was für real angenommen wird, gewissermaßen interaktiv "ausgehandelt" werden muß, und zwar von Moment zu Moment, von Situation zu Situation immer wieder neu, wie das Umkippen eines Necker-Würfels. Hierbei zeigt sich in eingehenden wahrnehmungspsychologischen Experimenten (vgl. Emrich 1990), daß der psychotischen Dekompensation ein internes "Zensur-Defizit" zugeordnet werden kann.

Wenn es richtig ist, daß psychotisches Geschehen mit einer Schwächung zensurierender Mechanismen einhergeht, dann dürfte dieses Resultat für ein systemtheoretisches Verständnis von Psychosen von größter Bedeutung werden, wenn die Mechanismen dieser Zensurleistungen näher aufgeklärt werden können. Derzeit kann man vermuten, daß der neurobiologische Mechanismus von "Zensur" innerhalb des Konzepts des "neuronalen Darwinismus" verstanden werden kann, der ja konservativ und innovativ zugleich ist, insofern, als er innovative Optionen bereitstellt, sie aber nur dann zuläßt, wenn unter besonderen Situationen die Effizienz der Generierung von "Bedeutung" verbessert werden muß, da herkömmliche Wirklichkeitsinterpretationen versagen. Hierzu paßt der Gedanke von von der Malsburg u. Schneider (1986), daß das Gehirn nicht eine Rechenmaschine sondern ein "Signifikanzdetektor" ist, ein System, das aus winzigsten Abweichungen im Grundrauschen der Außenwirklichkeit noch mögliche bedeutungsvolle Unterschiede herausdestilliert. In diesem Sinne ist auch die These des Göttinger Neurobiologen Wolf zu verstehen, das Zentralnervensystem sei ein "Konfabulator"; und man kann in diesem Sinne vermuten, daß psychotische Patienten gewissermaßen zu stark deviante "Konfabulationen" hervorbringen, weil die "Kohärenz" bei der Ausübung des "neuronalen Darwinismus" unzureichend ist.

Versucht man nun von der Warte dieser wahrnehmungspsychologischen und neurobiologischen Ergebnisse aus den "heilsamen Dialog zwischen Wirklichkeiten" zu realisieren, so stellt sich die Frage nach den therapeutischen Implikationen. Einmal bedeutet dann "Konstruktivität in der Psychose", daß psychotisches Erleben auch gerade in seiner Konstruktivität aufgenommen, angenommen und ernstgenommen werden sollte; d. h. wir sollten die Patienten in ihrer selbstgenerierten Eigenwirklichkeit da abholen, ihnen begegnen, wohin sie in ihrer eigenweltlichen Konstruktivität gelangt sind und dabei salutogenetische Faktoren, die "gesunden Anteile" berücksichtigen und zu stärken versuchen. Ein weiterer Aspekt ist die Bedeutung des "internen Wertebilanzmodells" für psychotisches Geschehen. Dieses beinhaltet, daß Menschen in ihren subjektiven Selbstwahrnehmungsprozessen dazu tendieren, vor sich und anderen wertemäßig bestehen zu müssen und zu wollen. Diese Prozesse sind nun aber in der Psychose durch Fragmentierung von Selbstanteilen und fehlende Kohärenz erschwert, so daß die quasi moralischen Selbstanforderungen in der Wertebilanz durch Zwangsphänomene ersetzt werden, die hier einen positiven Effekt der Stabilisierung des Selbst, der Identitätsbildung, erhalten.

Analoge Fragen ergeben sich im Hinblick auf therapeutische Aspekte innerhalb von Wahnentwicklungen, die sich ebenfalls so deuten lassen, daß die gestörte interne Wertebilanz durch wahnhafte Selbsterhöhung oder Selbstabwertung zu äquilibrieren versucht wird. Diese Prozesse in der therapeutischen Arbeit zu integrieren, stellt eine wesentliche Anforderung für zukünftige Psychosetherapie dar. In der Psychose ist das Verhältnis von Kontextualität und Bedeutung in folgender Weise konstituiert: Kontexte werden gewissermaßen nicht mehr garantiert. Die "Bedeutung" von etwas kann sich in der Psychose quasi frei flottierend an jeden Gegenstand heften. Psychose bedeutet damit eine Welt überpointierter Bedeutungshaftigkeit.

Schlußbemerkung

Als Schlußbemerkung läßt sich zusammenfassend formulieren: Unser Gehirn schafft sich seine eigene Bedeutungswelt, seine je eigenen Kontexte; dies in dem Sinne, wie der Neuroinformatiker von der Malsburg Gehirne als "Signifikanzdetektoren" beschrieben hat, die aus einem schier unendlichen Grundrauschen der externen Datenlagen noch die winzigsten Mengen an bedeutungshaften Informationsgehalten herausfiltern. Bedeutung erhält damit den Status eines irreduziblen Grundprinzips, worauf Geist und Seele beruhen und damit auch die Auffälligkeiten und Störungen, die wir als "Symptome" bezeichnen.

Literatur

Bachmann I (1993) Der Fall Franza. In: Ingeborg Bachmann. Werke Bd, 3. Piper, München, S 346

Belluzzi JD, Stein L (1982) Brain endorphins: Possible role in long-term memory. In: Vereby K (ed) Opioids in mental illness: Theories, clinical observations, and treatment possibilities. Ann New York Acad Sci 398: 221-229

Brentano F v (1924[1874]) Psychologie vom empirischen Standpunkt, Bd 1. Meiners, Leipzig

Damasio AR (1989) The brain binds entities and events by multiregional activation of convergence zones. Neuronal Computat 1:123-132

Emrich H (1990) Psychiatrische Anthropologie: Therapeutische Bedeutung von Phantasiesystemen - Wirklichkeitsrelativismus und Sinnfrage. Pfeiffer, München, S 42-43

Freud S (1948[1926]) Hemmung, Symptom und Angst. GW Bd 14, S 181

Gadamer HG (1926/1993) Über die Verborgenheit der Gesundheit. Aufsätze und Vorträge. Suhrkamp, Frankfurt a M, S 190-191

Gray JA, Rawlins JNP (1986) Comparator and buffer memory: An attempt to integrate two models of hippocampal functions. In: Isaacson RL, Pribram KH (eds) The Hippocampus, vol 4. Plenum, New York, pp 151-201

Jaspers K (1973) Allgemeine Psychopathologie. Springer, Berlin, S 251ff

Kierkegaard S (1992) Der Begriff Angst. Reclam, Stuttgart, S 72

Malsburg CH v d, Schneider W (1986) A neural cocktail-party processor. Biol Cybernetics 54: 29-40

MacLean PD (1982) On the origin and progressive evolution of the triune brain. In: Armstrong E, Falk D (eds) Primate brain evolution. Plenum, New York London, pp 291-316

Mumford D (1991) On the computational architecture of the neocortex. Biol Cybern 65:135-145

Ovid (1911) Metamorphosen. Langenscheidtsche Bibliothek sämtlicher griechischer und römischer Klassiker. Bd 69: Ovid III. Langenscheidt, Berlin

Prinz W (1983) Wahrnehmung und Tätigkeitssteuerung. Springer, Berlin Heidelberg NY

Roth G (1992) Das konstruktive Gehirn: Neurobiologische Grundlagen von Wahrnehmung und Erkenntnis. In: Schmidt SJ (Hrsg) Kognition und Gesellschaft. Der Diskurs des Radikalen Konstruktivismus. Suhrkamp, Frankfurt a M

Watzlawick P (1981) Die erfundene Wirklichkeit. Piper, München

Willer-Neff MK (1982) Applikation von Geruchsstoffen an schlafenden Probanden unter besonderer Berücksichtigung von Pheromonen: Wirkung auf physiologische Parameter und Trauminhalte. Dissertation, TU München

Wittgenstein L (1984) Werkausgabe in 8 Bänden, Bd, 5: Das Blaue Buch. Suhrkamp, Frankfurt a M, S 15

Persönlichkeitsstörungen und soziale Lebenswelt

Ulrich Streeck

Bei unserer therapeutischen Arbeit mit Patienten mit schweren Persönlichkeitsstörungen stellt sich leicht ein Problem ein, eher als bei anderen Patienten: wenn die Patienten über sich sprechen oder über die Menschen in ihrer Umgebung, können wir uns oft kein anschauliches Bild davon machen, wie es *in* ihnen aussieht und welche Schwierigkeiten sie in ihrem Alltagsleben mit anderen Menschen haben. Auf der anderen Seite geraten wir mit diesen selben Patienten leicht in Verwicklungen, werden von heftigen Gefühlen gepackt, unter Umständen droht uns unsere therapeutische Haltung verloren zu gehen, ohne daß wir recht wüßten weshalb, und manchmal verhalten wir uns in einer Weise, daß wir schon im gleichen Moment ahnen, daß das nicht besonders glücklich ist. Und wenn wir Gelegenheit haben, diese Patienten mit anderen und andere mit ihnen zu beobachten, kann es sein, daß wir Zeuge werden, wie sich dort ähnliche Verstrickungen entwickeln.

Die seelische und die interpersonelle Dimension von Persönlichkeitsstörungen

So machen Patienten mit schweren Persönlichkeitsstörungen uns manchmal schmerzlich klar, daß wir es bei unserer therapeutischen Arbeit nicht nur mit innerseelischen Welten zu tun haben, sondern auch mit sozialen – sprich: interpersonellen – Lebenswelten. Fast unvermeidlich geraten wir in interaktive Verstrickungen hinein, die die Patienten mit uns, aber im gleichen Zug auch wir mit ihnen in Szene setzen. So gesehen sind Persönlichkeitsstörungen keine seelischen Störungen der individuellen Persönlichkeit alleine, sondern auch Störungen des Sozialen. Es geht nicht nur um Beeinträchtigungen der *innerseelischen* Welt, sondern auch der Welt *zwischen* Personen. Die Patienten *haben* nicht nur eine Störung, sie stören auch. Wenn wir uns darauf beschränken, einem medizinischen Modell folgend so zu tun, als hätten wir es nur mit einer Krankheit oder mit einer

Störung zu tun, die in dem Patienten lokalisiert ist, dann verlieren wir das leicht aus dem Auge. Denn mit dem medizinischen Modell bewegen wir uns in einer Welt formalisierter Diagnosen von individuellen Krankheiten und Behandlungsmethoden. In dieser Welt ist die soziale Konstruktion von Störungen nicht vorgesehen, und die interaktive Dimension von Behandlung spielt höchstens am Rand eine Rolle (Racker 1978), dessen Arbeiten zur Gegenübertragung nach wie vor aktuell sind, hat schon vor 30 Jahren die Vorstellung, daß eine gesunde Person einen kranken Patienten behandelt, als Modell für die Psychotherapie einen Mythos genannt. Und Strupp (1986) meinte erst kürzlich nach jahrzehntelanger Forschungserfahrung:

"Ich bin ... der Überzeugung, daß 'meine Art' von Therapeut Menschen behandelt, die unter Problemen in ihren *zwischenmenschlichen Beziehungen* (meine Hervorhebung) leiden und nicht an ... 'Krankheiten', die auf abgegrenzte Behandlungsprogramme reagieren ..."

Ich möchte nun untersuchen, *in welcher Weise* von Persönlichkeitsstörungen gesagt werden kann, daß sie auch Störungen der sozialen Lebenswelt sind und was es heißt, wenn diese Dimension des interaktiven Kontextes aus dem Blick gerät. Beginnen möchte ich mit einer makroskopischen, großformatigen Perspektive und werde mich von da aus auf eine kleinformatige, mikroskopische Sicht auf das therapeutische Geschehen zubewegen.

Was sind Kontexte?

Der Begriff "Kontext" wird oft modisch beliebig und unspezifisch verwendet. Kontext meint nicht einfach "Umgebung" oder "Milieu", also nicht einfach das, was außen um etwas herum ist. "Kontext" meint jene Bedingungen, an denen sich die Personen, die miteinander zu tun haben, selbst orientieren, während sie miteinander interagieren. Um vom Kontext zu sprechen, müssen wir somit wissen, woran die Personen sich selbst orientieren, *während sie* miteinander zu tun haben.

Stellt man sich einmal vor, man würde gerade auf einer geschlossenen psychiatrischen Station arbeiten und plötzlich, ohne zu sehen, wer da redet, folgenden kurzen Dialog hören (aus: Auer 1992):

Die eine Stimme sagt:	"Ich habe einen Sohn."
Darauf die andere Stimme:	"Oh, schön."
Dann wieder die erste Stimme:	"Ich habe auch einen Hund."
Und die zweite:	"Das tut mir leid."

Vielleicht wird man, wenn man in solcher Umgebung einen solchen Dialog von Ferne hört, an schizophrene Kommunikation denken, und vielleicht macht man sich daraufhin Gedanken zum Krankheitsverlauf bei einem Patienten, dessen Stimme man meint identifiziert zu haben. Anders sieht die Sache aus, wenn man feststellt, daß die Gesprächsfetzen aus einem Raum an die eigenen Ohren gedrungen sind, in dem jemand sitzt, von dem man weiß, daß er eine Wohnung zu vermieten hat. Sobald man den Kontext kennt, an dem sich die Beteiligten orientieren, ergibt das Gespräch plötzlich einen ganz anderen Sinn: Da teilt eine Person, die daran interessiert ist, eine Wohnung zu mieten, dem Vermieter mit, daß sie nicht nur einen Sohn, sondern auch einen Hund hat, woraufhin der Vermieter sein Bedauern ausdrückt und von seinem Vermietungsangebot zurücktritt.

Das Beispiel zeigt, daß wir oft nur verstehen können, was ein umschriebenes soziales Ereignis bedeutet, wenn wir gleichzeitig Umstände in Betracht ziehen, die nicht zu dem Ereignis selbst gehören, sondern sich jenseits davon abspielen. Das ist der Kontext, und der Sinn von Kommunikation im Alltag erschließt sich immer nur innerhalb jeweiliger Kontexte. "Kontext" bezieht sich – mit anderen Worten – auf zwei Kategorien von Phänomenen, die sich wechselseitig übereinander informieren und die auf diese Weise ein größeres Ganzes bilden.

Moralische Aspekte der Diagnose "Persönlichkeitsstörung"

Wenn es in der Psychiatrie und in der Psychotherapie um Persönlichkeitsstörungen geht, dann begegnen wir im Grunde an allen möglichen Ecken und Enden interaktiven, interpersonellen, also sozialen Phänomenen. Weil Psychiatrie und Psychotherapie an ihren Beobachtungen aber in erster Linie unter dem Gesichtspunkt individueller seelischer Krankheiten interessiert sind, wird dem oft wenig Beachtung geschenkt. Denn wenn man ausschließlich mit *diesem* Interesse auf Patienten mit Persönlichkeitsstörungen blickt, sieht man die kommunikativen und interaktiven Verstrickungen und deren Kontexte nicht. Einige Beispiele: Zum Begriff Psychopath – so wurden Persönlichkeitsstörungen in der Psychiatrie früher bekanntlich genannt – kam später der Begriff der Soziopathie hinzu. Darin klingt die soziale Dimension insofern an, als Soziopathie schon im Begriff auf Normen des sozialen Verhaltens Bezug nimmt (Katschnig u. Steinert 1973). In Lehrbüchern der Psychiatrie findet man in Übereinstimmung damit den Hinweis, daß "Persönlichkeitsstörungen kaum einmal Störungen einer isolierten Person darstellen, sondern in der Regel auch Störungen der zwischenmenschlichen Interaktion und Kommunikation *sind*" (Möller et al. 1996, S. 330; Hervorhebung

U. S.). Danach *sind* Persönlichkeitsstörungen auch Störungen der Kommunikation und Interaktion und *zeigen sich* nicht etwa nur in der zwischenmenschlichen Kommunikation und Interaktion! In der amerikanischen Psychiatrie ist der Begriff der antisozialen Persönlichkeit geläufig. Bei Kraepelin hießen sie Erregbare, Haltlose, Verschrobene, Lügner und Schwindler, Gesellschaftsfeinde (Antisoziale) oder Streitsüchtige, und Kurt Schneiders Typologie beschrieb sie als fanatisch, geltungsbedürftig, willenlos oder gemütlos. Das sind durchweg moralische Wertungen, so wie schon 1819 Grohmann (zitiert nach Baer 1980) von "moralischen Krankheiten der Seele" gesprochen hat und nur wenige Jahre später Prichard (1835) von "*moral insanity*". Der amerikanische Psychoanalytiker Stein stellte vor noch nicht allzu langer Zeit eine weit verbreitete Tendenz fest, über Charakterstörungen in ausgesprochen moralisierender Ausdrucksweise zu reden (vgl. Hoffmann 1979). Auch an den diagnostischen Klassifikationssystemen der ICD-10 und des DSM-IV kann man das sehen. Sie erheben zwar den Anspruch, deskriptiv zu sein in der Vorstellung, damit Objektivitätsansprüchen nahezukommen, weisen aber viele Attribuierungen auf, die auf soziale Normen Bezug nehmen, zum Beispiel Formulierungen wie "Verhalten eindeutig unpassend", "nach allgemeiner Lebenserfahrung", "übertrieben", "durchschnittlich zu erwarten" u. ä., außerdem wertende Beschreibungen wie "dickfelliges Unbeteiligtsein" oder "erfüllt wiederholt nicht seine finanziellen Verpflichtungen" oder "übertriebene Empfindlichkeit" u. ä. So ist zu verstehen, daß es in den gleichen psychiatrischen Lehrbüchern heißt, daß "die Abgrenzung zu noch ungestörtem und *toleriertem* Verhalten" (Möller et al. 1996, S. 330; meine Hervorhebung) oft schwer fällt. Im Klartext: Die Diagnose "Persönlichkeitsstörung" enthält immer auch eine Aussage über die Toleranz der sozialen Umwelt, und sie ist selbst eine Aussage über die Sittlichkeit von Verhalten - in Gestalt von moralisierenden Bewertungen im Gewand von medizinischen Diagnosen. Man sieht, daß hier immer auf soziale, interaktive Vorkommnisse Bezug genommen wird, und schon das zeigt, daß Persönlichkeitsstörungen nicht einfach nur Störungen der Persönlichkeit sind, sondern daß ein sozialer, ein kommunikativer und interaktiver *Kontext* dazugehört. Die *Diagnosen* von Persönlichkeitsstörungen abstrahieren aber von dem interaktiven Kontext, in dem Verhalten eine Funktion hat, und wenn der Patient erst einmal eine Diagnose hat, dann ist entschieden, daß es um individuelle Pathologie geht. Mit der Diagnose "Persönlichkeitsstörung" gerät – mit anderen Worten - die Kontextabhängigkeit der Störungen aus dem Blick.

Selbst das neue System der "operationalisierten psychodynamischen Diagnostik" (OPD 1996) ist nicht frei davon, interpersonelle Phänomene zu Indikatoren von Eigenschaften des Patienten zu verkürzen. So heißt es dort z. B., man solle als Diagnostiker die "*vom Patienten in der diagnostischen Beziehung inszenierte Interaktion*" (S. 154) untersuchen, und was man dann beobachtet hat, soll man als Zeichen für die Struktur des Patienten werten. Welchen Beitrag der Diagnostiker zu der Inszenierung geleistet hat, steht nicht zur Debatte: die "inszenierte Interaktion" wird ausschließlich als Hinweis auf dauerhafte Persönlichkeitseigenschaften des individuellen Patienten aufgefaßt. Die soziale Dimension des diagnostischen Geschehens wird unterschlagen. Denn auch Diagnostik ist ein kommunikatives Geschehen zwischen Patient und Psychotherapeut und wird nicht von der seelischen Struktur nur eines der Beteiligten hervorgebracht. Der Beitrag des Psychotherapeuten zu dem Geschehen wird hier aber herausgerechnet und nach dieser Operation soll dann nichts anderes als die Persönlichkeitsstruktur des Patienten übrigbleiben. Man sieht: Interaktion wird zwar für wichtig gehalten, aber schon im nächsten Schritt ist nicht mehr von Interaktion, sondern nur noch von dem individuellen Patienten, seiner psychischen Welt und seiner Persönlichkeitsstruktur die Rede, und das, was eben noch ein dialogisches Geschehen war, hat unter der Hand seinen interaktiven Charakter verloren. Auf dieses Verschwinden des Kontextes komme ich später zurück.

Fallbeispiele

Nun stelle ich eine stärkere Vergrößerung ein: Wenn wir von Persönlichkeitsstörungen sprechen, beziehen wir uns auf Prozesse und auf Strukturen, von denen wir uns vorstellen, daß sie sich in der Person abspielen. Sprechen wir von der sozialen Lebenswelt, beziehen wir uns auf Prozesse, die *zwischen* Akteuren verlaufen. Wenn wir feststellen wollen, was in einer Person vor sich geht, dann müssen wir aber mit dem anderen in Kontakt treten, uns also auf Prozesse einlassen, die *zwischen* dieser Person und uns ablaufen. Ohne uns auf diese gemeinsame soziale Welt eingelassen zu haben, die sich *zwischen* dem anderen und uns ausbreitet, können wir nichts darüber sagen, was *in* dem anderen vor sich geht. Diesem Umstand entkommen wir auch nicht dadurch, daß wir dem Patienten Fragebögen o. ä. vorlegen, denn auch die Darstellung des Selbst per Befolgung von Fragebogenanweisungen ist ein kommunikatives und interaktives Geschehen. Individualität und soziale Lebenswelt gehören zusammen wie die Schnecke und ihr Schneckenhaus, und wir sind erst soziale Wesen und dann Individuen und nicht umgekehrt. Was wir über seelische Prozesse feststellen, gründet in kommunikativen und interaktiven Prozessen und deren Kontexten. Daß wir das leicht aus dem Auge verlieren, mag auch mit dem Umstand zusammenhängen, den der Gestaltpsychologe Wolfgang Kohler einmal so ausgedrückt hat: er meinte, wenn ein Fisch ein Wissenschaftler würde, würde er seiner allgegenwärtigen Präsenz wegen als Letztes das Wasser entdecken. Dazu zwei kurze Fallepisoden:

Frau H.

Frau H. kam spät am Nachmittag in die Klinik, viel später als verabredet. Die Kollegin, die für Frau H. zuständig war, war darüber verärgert. Sie traf sich am gleichen Nachmittag mit ihr zum Erstinterview. Sie sah sich wider Erwarten einer ihr auf den ersten Blick sympathischen, hübschen jungen Frau gegenüber, mit der sich rasch ein guter Kontakt herzustellen schien. Während des Gespräches nun hörte sie von Zeit zu Zeit ein leises, aber hartes, metallenes Geräusch. Als sie bemerkte, daß Frau H.'s Zunge gepearct war und sie mit einem durch die Zungenspitze gezogenen Metallstift zwischen den Zähnen spielte, erschrak sie und fühlte sich abgestoßen. Vorstellungen von Kälte, Brutalität und Gewalttätigkeit stellten sich ein, und sie hatte den Eindruck, daß sie ihr Entsetzen nicht verbergen konnte. Frau H. schien sie genau zu beobachten und ließ die Bemerkung fallen, daß auch ihre eine Brustwarze gepearct sei. Daraufhin fühlte sich die Therapeutin erst recht abgestoßen, war ob ihrer widersprüchlichen Eindrücke verwirrt, und sie hatte die angstgetönte Phantasie, daß diese junge Frau, der sie sich auf den ersten Blick zugetan gefühlt hatte, von der sie inzwischen aber auch wußte, daß sie chronisch suizidal war, abrupt gewalttätig werden könnte, am ehesten gegen sich selbst. Das nahm sie zum Anlaß, um Modalitäten der Zusammenarbeit mit Frau H. zu besprechen. Daraufhin wollte Frau H. noch einmal nach Hause fahren, um dort etwas zu erledigen. Die Kollegin schlug ihr vor, am nächsten Tag zu klären, wie sich das realisieren ließe.

Von dem nächsten Schritt von Frau H. erfuhr sie am nächsten Morgen. Als sie in die Klinik kam, hörte sie von dem diensthabenden Arzt, daß Frau H. sich am späten Abend von einer Mitpatientin eine Taschenlampe ausgeliehen hatte, um im umliegenden Gelände ihr verlorenes Handy zu suchen. Stunden später mußte die Nachtwache feststellen, daß Frau H.'s Zimmer leer war. Daraufhin erfolgten nächste Schritte von seiten der Klinik: Noch in der Nacht versuchte der diensthabende Arzt in Erfahrung zu bringen, wo Frau H. war. Angesichts ihrer Suizidalität sah er sich nach vielen vergeblichen Bemühungen gezwungen, bei der Polizei eine Suchmeldung aufzugeben.

Dann war wieder Frau H. am Zuge: Gegen Mittag des nächsten Tages kam sie in die Klinik. Gleichmütig erklärte sie, daß sie die Dinge zu Hause sofort hätte erledigen wollen, das hätte bis jetzt gedauert. Die Psychotherapeutin geriet in einen Zustand von Ratlosigkeit, Wut, Ohnmacht und Enttäuschung. Inzwischen konnte sie sich nicht mehr vorstellen, mit Frau H. therapeutisch zu arbeiten. Sie schlug vor, Frau H. zu einem späteren Zeitpunkt wieder aufzunehmen, wenn sie Absprachen verläßlicher würde einhalten können.

Ich habe daraufhin mein Veto eingelegt, und wir haben versucht, die abgelaufenen Ereignisse als wechselseitige erste Schritte auf dem Weg zu einer von beiden Seiten gestalteten Beziehung zu verstehen.

Anhand dessen, was Frau H. bei ihrer Aufnahme berichtet hatte, hatte man mit solchen Ereignissen nicht rechnen können. Sie hatte spröde und blaß über sich berichtet, aber das hatte sich nicht zu einem auch nur halbwegs anschaulichen Bild ihrer selbst und ihres alltäglichen Lebens zusammengefügt. Vor allem hatte man sich nicht vorstellen können, wie eigentlich die Beziehungen von Frau H. mit anderen und anderer mit ihr aussahen. Nur daß sie sich oft deprimiert, apathisch und verzweifelt fühlte, hatte sie erkennen lassen.

Umso anschaulicher und geradezu körperlich spürbar waren die geschilderten Szenen, die sich hier, kaum daß die ersten Worte gewechselt waren, eingestellt hatten. Und die, die mit Frau H. zu tun hatten, fanden sich in diese Szenen, die sie beobachteten, selbst verstrickt, und konnten nicht umhin, sie selbst mit zu gestalten, Akt für Akt, der eine auf den anderen und der andere auf den einen sich beziehend. Und um noch einmal die Theatermetapher zu verwenden, mit der Goffman (1969) so gerne soziale Lebenswelten beschrieben hat: in keinem Akt steht Frau H. alleine auf der Bühne, und die Therapeuten sitzen auch nicht als Beobachter im Zuschauerraum, obwohl sie das vielleicht gerne glauben möchten. Beide führen das Drama auf, gemeinsam! Im Grunde geht auch der Vorhang nicht erst mit Frau H.'s Ankunft in der Klinik auf: es gibt Vorberichte, Voruntersuchungen, telefonische Kontakte, und schließlich ist auch die Klinik selbst kein leerer, neutraler Raum, dem der Patient seine Inszenierungen nur einschreibt als schriebe er auf ein weißes Blatt Papier.

Um Inszenierungen zu verstehen, müssen wir untersuchen, wie alle Beteiligten dazu beigetragen haben.

Herr P.

Von dem anderen Patienten möchte ich einige Auszüge aus den Aufzeichnungen schildern, die ein junger Kollege über ihn verfaßt hat, der als Praktikant bei uns war:

"Herr P. ist Anfang 40. Er wird überwiesen, weil er im Arbeitsbereich seit mehreren Jahren Schwierigkeiten hat, die sich jetzt zugespitzt haben. Bei der Aufnahmeuntersuchung berichtet er, daß er sich schwer entscheiden kann, er hätte irgendwie 'Angst vor dem Leben'. So erklärt er sich auch sein ausgeprägtes Absicherungsdenken. Er arbeite gewissenhaft, es sei ihm wichtig, daß er alle Akten richtig und vollständig bearbeite. Aus der Angst heraus, etwas falsch zu machen oder etwas zu übersehen, würde er alle Arbeitsvollzüge sorgfältig überprüfen. Er sei leichter irritierbar als andere; er vermutet, daß er u. a. deshalb sein Arbeitspensum in den letzten Jahren nicht mehr in dem gleichen Umfang erledigen könne wie früher. Wenn seine Vorgesetzten ihn deshalb kritisierten, fühlte er sich unter Druck gesetzt; er könne sich nicht dagegen wehren. Nennenswerte Probleme mit seinen Arbeitskollegen gebe es nicht, höchstens insofern, als er sich scheut,

Führungsaufgaben zu übernehmen; er könne Mitarbeitern, die ihm unterstellt sind, keine Anweisungen erteilen. Es sei ihm wichtig, niemanden zu verstimmen oder zu verärgern, er fürchte das sehr. Das führt er darauf zurück, daß er sich früher zu Hause ständig der Gefahr ausgeliefert sah, vom Vater körperlich bedroht und von der Mutter moralisch attackiert zu werden. Weiter gibt Herr P. vegetative Beschwerden an, starkes Schwitzen, Gefühle von Atemnot und Schwierigkeiten, beim Sprechen Luft zu holen.

Zur Aufnahmeuntersuchung bringt Herr P. einen dicken Ordner mit voller sorgfältig über Eck abgehefteter Schriftstücke, außerdem einen Notizblock und einen Kugelschreiber. Er will Protokoll führen und sich alles aufschreiben, was man ihm sagt. Er will die therapeutischen Anordnungen genau befolgen, denn er wolle seine Probleme endlich los werden.

Schwierigkeiten gibt es im unmittelbaren *Kontakt* mit Herrn P. Wenige Tage nach seiner Aufnahme sind Mitpatienten auf der Station dermaßen gegen ihn aufgebracht, daß die Atmosphäre gereizt ist, manchmal geradezu explosiv und aggressive Entgleisungen zu befürchten sind. Herr P. stellt Mitpatienten ununterbrochen Fragen, ob er die Tür auch nicht zu laut zugemacht hätte, ob es stört, wenn er Zeitung liest, ob er einen Stuhl nicht zu nahe gerückt hat. Beim therapeutischen Personal vergewissert er sich, ob die Zeiten von Terminen stimmen, zu denen er auf keinen Fall zu spät kommen will. Häufig fragt er nach, ob er etwas auch richtig verstanden hat, dann erkundigt er sich, wie ein bestimmter Satz in den Vertragsvereinbarungen seiner Versicherung wohl zu verstehen ist, am Tag darauf fragt er wieder nach, weil er es noch genauer wissen will usw."

Soweit die Aufzeichnungen. Ich finde, das ist eine ausgezeichnete, anschauliche Beschreibung. Man kann sich gut vorstellen, wie Herr P. sich verhält, und wie sich diese gereizte Stimmung breit gemacht hat. Nur: was auffällt ist, daß auf der einen Seite interpersonelle Verhältnisse geschildert werden - so ist von Kontakt die Rede - daß die Szenen aber so dargestellt werden, als sei ausschließlich Herr P. ihr Regisseur und Produzent. Die anderen - Mitpatienten, therapeutisches Personal und der soziale und institutionelle Kontext der Klinik - scheinen an dem Geschehen nicht beteiligt zu sein, höchstens als Beobachter oder als stiller Rahmen des merkwürdigen Verhaltens von Herrn P.

In vielen psychiatrischen und psychotherapeutischen Krankengeschichten finden wir ganz ähnlich abgefaßte Beschreibungen, beispielsweise unter dem Stichwort 'Kontaktverhalten des Patienten' (vgl. Reiter u. Gabriel 1973). Das Kontaktverhalten des Gegenüber und dessen Beteiligung werden meist nicht erwähnt. Kontakt können aber nur zwei haben, die sich zueinander und miteinander verhalten und miteinander interagieren. Und wenn Anwesende interagieren, passen sie ihr Verhalten *wechselseitig* aneinander an, und dann entstehen neue Muster mit neuen Eigenschaften, die über die Eigenschaften jedes der interagierenden Partner für sich genommen hinausgehen (vgl. Overlaet 1991).

Interaktive Phänomene als Ko-Produktionen

Die Sprache von Patienten mit schweren Persönlichkeitsstörungen ist in hohem Maße eine Sprache des Handelns und des Agierens. Szenen wie die mit Frau H. erklären wir deshalb meist damit, daß die Patienten zum Agieren neigen. Agieren meint einmal, daß der Patient versucht, per motorischer Abfuhr zu erledigen, was er nicht bewußt wahrnehmen und nicht erinnern kann; zum anderen verstehen wir das Agieren genannte Verhalten als Mitteilung, als eine in der Sprache motorischer Aktion dargestellte Äußerung, insbesondere im Sinne des Aktualisierens vergangener Erfahrungen in der Übertragung (Boesky 1982; Laplanche u. Pontalis 1972; Sandler 1976). Die Inszenierungen, die im therapeutischen Kontakt zustande kommen, fassen wir meist als Darstellungen des Patienten auf, als Ausdruck seiner Übertragungen und von Wiederholungen seiner früheren Beziehungserfahrungen. Wir sind davon überzeugt, daß unsere eigene Beteiligung als Psychotherapeuten, unsere eigenen Gefühle, Phantasien und unser Verhalten - kurz: unsere Gegenübertragung - wichtig sind, weil sie uns dabei helfen zu verstehen, was der Patient mit seinem Handeln und Agieren zum Ausdruck bringen wollte. Wir sehen uns selbst jedoch selten als Mitakteure und Co-Produzenten, die all diese Szenen *mit* auf die Bühne bringen und mit gestalten. Dieser dekontextualisierende Kunstgriff erlaubt uns dann, in den Szenen, die wir beobachtet haben, ausschließlich den Ausdruck seelischer Konflikte des Patienten zu erkennen. Manchmal hegen wir alleine schon aufgrund von Ereignissen, die von heftigem Agieren geprägt sind, einen diagnostischen Verdacht, zum Beispiel, daß es sich um einen Patienten mit einer narzißtischen oder einer Borderline-Persönlichkeitsstörung handelt, von denen wir wissen, daß sie oft versuchen, die therapeutische Beziehung zu verlassen und die Beziehung real zu machen (vgl. z. B. Adler 1980). Damit haben wir dann eine Diagnose, und mit der Diagnose stellen wir definitiv fest, daß der Patient eine seelische Krankheit hat und daß das der Grund dafür ist, daß so viel Dramatik entstanden war und daß die bei anderen Patienten unproblematische Routine in der Abwicklung unserer therapeutischen Aufgaben durcheinander geraten ist.

Je feinkörniger wir untersuchen, was tatsächlich geschehen ist, desto klarer können wir sehen, daß der Patient das alles gar nicht alleine zustande gebracht hat, sondern daß die Inszenierungen in Wirklichkeit von beiden Beteiligten gemeinsam in Szene gesetzt, dialogisch, interaktiv und kommunikativ coproduzierte Inszenierungen sind. Und so wie einer alleine keinen Dialog führen kann, so wenig ist Interaktion etwas, was einer mit dem anderen macht. Die Psychotherapeutin ist keine Leinwand, auf die Frau H. ihre innere Welt nur projiziert hätte, und auch die therapeutische Institution ist kein neutraler Raum, in den hinein Patienten nur ihre innerseelische Welt inszenieren. Frau H. gestaltet die Beziehung zu der Psychotherapeutin; und mit allem, was die Psychotherapeutin ihrerseits sagt und tut, gestaltet sie die Beziehung zu Frau H.; und ebenso wie Herr P. in Beziehung zu den Mitpatienten und zu der Institution tritt, nehmen Mitpatienten und definiert die Institution ihrerseits den Kontakt zu Herrn P. mit allem, *was* sie ist und *wie* sie ist bis hin zu ihrer Organisationsform und ihrer Architektur. Alle Beteiligten gestalten, wenn sie miteinander zu tun haben und miteinander interagieren, ein gemeinsam produziertes Geschehen in spezifischen äußeren und inneren Kontexten.

Wie sehr dieser interaktive Kontext manchmal ausgeblendet wird, dazu erinnere ich an das soziale Experiment von Rosenhan (1973). Rosenhan hatte Pseudopatienten in psychiatrische Kliniken eingeschleust. Damit wollte er nicht etwa die Existenz seelischer Krankheiten leugnen, sondern wollte zeigen, in welchem Maße Diagnostik und Behandlung in interpersonelle Prozesse eingebunden und von Kontexten abhängig sind. Die Pseudopatienten verhielten sich, unmittelbar nachdem sie auf einer geschlossenen Station aufgenommen wurden, völlig normal. Während Mitpatienten sie rasch als Pseudopatienten erkannten, sah das therapeutische Personal in ihrem Verhalten eine Bestätigung für die anfänglich gestellte psychiatrische Diagnose, die dann zum Beispiel zu "Psychose in Remission" o. ä. umgewandelt wurde. Wenn die Pseudopatienten das therapeutische Personal wegen Versäumnissen kritisierten, zum Beispiel weil das Essen kalt war, wurden die Beschwerden der vermeintlichen Pathologie der Patienten zugerechnet, aber wurden nicht in den Kontext der Interaktion gestellt. Im Kontext der psychiatrischen Institutionen war Normalität keine Wahrnehmungs- und Definitionswirklichkeit. Deshalb konnte normales Verhalten allenfalls die Diagnose einer psychiatrischen Krankheit bekräftigen.

Die Kontextabhängigkeit von Diagnosen

Zur Kontextabhängigkeit der Feststellung von seelisch krankem Verhalten sei an einige Szenen aus dem Film "Einer flog über das Kuckucksnest" erinnert.

I. Faul und aufsässig oder krank?

(McMurphy sitzt dem Psychiater gegenüber, raucht eine Zigarette)

Arzt: Hier steht, daß Sie faul und aufsässig sind …

McMurphy: … kaue Kaugummi während des Unterrichts ...

Arzt: Ja, aber in Wirklichkeit hat man Sie zu uns überwiesen, weil man möchte, daß Sie von uns getestet werden ...

McMurphy: Ja

Arzt: … um festzustellen, ob Sie normal sind oder nicht. Das ist der wahre Grund.

II. Das "Arbeitsbündnis"

Arzt: Also schön, Sie werden für eine Weile bei uns bleiben, damit wir uns ein Bild von Ihnen machen können. Wir werden Sie beobachten …

McMurphy: Mh mh

Arzt: … wir studieren Sie und aufgrund des Resultats entscheiden wir dann, was zu tun ist und welche Behandlung wir für Sie für notwendig erachten.

McMurphy: Doktor, lassen Sie mich nur eines sagen, ich bin hier, um mit Ihnen zusammenzuarbeiten, hundertprozentig,

III. Wohlmeinende Fürsorge oder Aufrechterhaltung der institutionellen Ordnung?

(Krankenschwester als Vorturnerin macht mit Patienten Gymnastik)

Schwester: Arme in die Höhe, hoch, hoch

(Ein älterer Patient steht am Fenster, ein Pfleger tritt von hinten an ihn heran).

Pfleger: Setzen Sie sich, setzen Sie sich doch … (drückt den Patienten auf den Stuhl) … Besser?

(Schwester macht weiter Gymnastik mit Patienten. Alle setzen sich. Ein anderer älterer Patient, Mr. Edward, tanzt im Raum herum.)

Pfleger: Mr. Edward, Sie überanstrengen sich, kommen Sie … (führt den Patienten weg).

Mr. Edward: Müde bin ich.

Pfleger: Besser?

IV. Sie haben ein Problem!

(Schwester und Patienten sitzen im Kreis)

Schwester: Also meine Herren, fangen wir an.

(Laute Musik beginnt. Patienten sitzen und stehen um einen Tisch herum und debattieren heftig miteinander)

McMurphy: (schlägt mit der Hand auf den Tisch) Verdammte Scheiße … woll'n wir hier Karten spielen oder … Musik hören … oder .? (steht auf, geht in den Personalraum, um die Musik leiser zu stellen. Eine Schwesternhelferin kommt ihm entgegen, schreit auf)

Schwesternhelferin: Gehen Sie hier raus

McMurphy: Entschuldigen Sie, ich wollte nur …

(Oberschwester kommt hinzu)

Schwester: Patienten haben keinen Zutritt zur Schwesternstation

McMurphy Ich wollte nur den Plattenspieler ein bißchen ..

Schwester: Wenn Sie draußen sind, unterhalten wir uns über Ihr Problem ... Okay? Für Patienten ist der Zutritt zur Schwesternstation nicht gestattet. Okay?

(Patienten erhalten von der Schwesternhelferin Medikamente)

McMurphy Oh entschuldigen Sie Miss, meinen Sie, daß es möglich wäre, die Musik ein wenig leiser zu stellen? Ein paar von uns möchten sich nämlich gerne unterhalten (lächelt der Oberschwester zu)

Schwester: Die Musik ist für alle da, Mr. McMurphy.

McMurphy: Ja, ich weiß, aber können Sie sie nicht etwas leiser stellen, damit wir nicht gezwungen sind, uns dauernd anzuschreien?

Schwester: Sie sind sich vermutlich nicht darüber im Klaren, daß wir viele alte Männer in der Abteilung haben und die werden die Musik nicht hören, wenn wir sie leiser stellen. Und Musik ist für sie alles, was sie haben ... (blickt plötzlich streng) Sie verschmieren die Scheibe, Mr. McMurphy!

McMurphy: Oh ... Entschuldigung ... tut mir schrecklich leid.

(Wischt die Scheibe mit dem Arm ab, will weitergehen)

Schwester: Mr. McMurphy, Ihr Medikament!

V. "Irre" oder VIPs?

(McMurphys Freundin steigt in den Bus ein, in dem die Patienten sitzen)

Freundin: Seid Ihr alle Irre?

Patienten: (nicken ihr freundlich bestätigend zu).

(Bus hält am Hafen, die Patienten steigen aus, gehen zu einem Segelboot, beobachtet von dem Bootsverleiher)

McMurphy: Los, was steht Ihr denn alle rum? Kommt an Bord.

(Bootsverleiher geht auf das Boot zu)

Bootsverleiher: Heeh, Moment mal, was zum Teufel geht hier vor, was habt Ihr auf dem Boot zu suchen?

McMurphy: Wir fahr'n zum Angeln raus.

Bootsverleiher: Ihr fahrt nicht zum Angeln raus, jedenfalls nicht auf diesem Boot.

McMurphy: Oh doch, auf diesem Boot, fragen Sie Käpt'n Block.

Bootsverleiher: Käpt'n Block?

McMurphy: Käpt'n Block, ganz recht.

Bootverleiher: Wer sind Sie?

McMurphy: Na, wir sind von der ... äh ... staatlichen Nervenheilanstalt. Das ist Dr. Cheswick (nickt bestätigend), Dr. Taylor (nickt gelassen), Dr. Frederiksen, Dr. Scanlan , der berühmte Dr. Scanlan, (nickt), Mr. Harding, Dr. Bivitt, Dr. Martini (grinst) und Dr. Seafield (blickt arrogant-selbstbewußt zum Bootsverleiher).

Bootsverleiher: Und was ist mit Ihnen, wer sind Sie?

McMurphy: Oh, und ich bin Dr. McMurphy. R. P. McMurphy.

VI. Der Kontext legt fest, ob verrückt ist, wer schreit

(Im Hosensaum eines Patienten glimmt eine Zigarette)

Schwester:	Ja, Mr.Chadwick?
Mr. Chadwick:	Ich ... ich habe eine Frage gestellt (erregt)!
Schwester:	Ich habe Ihre Frage gehört, Mr. Chadwick, und ich werde sie beantworten, sobald Sie sich beruhigt haben.
Mr. Chadwick:	(betont ruhig) Okay.
Schwester:	Wieder beruhigt, Mr. Chadwick?
Mr. Chadwick:	Bin ganz ruhig.
Schwester:	Gut. Nun, wie Sie alle wissen, hat Mr. McMurphy ein kleines Spielcasino betrieben in unserem Waschraum. Die meisten von Ihnen haben alle ihre Zigaretten an Mr. McMurphy verloren, ganz zu schweigen von der nicht geringen Summe Geldes, die Sie dabei verloren haben. Und das ist der Grund, warum Ihre Waschraumprivilegien außer Kraft gesetzt wurden und Ihre Zigaretten rationiert worden sind.

(Ein Patient hebt den Arm, um sich zu Wort zu melden)

Schwester:	Mr. Martini?
Mr. Martini:	Wir sollten unser Geld zurückgewinnen.

(McMurphy und andere lachen).

Schwester:	Sie werden Ihr Geld nicht zurückgewinnen, Mr. Martini, das ist vorbei, hätten Sie sich von Anfang an an die Vorschriften gehalten, hätten Sie Ihr Geld nicht verloren.

(Der Patient, in dessen Hosenaufschlag die Zigarette glimmt, bemerkt plötzlich, was los ist, erst erstaunt, dann fassungslos. Er springt auf, und schreit. Zwei Pfleger rennen auf ihn zu, halten ihn an Armen, Beinen und Kleidern fest und zerren ihn schließlich zu dritt aus dem Raum).

Schwester:	(laut, befehlend) Setzen Sie sich ... meine Herren, setzen Sie sich!

Interaktion und Kontext bei Persönlichkeitsstörungen

Persönlichkeitsstörungen inszenieren sich häufig *interaktiv* als Störung in der sozialen Lebenswelt, und wie bei Frau H. und Herrn P. können wir uns dann erst im Zuge der Interaktion mit dem Patienten ein Bild von den Schwierigkeiten machen, die zur Therapie geführt haben.

Wenn wir eine noch stärkere Vergrößerung einstellen und uns therapeutische Dialoge im Detail betrachten, dann tritt zutage, daß die Kommunikation sich hier zu einem großen Teil im Medium einer Sprache des Handelns abspielt, wie ich schon angedeutet habe, nicht unbedingt in einer Sprache des großformatigen Agierens, wie im Falle von Frau H., sondern vermittelt über subtile, aber höchst wirksame nicht-sprachliche Signale und Gesten. Dieses System subtiler Signale hat Treurniet (1995) in anderem Zusammenhang Mikro-Agieren genannt. Diese nicht-sprachlichen kommunikativen Mittel können in der Interaktion höchst effektiv die Beziehung regulieren. Sie sind nicht dazu da, um Bedeutungen zu übermitteln, und sie sind auch keine Körpersprache. Sie bedeuten nichts, sondern sind auf Effekte aus. Körperhaltungen, Positionierungen, die Intonation beim Sprechen, um nur einige zu nennen, sind auf das Praktische ausgerichtet und wollen nicht Wahrheiten aussprechen, sondern Wirkungen erzielen. Huxley (1964) hat das einmal sehr schön so ausgedrückt: "Man berührt, und im Berühren wird man berührt. Das ist Kommunikation, aber nichts wird kommuniziert. Nur ein Austausch von Leben, das ist alles" (S. 288). Diese Mittel wirken in unserer alltäglichen Kommunikation auf unbemerkte Weise, ähnlich wie wir die Luft, die wir atmen, nicht bemerken. Uns fällt oft erst auf, was los ist, wenn wir längst in Interaktionen mit unserem Gegenüber verstrickt sind, ohne sagen zu können, wie es eigentlich dazu gekommen ist. Wir werden in Handlungsdialoge (Klüwer 1983) verwickelt, in ein feines Agieren und Mitagieren und ziehen den Patienten unsererseits auf subtile und unbemerkte Weise in solche feinen Handlungsdialoge hinein. So entstehen kleine Szenen, die auf den ersten Blick ganz beiläufig erscheinen mögen, die bei genauerem Hinsehen den therapeutischen Prozeß aber nachhaltig prägen können.

Unsere Analysen der Interaktion von videografierten therapeutischen Dialogen mit Patienten mit Persönlichkeitsstörungen zeigen, daß solche kleinformatigen Verstrickungen neben dem groben Agieren und Mitagieren ständig eine erhebliche Rolle spielen. Um zu erkennen, wie wir selbst daran tatsächlich beteiligt sind, müssen wir uns selbst mit unter das Objektiv schieben, und auch unsere Art und Weise, den therapeutischen Dialog mit dem Patienten mit zu gestalten. Wir müssen dazu unser therapeutisches Beobachten beobachten.

Ich erinnere in diesem Zusammenhang auch an die Untersuchungen von Krause und seiner Arbeitsgruppe (z. B. Krause 1984) zum Affektausdruck und zur Affektregulation, die in die gleiche Richtung weisen: Sie zeigen in bemerkenswerter Anschaulichkeit, wie Patient und Psychotherapeut sich gegenseitig mit ihrem mimischen Ausdruck zeigen, wie sie affektiv bewerten, was sie sich sagen. Das macht nicht nur der Patient, sondern auch der Psychotherapeut, und zwar unvermeidlich. Da bleibt nicht viel von der Auffassung, daß der Psychotherapeut ein neutraler, objektiver Beobachter ist, der abstinent nur zur Sprache bringt, was er an seinem Patienten feststellt. Er ist keineswegs nur Beobachter und Entdecker der seelischen Welt des Patienten; er ist Mitgestalter und Co-Produzent. Wie auch immer er sich verhält, gestaltet er das therapeutische Geschehen und dessen Kontexte zusammen mit dem Patienten aktiv mit. So kann Hoffman (1983), ein amerikanischer Psychoanalytiker, zu dem Fazit kommen, daß wir entgegen allen Beteuerungen des Zwei-Personen-Charakters von Psychotherapie einer ausgesprochen "asozialen" Auffassung anhängen. Wir halten - so Hoffman - daran fest, das, was uns Patienten in der Behandlung mitteilen, mehr oder weniger ausschließlich als Ausdruck von seelischem Erleben des Patienten zu verstehen, als Indiz für seine psychische Struktur und für seine Konflikte. Die Äußerungen und Mitteilungen des Patienten sind aber Kommunikationen, an denen der Psychotherapeut beteiligt ist und die es ohne seinen Einfluß so nicht gegeben hätte. Und auch das, was wir auf Seiten des Psychotherapeuten "Interventionen" nennen, sind Kommunikationen und Beiträge zur Abwicklung der Interaktion und der interpersonell gestalteten Situation. Wenn wir das nicht in Rechnung stellen, sprechen wir zwar von Interaktion, von Zwei-Personen-Psychologie, von Kommunikation oder von Dialogen, bleiben letztendlich aber einer monadischen Auffassung des psychotherapeutischen Prozesses verhaftet.

Schlußbemerkung

Mein Fazit ist ein kurzes Fazit und umfaßt nur zwei Schlußfolgerungen:

1. Im therapeutischen Umgang mit Patienten mit sog. Persönlichkeitsstörungen tritt besonders deutlich zutage, daß der Psychotherapeut es immer mit einem Geschehen zu tun hat, dessen Co-Produzent er ist.
2. Es gibt für den Psychotherapeuten keinen Platz außerhalb von Interaktion mit dem Patienten und außerhalb des von ihm selbst mitproduzierten Kontextes, von dem aus er "objektive" Aussagen über die seelische Welt des Patienten formulieren könnte.

Literatur

Adler G (1980) Transference, real relationship, and alliance. Int J Psychoanal 61: 547-558

Auer P (1992) Introduction: John Gumperz' approach to contextualization. In: Auer P, diLuzio A (eds) The contextualization of language. Benjamins, Amsterdam Philadelphia, pp 1-37

Baer R (1980) Psychopathische und pseudopsychopathische Persönlichkeiten. In: Peters UH (Hrsg) Die Psychologie des 20. Jahrhunderts, Bd X: Ergebnisse für die Medizin (2), Psychiatrie. Kindler, München , S 818-827

Boesky D (1982) Acting out: a reconsideration of the concept. Int J Psychoanal 63: 39-55

Goffman E (1969) Wir spielen alle Theater. Piper, München

Hoffman IZ (1983) The patient as interpreter of the analyst's experience. Contemp Psychoanal 19: 389-422

Hoffmann SO (1979) Charakter und Neurose. Suhrkamp, Frankfurt aM

Huxley *** Vorname, Titel, Verlag, Ort

Katschnig H, Steinert H (1973) Über die soziale Konstruktion der Psychopathie. In: Strotzka H (Hrsg) Neurose, Charakter, soziale Umwelt. Beiträge zu einer speziellen Neurosenlehre. Kindler, München

Klüwer R (1983) Agieren und Mitagieren. Psyche 37: 828-840

Krause R (1984) Psychoanalyse als interaktives Geschehen. In: Baumann U (Hrsg) Psychotherapie: Mikro- und Makroperspektiven. Hogrefe, Göttingen

Laplanche J, Pontalis J-B (1972) Das Vokabular der Psychoanalyse. Suhrkamp, Frankfurt aM

Möller H-J et al. (1996) Psychiatrie. Hippokrates, Stuttgart

OPD (1996) Operationalisierte Psychodynamische Diagnostik. Huber, Bern Göttingen Toronto Seattle

Overlaet B (1991) Interaction Analysis: Meaningless in the face of relevance. Int J Group Psychother 41: 347-364

Prichard JC (1835) A treatise on insanity and other disorders affecting the mind. London.

Racker H (1978) Übertragung und Gegenübertragung. Reinhardt, München Basel

Reiter L, Gabriel E (1973) Diagnose "Psychopathie" und diagnostischer Prozeß bei Jugendlichen. In: Strotzka H (Hrsg) Neurose, Charakter, soziale Umwelt. Kindler, München, S 119-139

Rosenhan DL (1973) On being sane in insane places. Science 179: 250-258

Sandler J (1976) Gegenübertragung und Bereitschaft zur Rollenübernahme. Psyche 30: 297-305

Stein MH (1969) The problem of character theory. J Am Psychoanal Assoc 17: 675-701

Strupp HH (1986) Das Wesen des therapeutischen Einflusses. Forum Psychoanal 2: 197-214

Treurniet N (1995) Was ist Psychoanalyse heute? Psyche 49: 113-140

Persönlichkeit und Persönlichkeitsstörungen

Michael H. Stone

Der Begriff der Persönlichkeit ist relativ neu, obwohl er sich auf Aspekte seelischen Lebens bezieht, die sich schon bei unseren frühesten Vorfahren erkennen lassen. Soweit ich weiß benutzte Freud diesen Begriff nur zweimal. Janet sprach von der seelischen Entwicklung der Persönlichkeit in seiner Monographie aus dem Jahre 1929. Die Begriffe Charakter und Charakterstörung waren stattdessen zur Jahrhundertwende besonders unter psychoanalytischen Autoren üblich. *Charakter* ist ein wesentlich älterer Begriff, der schon von den Griechen des Altertums, insbesondere von Aristoteles Schüler Theophrastus, der mehrere Dutzend Charaktertypen mit oft so ausgefallenen Bezeichnungen wie "Nörgler" oder "Verunglimpfer" beschrieb. Das Wort Charakter leitet sich vom griechischen Wort "prägen" ab. "Einprägen" ist etwas, das sich nach der Geburt überwiegend unter dem Einfluß der Eltern und allen anderen, die an der Sozialisierung des Kindes beteiligt sind, vollzieht. Die Neugeborenen kommen bereits mit schon bemerkbaren, gewissen charakteristischen Verhaltensweisen zur Welt: wie sie sich anderen zuwenden oder sie abweisen, entweder ruhig oder leicht zu erschrecken sind usw. Auf diese Tendenzen, die entweder erblich waren, oder in utero (konstitutionell) erworben wurden, wurde der Begriff *Temperament* angewandt. Die verschiedenen Temperamente wurden den sog. Grundelementen (Erde, Luft, Feuer, Wasser) der griechischen Philosophen zugeschrieben. Diesen Grundelementen entsprechen dann jeweils schwarze Galle, Blut, gelbe Galle und Lymphe. Ein Überschuß des einen oder anderen Grundelements würde dann der Theorie zufolge das melancholische, sanguinische, cholerische oder phlegmatische Temperament hervorbringen. In der Laiensprache entsprechen diesen dann die Wörter: schwermütig, fröhlich, griesgrämig oder lahm. Wir treffen einen Überschuß der ersten drei Temperamente regelmäßig bei Individuen mit manisch-depressiver Erkrankung an.

Im Gebrauch des Begriffs "Persönlichkeit" sind in unserer Zeit die Begriffe Charakter und Temperament mit einbezogen. So definiert Cloninger (1986) Persönlichkeit als die dynamische Organisation psychologischer Systeme, die die Anpassung an eine sich ständig wechselnde Umgebung modulieren. Temperament und Charakter bleiben die beiden hauptsächlichen Komponenten, oder besser gesagt Faktoren, in der Ausformung der Persönlichkeit während unserer Entwicklung als Person ("ontogenetische" Entwicklung). Der Begriff Temperament bezieht sich auf angeborene konstitutionelle Unterschiede in unseren automatischen Reaktionen auf emotionale oder gefühlsbetonte Reize. Diese Reaktionen verstärken sich unter dem Einfluß assoziativer Konditionierung. Das Gedächtnissystem, das diese Antworten kodiert, ist das sog. Gewohnheits- oder "prozedurale" Gedächtnis und wird von anderen Leitungssystemen im Gehirn, wie denen des "deklarierenden" (oder "propositionalen") Gedächtnisses unterstützt. Temperamentseigenschaften können allgemein bei Kindern beobachtet werden und bleiben im Verlauf eines Lebens relativ stabil.

Charaktereigenschaften dagegen reflektieren die unterschiedlichen frühen Lernerfahrungen und das eigene Lebensverständnis unter dem Einfluß unserer Intuition, die sich in den Erfahrungen mit den Eltern und mit anderen wichtigen Beziehungspersonen gebildet hat. Dieser Prozeß verläuft im wesentlichen über das deklarative Gedächtnissystem. Die Situation ist jedoch komplizierter als bisher beschrieben, weil diese beiden Gedächtnissysteme trotz ihres anatomischen Getrenntseins miteinander in Beziehung stehen. Insbesondere kann Temperament die Kanäle, in denen Charakterbildung stattfindet, verengen. Das wird an Extremfällen der Temperamentsausprägung deutlicher. Ist man z. B. mit einem sehr erregbaren Temperament geboren, neigt man dazu, auf viele streßreiche Situationen extrem zu reagieren. So könnte das dann die Reaktion eines Kindes auch auf leichte elterliche Kritik negativ beeinflussen, nämlich dahingehend, daß es schnell zu Wutanfällen kommt – und die Eltern als "gemein" und "lieblos" angesehen werden. Wohingegen die Geschwister mit einem ruhigen Temperament die gleichen elterlichen Ermahnungen als "nicht Besonderes" erleben. Das leicht erregbare Kind mag dann zum Erwachsenen heranreifen, der anderen – besonders Autoritätspersonen gegenüber – reservierte Gefühle und ein geringes Vertrauen entgegenbringt, und damit eine *Charakterstörung* entwickelt, die im wesentlichen durch ein abnormales Temperament ausgelöst wurde. Ein erregbares Kind mit einer angeboren eingeschränkten empathischen Fähigkeit wird dann dazu neigen, eine antisoziale Persönlichkeit zu entwickeln. Nichtsdestoweniger mag optimale elterliche Zuwendung in einer optimalen gesellschaftlichen Umgebung – zur Entwicklung eines moralisch gefestigten Charakters führen, trotz solcher negativen Temperamentseigenschaften.

Persönlichkeitstypologie

Damit kommen wir dann zu dem weitreichenden Thema der *Persönlichkeitstypologie*. Zwar sind Temperament und Charakter die Hauptpersönlichkeitsanteile, aber diese grundsätzliche Klassifizierung kann noch weiter unterteilt werden, wenn wir die verschiedenen Persönlichkeitsschattierungen und –färbungen berücksichtigen. Zur Zeit sind die meistbenutzten Typologien die des DSM und der ICD.

Das Schema des DSM bezieht sich nur auf bestimmte Aspekte der Persönlichkeit. Da es vor allem nach einem Krankheitsbegriff ausgerichtet ist, kann das DSM keine umfassende Sicht der Persönlichkeit bieten. Als Konzept erfaßt der Begriff *Persönlichkeit* das Gewöhnliche, Normale, nämlich die Art und Weise, in der jede Person auf eine einzigartige, aber sich auch anpassende Weise kognitiv, emotional und verhaltensgemäß mit anderen Menschen umgeht. Die leichteren "Verstimmungen" und die schwereren "Gestörtheiten" (*disorders*, DSM) der Persönlichkeit können nur in einem Teil der Bevölkerung (vielleicht in einem von zehn oder sechs Fällen, je nach der entsprechenden Definition), gefunden werden. Jetzt kann man fragen, nebenbei, warum so viele Persönlichkeitsstörungen? Was ist eigentlich der Zweck - die Teleologie, sozusagen - aller diesen Persönlichkeitsvariationen? Meines Erachtens sind die Persönlichkeitsstörungen *extreme Beispiele* von anderweitig unentbehrlichen, sozial nützlichen Unterschieden, die bei verschiedenen Berufen und Funktionen anzutreffen sind.

Es gibt eine Reihe von umfassenden Versuchen, Persönlichkeit in ihrer Ganzheit zu klassifizieren. Eine der einfacheren und eher fundamentalen Methoden war die von Allport u. Odbert (1936), die das Lexikon nach Worten durchkämmten, die Persönlichkeitsaspekte beschrieben.

Dabei fanden sie an die 18000 englische Wörter, wobei viele natürlich altmodisch oder etwas wunderlich waren: manche von sozial positivem Charakter [engl. "kind" = freundlich], manche eher neutral gefärbt [engl. "absent-minded" = geistesabwesend], einige mit negativer Valenz [engl. "mean" = böse]. In den folgenden Jahren habe einige Forscher solche Listen auf eine besser zu handhabende Zahl von Wörtern reduziert. So enthält Goldbergs Liste (1982) ungefähr 600 Wörter. Die von mir entwickelte Liste (Stone 1990) besteht aus 500 negativen und 100 positiven Adjektiven.

Diese lexikalischen Systeme haben den Vorteil der Vollständigkeit, jede Nuance der Persönlichkeit ist darin festgehalten, sie haben aber auch den Nachteil der Unhandlichkeit. Um mit den Komplexitäten der Persönlichkeit besser fertig zu werden und um beides, die Beschränkung durch eine Gliederung nach Kategorien (wie bei DSM oder ICD) und die Unhandlichkeit der lexikalischen Methode zu vermeiden, haben viele Forscher Schemata entworfen, die sich auf Persönlichkeits-*Dimensionen* stützten. Die gewählte Dimension mag als Kompromiß zwischen dem Lexikalischen und dem Kategorischen verstanden werden. Eine Gruppe von ähnlichen Adjektiven wird als "Faktor" zusammengefaßt – und jeder Faktor kann dann anhand einer Skala, die von "nicht vorhanden" und "kaum vorhanden" zu "intensiv" oder "extrem" vorhanden reicht, gemessen werden. Es ist die Methodik, die zu dimensionalen Meßverfahren führt, wie etwa beim MMPI. Der MMPI liefert dann ein Profil mit "Gipfeln" und "Tälern," das die Intensitäten der verschiedenen Faktoren bei jeder untersuchten Person darstellt.

Dimensionen- und Faktorensysteme

Das von Eysenck in den späten 40er Jahren (1947) entwickelte dreidimensionale Schema hat eine weitverbreitete Verwendung gefunden und stützt sich auf die Dimensionen *Extraversion*, *Neurotizismus* und *Psychotizismus*. Die allgemein üblichen Kategorien der Persönlichkeitsstörungen können auch mit diesem Schema erfaßt werden.

So neigen dann z. B. *paranoide* Personen dazu, *introvertiert* zu sein (d. h. das Gegenteil von extravertiert) und ein hohes Neurotizismus- und Psychotizismusprofil aufzuweisen (mit entsprechender Exzentrizität und Realitätssinn).

Das umfassende "Zircumplex"-Modell von Wiggins (1979) benutzt 16 Persönlichkeitsschattierungen, die um zwei Achsen gruppiert sind (die eine bezieht sich auf Aktivität/Passivität, die andere auf Zuwendung/Abwendung von anderen) und ist zirkulär aufgebaut. Tyrer u. Alexander (1988) haben ein Modell entwickelt, das auf 24 Faktoren beruht und eine Wertungsskala von "null" bis "zehn" benutzt.

Man sollte auch das einflußreiche System von Schneider (1923) erwähnen, das mit 10 Faktoren ("zwanghaft," "fanatisch," "gefühllos" etc.) den DSM-Kategorien sehr ähnlich ist (s. Tabelle 1).

Tab. 1. Persönlichkeitstypologie von Kurt Schneider

Persönlichkeitstyp	Hauptzüge
hyperthermisch	optimistisch, unzuverlässig
depressiv	Vorwürfe gegen das eigene Selbst
unsicher-anankastisch	ohne Selbstvertrauen
fanatisch	aggressiv
aufmerksamkeitssüchtig	emotional, launenhaft
launisch	impulsiv, kindisch
aufbrausend	streitlustig, gewalttätig
gefühllos	herzlos, kalt
willenschwach	gefügig, leichtgläubig
asthenisch	hypochondrisch

Livesley et al. (1987) interessierten sich nicht nur dafür, ein kohärentes Schema von Persönlichkeitsfaktoren zu entwickeln, sondern auch die wirklich *prototypischen*, unterschriftsartigen Kennzeichen der meisten beschriebenen Persönlichkeitsstörungen zu definieren. So würde dann der paranoide Typ *Externalisation* als "unterschriftsartiges" Charakteristikum aufweisen; für den Schizoiden wäre es die *Zurückhaltung* oder das "*Sich-fern-Halten*," etc ...

Unter zeitgenössischen Experten auf dem Gebiet der Persönlichkeitsforschung besteht darüber Übereinstimmung, daß eine Klassifizierung von Persönlichkeitsstörungen, die nur auf Kategorien beruht, ungenügend ist. Fast niemand mit einer bestimmten Persönlichkeitsstörung hat ausschließlich die Kennzeichen nur dieser Störung. Das ist insbesondere der Fall bei Borderlinepatienten (gemäß DSM), die meist als zwei oder drei (oder sogar mehr) Persönlichkeitsstörungen diagnostiziert werden können (Oldham et al. 1992). Der zusätzliche Gebrauch der dimensionalen Perspektive garantiert, daß alle wichtigen Persönlichkeitsvariablen in die Diagnose miteinbezogen werden. Im klinischen Sprachgebrauch weisen wir ja regelmäßig auf die dimensionale Perspektive hin - wenn wir z. B. einen bestimmten Patienten als "zwanghaft mit narzißtischen und vermeidenden Zügen" beschreiben. In diesem Fall beziehen sich die beiden letzten Adjektive auf dimensionale "Spitzen", die zwar nicht so hoch wie die zwanghafte Spitze, aber durchaus erwähnenswert sind.

Jedoch auch die kombiniert kategorisch-dimensionale Methode hat nur einen begrenzten Aussagewert Wenn wir den Fall eines Patienten einem Kollegen vortragen oder auch wenn wir über einen Patienten nachdenken, fügen wir üblicherweise Charakteristika hinzu, die wir aus der umfangreichen lexikalischen Liste beziehen, die Teil unserer Sprache ist. Das ist so, weil die üblichen

Kategorien und sogar die längste, aus Faktoren und Dimensionen gebildete Liste nicht erschöpfend sein würde. Nur wenn wir Wörter aus der lexikalischen Liste hinzunehmen, können wir ein ausreichend detailliertes Bild einer anderen Person abbilden. So kommt es dazu, daß wir einen Patienten erst mittels der Kategorie erfassen, dann dimensional und schließlich mittels Adjektiven, die nicht in den beiden erstgenannten Perspektiven enthalten waren. So könnten wir z. B. sagen, dieser Mann ist "paranoid mit narzißtischen und zwanghaften Zügen, darüber hinaus ist er auch bemerkenswert unhöflich, geschwätzig und geizig, obwohl er auch so positive Züge wie Aufrichtigkeit, Ehrfurcht, Arbeitsamkeit und Pünktlichkeit aufweist".

Je nachdem, wie positive und negative Züge balanciert sind, bestimmt, ob wir jemanden anstellen oder zum Freund haben wollen oder auch, ob wir als Psychotherapeuten jemanden erfolgreich behandeln können. Im klinischen Bereich z. B. gibt es Patienten mit ausgesprochen schweren Persönlichkeitsstörungen, die aber zugleich ungewöhnlich offen, nachdenklich, ausdauernd und humorvoll sind, und die auf lange Sicht einen besseren Verlauf haben können als ein weniger schwer gestörter Patient, der verschlagen, engstirnig und arrogant ist. Wenn wir die umfassende lexikalische Liste im Betracht ziehen, wird uns auch deutlich, daß die Persönlichkeitsstörungen als Punkte zu verstehen sind, entlang einer kontinuierlichen Linie mit zwei Extremen. So könnte man sich ein "umgekehrtes" DSM vorstellen, in dem statt "paranoider", "schizotypischer", "antisozialer" und "vermeidender" Züge deren Gegenteile: "vertrauend", "konvenionell", "ethisch" und "kontaktfreudig" angeführt sind.

Eine andere Möglichkeit, für die Vielzahl der Züge eine Ordnung zu finden, besteht darin, eine kurze Liste der gewünschten Züge aufzustellen, und dann zu jedem Zug auf der einen Seite die Adjektive hinzuzufügen, die dessen extreme Ausprägung, und auf der anderen Seite diejenigen, die diesen Zug am wenigsten kennzeichnen. Die Eigenschaften in der Mitte sind dann der*Goldene Schnitt* (Aristoteles). Dieses Verfahren eignet sich besonders dafür, um auf einen Blick festzustellen, inwieweit jemandes Persönlichkeit entweder mit dem Ideal *übereinstimmt*, oder davon *abweicht*.

Um aus dem Wirrwarr Ordnung zu schaffen, bietet sich noch ein weiteres Verfahren an, in dem man den *Grad der Integriertheit* einer bestimmten Person in Betracht zieht. Es besteht, wie Kernberg (1967) uns gezeigt hat, eine gute (wenn auch nicht vollkommene) Korrelation zwischen der Qualität der Integriertheit und der Art von Persönlichkeit oder Persönlichkeitsstörung. In absteigender Ordnung weisen neurotische, Borderline- und psychotische Personen gut-integrierte, schlecht-integrierte und fragmentierte Persönlichkeiten auf. Dem entsprechen dann die verschiedenen Abwehrmechanismen, gesündere wie die Repression oder die Isolierung der Gefühle; krankhafte, wie die Spaltung (z. B. bei Borderlinepersonen), die Projektion oder Verleugnung. An der Definition der Borderlinepersönlichkeit im DSM, die sich von der Definition Kernbergs unterscheidet, fällt auf, daß sie mehr auf Symptomen (wie Selbstverletzung) beruht als auf wahren Persönlichkeitskennzeichen. BP weisen gewisse Züge auf, die man immer wieder antrifft, wie wechselhaft, verführerisch, fordernd, kindisch, sprunghaft, schnell verärgert oder chaotisch. Jedenfalls kann man sagen: BP (gemäß DSM) gehören v. a. zur Achse "I" (Symptomstörungen), statt zur Achse "II" (Persönlichkeitsstörungen).

Soweit haben wir bisher die verschiedenen Möglichkeiten untersucht, nach denen Persönlichkeit v. a. zu epidemiologischen, soziologischen und klinischen Zwecken, in brauchbare Gruppierungen aufgeteilt werden kann. Jedoch findet sich immer wieder ein Bereich, der umstritten ist. So beklagen z. B. einige, daß die Kategorien des DSM nicht derart "rein" definiert sind, daß jede sich eindeutig von der anderen unterscheidet. Da antisoziale, insbesondere *psychopathische* (Cleckley 1972; Hare et al. 1990) Personen sehr selbstbezogen sind, kann man diese Persönlichkeitsstörungen nicht definieren, ohne narzißtische Züge miteinzubeziehen. Somit ist ein gewisses Überschneiden bei den traditionellen Kategorien unvermeidbar.

Mit dieser Problematik verwandt ist auch die Frage nach der idealen Aufgliederung der Persönlichkeit. Wieviel Faktoren gibt es eigentlich im idealen platonischen Sinne? Sind es die 16, die Wiggins (1979) vorschlägt oder die 24 von Tyrer u. Alexander (1988) oder die 70, die Livesley et al. (1992) gefunden haben? Ist die Theorie von Tupes u. Christal (1961) haltbar, die fünf Superfaktoren anführten (Extravertiertheit, Bereitwilligkeit, Neurotizismus, Gewissenhaftigkeit und Aufgeschlossenheit), auf die alle anderen Faktoren reduziert werden können? Wie können wir aus diesem Labyrinth der Begriffe herausfinden?

Biologische und Neurophysiologische Persönlichkeitsmodelle

Ein Weg aus diesem Labyrinth besteht darin, die Verbindungen und Zusammenhänge festzustellen, die zwischen diesen Persönlichkeitsfaktoren und gewissen chemischen oder neurophysiologischen Korrelaten im Gehirn bestehen. Verstand (oder der Geist) ist, alles in allem, das was das Gehirn "tut," und Persönlichkeit ist letztlich auch nur eine weitere Abstraktion, die sich auf bestimmte Aspekte von Geist und Gemüt bezieht.

Mitte der 80er Jahre hat Cloninger (1986) nach solchen Korrelaten gesucht. Was dabei herauskam ist ein Modell, das sich auf den für ihn wesentlichen Ingredienzien von Charakter und Temperament aufbaut. Das ursprüngliche

Modell konzentrierte sich auf drei Dimensionen von Temperament und wurde kürzlich auf vier erweitert. Cloninger hat auch ein dreidimensionales Charaktermodell entwickelt. Die Stärke des dreidimensionalen Temperamentmodells beruht auf den Wechselbeziehungen, die zwischen jeder Dimension und einem wichtigen Neurotransmitter nachgewiesen werden konnten. Tabelle 2. zeigt diese Wechselbeziehungen.

Tab. 2. Das Temperament modell von Clominger (1986)

Neurotransmitter	**Temperamt**
Dopamin	neugierig
Serotonin	vermeidend
Norepinephrin	abhängig

Drei solcher Variablen, von denen jede von "ausgeprägt" bis "gering vorhanden" variieren kann, lassen sich bis zu 8 Kombinationen zusammenstellen und können in einem kubischen Diagramm dargestellt werden. Diese Kombinationen korrelieren ziemlich gut mit vielen der traditionellen Persönlichkeitskategorien im DSM.

Dabei muß man aber bedenken, daß im Zusammenhang mit Versuchen, das Temperament von Erwachsenen zu untersuchen, die Erlebnisse eines Lebens, insbesondere jene, die die Charakterbildung beeinflussen, mit angeborenen Temperamentseigenschaften eng verwoben sind. Damit sind dann diese beiden Quellen der Persönlichkeitsbildung nicht mehr leicht auseinanderzuhalten. Das Modell Cloningers sollte daher, insofern es sich auf den Zusammenhang zwischen Temperament und Amin-Neurotransmitter bezieht, als ein Idealschema angesehen werden, das sich v. a. zu Unterrichtszwecken eignet.

Cloninger hat seiner Listevor kurzem ein viertes Temperament hinzugefügt, das er *Beharrlichkeit* nennt. Beharrlichkeit hat eine besondere Bedeutung im Bereich der Persönlichkeitsstörungen, da sie *bei fast allen* entweder fehlt, oder gar nicht vorhanden ist. Das heißt: Patienten mit Persönlichkeitsstörungen neigen dazu, schnell aufzugeben und Aufgaben, die sie übernommen haben, nicht zu Ende zu führen. Die Charakterdimensionen in diesem Modell sind die folgenden:

(1) Selbstbestimmtheit (Self-directedness)
(2) Hilfsbereitschaft (Cooperativeness)
(3) Die Fähigkeit, über den eigenen Schatten zu springen (Self-transcendence)

Ebenso wie die Temperamentsvarianten, können diese Charakterdimensionen in starkem oder schwachem Ausmaß vorhanden sein. Allerdings können wir eine solche enge Verbindung zwischen Eigenschaft und Neurotransmittersystem beim *Charakter* nicht herstellen wie im Bereich der Temperamente.

Man könnte ein Würfeldiagramm und eine entsprechende Tabelle auch für Charakterdimensionen aufstellen (vgl. Cloninger 1986). In einem solchen Diagramm würde die schöpferische [creative] Person hohe Werte bei "hilfsbereit, beharrlich und selbst-transzendent" bekommen. Im Gegensatz dazu schneidet die "melancholische" Person mit niedrigen Werten in diesen drei Charakterdimensionen ab.

Obwohl auf den ersten Blick in einer Liste positiver Persönlichkeitsmerkmale jede Ordnung zu fehlen scheint und daher auch einfach alphabetisch angelegt sein könnte, ist es doch möglich, die wichtigeren Eigenschaften in einer Folge, die der kindlichen Frühentwicklung entspricht, anzuführen. Eine Abfolge dieser Art war ja auch in Freuds Entwicklungsstadien (oral-anal-genital) angelegt, da es im letzten Stadium der Genitalität einer Person gelänge, eine andere relativ selbstlos zu lieben.

Andere Schemata, wie die von Piaget und Erikson, stellen eine Abfolge von Lebensaufgaben dar, wobei die folgende immer einen Fortschritt gegenüber der vorausgegangenen darstellt, was Sozialisierungsgrad, Lebenstüchtigkeit und auch Geistigkeit [spirituality] anbelangt. Die wohlbekannten Stadien Eriksons (1956) im folgenden:

1. Vertrauen	5. Identität
2. Autonomie	6. Intimität
3. Initiative	7. Generativität
4. Fleiß	8. Integrität (oder Einheit)

Cloninger hat ebenfalls ein Schema entworfen, in dem die positiven Merkmale als sich in einer altersentsprechenden Abfolge entwickelnd verstanden werden:

1. Vertrauen	6. Gewissenhaftigkeit	11. Mitleid
2. Selbstvertrauen	7. Findigkeit	12. Aufklärung
3. Gehorsam	8. Großzügigkeit	13. Integrität
4. Zielstrebigkeit	9. Geistigkeit	14. Weisheit
5. Empathie	10. Demut	15. Kreativität/Tugend

Personen, denen Vertrauen in sich selbst und in andere fehlt, werden oft als an einer Psychose (wie der Schizophrenie) oder an einem frühen körperlichen oder sexuellen Trauma leidend angesehen. Dies kann man bei den Personen, die später

Borderline- (oder schwere narzißistische) Persönlichkeitsstörungen aufweisen, sehen. Sie sind auf eine dyadische Beziehungskonstellation festgelegt, wie Balint (1969) das in seinem Werk *Die Grundstörung* beschrieben hat. Sie leiden eher an *Defiziten* als an den *Konflikten* der späteren Stadien. Personen mit einer schwach entwickelten Zielstrebigkeit sind solche mit Borderline- oder narzißtischen Störungen. Jene, die eine schwache Gewissenhaftigkeit aufweisen, werden mit leichteren Persönlichkeitsstörungen in Zusammenhang gebracht. Eine *sehr* schwache Gewissenhaftigkeit ist bei antisozialen Personen zu bemerken.

Sowohl Temperament als auch persönliche Erfahrung spielen eine Rolle dabei, ob man gehorsam sein und damit auch lernen kann, oder ob man negativistisch, lernunwillig und sozial abartig wird. Dieser Schritt und jeder dieser Schritte hängt von der Mischung fördernder und hemmender Einflüsse ab, aus denen die Lebensgeschichte jeder Person besteht. Persönlichkeitsentwicklung besteht aus einem Prozeß sich selbst organisierender Veränderung, in dessen Folge optimale Lösungen für sich widersprechende Bedürfnisse gefunden werden. Sich-selbst-organisierend ist das Schlüsselwort, das als Begriff aus der Systemtheorie hier auf das Individuum angewandt wird und die Art von *Selbstorganisation* reflektiert, die neuroanatomisch gesehen (besonders in den ersten Jahren) sich auf Organebene, in diesem Fall iam Gehirn, abspielt.

Psychobiologische Grundlagen der Persönlichkeit

Das bringt uns zu unserem nächstem Thema - dem der psychobiologischen Grundlagen abnormaler mentaler Phänomene, einschließlich Persönlichkeitsstörungen. Edelman (1992) hat Beweise dafür erbracht, daß das Gehirn mit seinen 12 Milliarden Neuronen (und seinen Quadrillionen von Verbindungen) zur Selbstorganisation fähig ist, und sich dabei in *mikrologischer* Größenordnung auf die gleichen evolutionären Prozesse stützt, die in der Tier- und Pflanzenwelt *makrologisch* ablaufen. Obwohl dieser Prozeß das ganze Leben hindurch anhält, ist er am aktivsten in den frühen Lebensjahren. Eine größere Anzahl von Genen in unser 100000-Gene-Anlage beeinflußten die Entwicklung des Gehirns. Jedoch schon gleich nach der Geburt werden die Wege der verschiedenen Neuronen, die Zahl der anfänglich undifferenzierten "Stammzellen," die in Neuronen verwandelt werden, die Zahl der Dendriten und der spezifischen Verbindungen, die sie eingeben, zutiefst von Erfahrung beeinflußt. So führt z. B. optimale Säuglingspflege zu idealem Volumen und Zellenanzahl der verschiedenen zentralen Gehirnzentren, die dem Gedächtnis dienen, wie der Hippokampus und der Nukleus amygdalae. Die Funktion von Hirnzentren, die der bewußten und unbewußten Informationsverarbeitung dienen, werden ebenfalls von aktueller Erfahrung beeinflußt. Optimale Pflege und Lebenserfahrung fördern optimale Zellverbindungen und mentale Verarbeitung und schaffen damit eine optimale "Vernetzung".

Traumatische Erfahrungen, besonders wenn sie schwer sind und wiederholt oder anhaltend auftreten, führen zur Schädigung von Hirnzellen oder zu deren frühzeitigem Absterben in den Gehirnzentren und zu einer Vernetzung, die für eine *nicht-modulierte* und *unangepaßte* Reaktion auf alltägliche Ereignisse prädisponiert. Trotz der Plastizität des Gehirns führen schwere Traumata von der Art, die posttraumatische Streßstörungen ("PTSD") verursachen, oft zu irreversiblen Gehirnveränderungen - wie z. B. einer Zellverminderung in den Hauptgedächtniszentren.

Die Erinnerungen an traumatische Ereignisse sind in Gehirnzentren, die mit den 5 Sinnen eng verbunden sind, aufbewahrt, und der Zugang zur bewußten Erinnerung des "deklarativen" Typus ist blockiert. Je nach Art und Zeitpunkt des Auftretens der traumatischen Erlebnisse und den personspezifischen Faktoren der ererbten Architektur des Gehirns können solche Personen entweder eine dissoziative Störung (inklusive *multipler Persönlichkeitsstörung*) oder die Form von Spaltung entwickeln, die Kernberg (1967) als Schlüsselabwehrmechanismus bei Borderlinepatienten beschrieben hat.

Frauen, die Inzest mit dem Vater (oder anderen älteren Verwandten) erleiden, stehen in einem besonderen Risiko, sowohl BP (gemäß DSM) als auch einige der Symptome des PTSD zu entwickeln. Aus diesem Grund hat Kroll (1988) behauptet, daß BP nur eine Variante des PTSD darstellt. Das allerdings übertreibt das klinische Bild etwas, da man BP am besten ein Zustandsbild ansieht, das "Äquifinalität" vorweist, d. h. verschiedene kausale Wege führen zum selben klinischen Syndrom.

Das Zusammenspiel zwischen fokalen molekular-biologischen Veränderungen und dem Verhalten ist zur Zeit ein Thema, dem viel Aufmerksamkeit gewidmet wird. Sowohl psychosoziale Streßfaktoren als auch Episoden von Gemütsstörungen (insbesondere der Depression) können das Gehirn derart verändern, daß neurologische Schwächungen gesetzt werden, die nur schwer oder überhaupt nicht mehr rückgängig gemacht werden können. Solche Personen sind anfällig für Persönlichkeitsstörungen. Schwere psychosoziale Streßfaktoren können nicht die Struktur der Gene, wohl aber deren phänotypischen Ausdruck verändern. Lebensbedrohliches Trauma mag neurobiologische Veränderungen hervorrufen, die das ganze Leben hindurch Stimmung, Verhalten, Schlaf und Gedächtnis beeinflussen. Nach einer gewissen Anzahl symptomatischer, von schwer belastenden Erlebnissen hervorgerufener Ausbrüche, kann die Erkrankung später sogar *ohne* ein offenkundiges Lebensereignis auftreten. Die Sache mit dem Genausdruck [genetic expression] läßt sich am Beispiel der Chorea Huntington besser verstehen. Dort ist der "Schuldige" das einzelne Gen auf Chromosom Nr. 4. Obwohl es in jeder Körperzelle vorhanden ist, tritt die genetische Abnormalität nur im *Corpus striatum* auf, wo es vorzeitigen Zelltod verursacht. Psychiatrische Krankheitsbilder sind bekanntlich, soweit wir wissen, überwiegend polygenetisch bestimmt. Das heißt, sie sind verbunden mit vielen Genen und deren entsprechenden Verletzbarkeiten, so daß sich ein Bild extensiver Komplexität ergibt. Dazu besteht bei psychiatrischen Krankheitsbildern ein besonders hoher Einfluß durch die Umwelt, wodurch dem genetischen Determinismus eine geringere Rolle zufällt.

Um zu verstehen, was im Gehirn eines extrem gestreßten Säuglings oder jungen Kindes vorgeht, mag man die einfachere Situation eines Tieres betrachten, dem ein Auge während der Kindheit zugenäht wurde. In der Folge, nach einer so langen Zeit ohne visuelle Eindrücke, wurde das Auge blind und blieb es auch, nachdem das Lid geöffnet wurde. Darüber hinaus dehnte sich das kortikale Zellvolumen des gesunden Auges auf den Bereich des reduzierten kortikalen Zellvolumens des blinden Auges aus. Das ist ein Beispiel für erfahrungsabhängige Neuroplastizität.

In der komplexeren Situation des extrem gestreßten Kindes wird das Ausmaß der synaptischen Verbindungen in den verschiedenen Leitbahnen von dem Gleichgewicht zwischen Nervenzellen, die sich gemeinsam intensiv entladen und Nervenzellen, die sich mit schwerer Intensität unregelmäßig entladen, beeinflußt. Dort, wo die Umgebung wenig Stimulation liefert, kommt es nicht nur zu einer herabgesetzten synaptischen Regelspannung, sondern auch zu einer allgemeinen Reduktion der Neuronen und deren dendritischer Vernetzung. Ausgedehntes Nicht-in-Gebrauch-Nehmen mag sogar zum Zelltod führen.

Wie hängt das nun mit den psychiatrischen Krankheitsbildern zusammen? Erinnern Sie sich an die Experimente von Harlow in den 50er Jahren, in denen Affen, die von einer natürlichen Mutter aufgezogen wurden mit denen, die ein Drahtgestell zur Mutter hatten, verglichen wurden (Harlow u. Harlow 1963)? Dabei war auch ein mit Stoff bespanntes Surrogat nicht ausreichend für eine normale Entwicklung. Das entspricht den Beobachtungen von Spitz (1946) an Waisenkindern, die schwere Entbehrungen erleiden mußten. Experimente jüngeren Datums (McEwen et al. 1992; McEwen 1994) an neugeborenen Nagetieren zeigen, daß ein gewisser Grad an Streß zunehmend Neurone im Hippokampus abtötet, was später zu Verhaltensstörungen führt. Ein gleicher Ablauf erfolgt auch bei hohen Dosen von Cortisol, wie man sie im Blutstrom von Depressiven findet.

Inwieweit diese Experimente auf Menschen bezogen werden können erhellt sich aus den Studien von Bremmer et al. (1995). Diese zeigen im MNR [Kernspin], daß bei Vietnamveteranen mit posttraumatischem Zustandsbild (PTSD) das Volumen des rechten Hippokampus schmaler ist als bei Veteranen ohne PTSD. Die Männer mit PTSD wiesen Lücken im Kurzzeitgedächtnis auf, was einem reduzierten Volumen im rechten Hippokampus entspricht (dessen Funktion es ist, das "deklarative" Kurzzeitgedächtnis zu vermitteln.).

Bei anderen Tierexperimenten führen wiederholte Erlebnisse mütterlicher Versagung zu einer anhaltenden Erhöhung von Cortisol im Blutspiegel (ähnlich wie bei der Depression), diese Tiere neigten auch deutlich dazu, Kokain oder Alkohol anzunehmen. Eine Lage, die durchaus der der Borderline-, antisozialen und anderen schwer persönlichkeitsgestörten Personen entspricht, bei denen mütterliche Versagung und andere Traumata oft vorhanden sind (und bei denen die Selbstbehandlung mit Drogen die Regel).

Dagegen sind die Auswirkungen im Fall optimaler Pflege bei guter mütterlicher Versorgung genau entgegengesetzt. Eine gute frühe Pflege führt zu einer erhöhten Anzahl von Synapsen und Dendriten, außerdem entwickelt sich eine höhere Anzahl von Neuronen aus den Stammzellen (Gage et al. 1995). Damit kann man sagen, daß eine optimale Reichhaltigkeit der nährenden Umgebung sich in einer erhöhten Komplexität des Zentralnervensystems widerspiegelt.

Darüber hinaus haben Zhang et al. (1997) bewiesen, daß sogar ein kurzfristiger mütterlicher Versagungszustand (bei Tieren) zu erhöhtem Zellsterben im Hippokampus führt. Entbehrungszustände können somit als kausal für permanente Veränderung im sich entwickelnden Nervensystem angesehen werden. Akute Stressoren (wie körperliche Gewalt, Inzest etc.) können im Gegensatz zu einfacher Vernachlässigung unauslöschliche Spuren im Gedächtnis hinterlassen, wie bereits erwähnt im Fall von PTSD. Hier hat man es mit unerwünschten emotionalen Erinnerungen zu tun, die vom Nukleus amygdalae verarbeitet werden. Kinder, die sowohl der Vernachlässigung als auch der Gewalttätigkeit ausgesetzt waren, entwickeln höchstwahrscheinlich beides: Einen unterentwickelten Hippokampus und Nukleus amygdalae. Dazu kommt, daß ein bereits derart "angeregtes" Nervensystem dazu neigt, auch auf geringfügige Reize, die an das ursprüngliche Trauma erinnern, extrem zu reagieren. So vermeiden z. B. Borderlinepatienten, die Opfer von Inzest geworden waren, sogar die Nähe von Männern guten Charakters.

Bindung: Neurophysiologie und Wirkung auf das Nervensystem

In den letzten zehn Jahren hat sich die Forschung auf dem Gebiet der Tier- und Menschenneurophysiologie und auf dem Gebiet der Bindungstheorie soweit entwickelt, daß eine Integration der verschiedenen Ansätze möglich wird. Das wiederum trägt zu einem besseren Verständnis der Persönlichkeitstheorie bei.

Ich habe bereits auf die selbstorganisatorischen Fähigkeiten des Gehirns Bezug genommen. Sich selbst-organisierende Systeme sind im Verlauf der Anpassung in der Lage, neuere innere Vorstellungen zu schaffen. So entwickelt sich das Kind z. B. zusammen mit seiner Umwelt, d. h. zunächst mit seiner Mutter.

Die Fluktuationen in der frühen Mutter-Kind-Umwelt werden durch Gefühle, die das Selbstorganisieren katalysieren, amplifiziert (Schore 1994). Bindungsstile entstehen durch Erwartungen und Erfahrungen, die sich das Kind über die Mutter und ihren unterschiedlichen Reaktionen macht. Diese Eindrücke werden in einem "Arbeitsmodell" [working model] von sich selbst und anderen repräsentiert. Mütter und Babys schauen einander beispielsweise viele Male an, und dieses synchronisierte Blicketauschen führt zu physiologischen Veränderungen beim Kind. In der Tat reguliert die Mutter das autonome Nervensystem ihres Kindes. Es synchronisieren sich die Nervensysteme von Mutter und Kind wechselseitig.

Bei frontalem Blickaustausch übt der Blick der Mutter eine stimulierende Wirkung auf den *corticotropin releasing factor* aus und damit erhöht sich das Plasma-Noradrenalin. Das sympathische Nervensystem wird aktiviert. Am Ende entsteht ein Gefühlserregung. Andere Wirkungen beruhen auf der Ausschüttung von Endorphin und von ACTH. Auch kommt es zur Aktivierung der zur Dopaminausschüttung führenden Leitbahnen und damit zum Gefühl der Hochstimmung. Die dergestalt aktivierten Dopaminrezeptoren im präfrontalen Kortex aktivieren das Gedächtnis, das Lernvermögen und andere kognitive Prozesse. Dieses Geschehen im Gehirn des Kindes ist somit abhängig vom Erleben, so wie es auch die - bei gutem aufeinander Eingestimmtsein von Mutter und Kind - wachsende Größe und Komplexität der dendritischen Verästelungen und synaptischen Verbindungen sind. Es gilt die Regel, die Post u. Weiss (1997) aufgestellt haben: "*Cells that fire together - wire together.*" (In etwa: Zellen die zusammengeraten, werden auch miteinander verdrahtet.)

Im Idealfall ist diese intensive neurale Aktivität des Kindes mit "imprinting", schnellem Lernen und dem optimalen Knüpfen von Beziehungen verbunden.

Während der ersten fünf Lebensjahre und insbesondere während der ersten zwei, kommt es im Gehirn zum selektiven Verlust der Synapsen und dendritischen Verästelungen bei den Leitbahnen, die nicht mehr länger gebraucht werden, während oft benutzte Bahnen einen hoch aktiven Status annehmen.

Das sich selbst organisierende Gehirn paßt sich immer mehr seiner Umwelt an. Der Prozeß ähnelt im mikroskopischen Bereich Darwins natürlicher Auslese. In diesem Fall ist es das Verhalten der Mutter, das als Agent der "natürlichen Auslese" das sich entwickelnde Selbst des Kindes formt. So war das Sich-selbst-Organisieren ursprünglich ein Zweipersonengeschenen.

In der frühen Kindheit, bevor der Kortex größtenteils myelinisiert ist, ist der N. amygdalae verantwortlich für die Ausformung des Gefühlslebens des Kindes. Am Ende des ersten Jahres spielt ein Teil des präfrontalen Kortex - derjenige welcher auf Gesichtsausdruck reagiert - eine wichtige Rolle bei der Interpretation der sich auf die soziale Interaktion beziehenden Signale. Insbesondere verarbeitet der orbitofrontale Kortex das schnelle visuelle und auditorische Muster des Gefühlsausdrucks. Information richtet dann unbewußterweise das Verhalten des Kindes aus.

Als Kontrollzentrum für Gefühle wirkt der *orbitofrontale Kortex* als ein "analoger Verstärker." Eine geringe Zufuhr [input] (wie das Lächeln oder die gerunzelte Stirn der Mutter) kann größere Veränderung des "outputs" hervorrufen, und damit dramatische Wechsel in der Gemütslage verursachen. Bei ungünstigen Mutter-Kind-Interaktionen verliert das Kind sehr schnell die Fähigkeit, negative Affekte zu überwinden. Ist erst einmal eine negative Gemütslage im Kind angelegt (z. B. durch Zanken einer ständig kritischen oder feindseligen Mutter), braucht es lange Zeit, bis diese Stimmung wieder zu einer "Grundlinie" [baseline] abflaut. Dieses Phänomen, in einem Zustand des Alarms oder der Furcht länger als normal zu verharren, ist für Borderlinpatienten charakteristisch.

Der orbitofrontale Kortex ist auf der rechten Seite umfangreicher angelegt, was ausschlaggebend sein mag für sein Primat bei der Verarbeitung von Emotionen - und somit ist es keine Überraschung, daß die linke Gesichtshälfte mehr Gefühlsregungen zeigt als die rechte. Die linke Gesichtshälfte wird vom rechten Kortex des Betrachters gelesen. So ist die rechte Gehirnhemisphäre an der Bildung menschlicher Beziehungen und Bindungen zentral beteiligt.

Intensive Emotionen wie Schrecken werden überwiegend von der rechten Gehirnhälfte "gelesen." Die linke ["dominant"] Gehirnhälfte befaßt sich eher mit weniger intensiven Emotionen wie Schuld oder Freude. Gen-zu-Umwelt-Mechanismen sind in gefühlsbetonte konfrontative Interaktionen eingebettet, bei denen die Mutter als verborgener Regulator der gefühlsregulierenden Regelkreise N. amygdalae, limbisches System und orbitofrontaler Kortex des Kindes fungiert.

Eine gewisse Entbehrung an mütterlicher Pflege kann zu langanhaltenden Störungen der sozial-emotionalen Funktionen führen. Das kann verbunden sein mit einer Verringerung der Anzahl dopaminerger Neuronen im ventralen tegmentalen Bereich. Gestörte Beziehungen zwischen Mutter und Kind erschaffen daher auf diese Art ein biologisches Substrat, das für eine erhöhte Anfälligkeit für Verzweiflung und Depression verantwortlich ist. Im Gegensatz dazu führt eine gute Beziehung zwischen Mutter und Kind mit maximaler Feinfühligkeit beim Kind zu einer Veränderung bezüglich der vom Cortisol kontrollierten Reaktion auf Streß. Das normale Kind weist eine schnelle Rückkehr des Cortisols zur Grundlinie auf, es besitzt einen widerstandsfähigeren Anpassungsmechanismus. Exzessiv hohe Cortisolspiegel hingegen hemmen die Verzweigungsbildung der Zelldendriten und können auch teilweise synaptische Destruktion in Affektzentren des limbischen Systems verursachen. Das kann dann zur dauerhaften Störung im Bereich der adaptiven Affektkontrolle führen. Psychologische Zustandsbilder wie Autismus, Schizophrenie und paranoide Persönlichkeitsstörung gehen mit ausgedehntem Beschneiden der Dendriten und abgewandelter Aktivität in bestimmten Leitbahnen einher.

So erscheint es nun, daß sich verschiedene Arten von Bindungsstörungen von unterschiedlichen Degenerationsformen der neuronalen Verbindung ableiten lassen. Chronisch mißhandelte Kinder mit desorganisierten und unsicheren Bindungsklassifikationen weisen einen besonders hohen Cortisolspiegel auf und reagieren auch auf Bedrohungen mit einer langanhaltenden Erhöhung der sympathikomimetischen Amine. Die unsichere Bindung vom ambivalenten Typus geht mit einer Erweiterung des erregenden ventraltegmentalen Regelkreises einher.

Die daraus möglicherweise resultierende Psychopathologie weist meist *externalisierende* Tendenzen auf. Die unsicher-vermeidende Bindung geht mit einer Erweiterung der lateraltegmentalen Regelkreise einher, die *hemmend* wirkt. Dies führt zu einer Internalisierung schmerzhafter Affekte.

Rutter et al. (1997) weisen darauf hin, daß Umweltstreß besonders schwerwiegend auf Kinder wirkt, die schon auf Schwierigkeiten "vorbereitet" sind aufgrund von genetischer Prädisposition zu der einen oder anderen psychologischen Störung. Solche Kinder neigen besonders dazu, Störungen im rechtsseitigen, orbitrofrontalen Kortex zu entwickeln. Das zeigt sich in einer Reihe von Störungen, insbesondere bei der Schizophrenie und auch *Borderline-*, *narzißtischen* und *psychopathischen* Persönlichkeiten. Ein anderer Problembereich, der sich entwickeln kann, betrifft die Störung der sozialen Wahrnehmungsfähigkeit. Das bezieht sich auf die Schwierigkeit, Gesichtsausdruck, Gestik und Stimmprosodie zu beurteilen. Das kann nach schwerem Streß in der frühen Kindheit auftreten, und führt zu stark ausgeprägter, rechtsseitig-frontaler Hirntätigkeit mit exzessiven Gefühlsreaktionen auch auf relativ geringfügige Belastungen im späteren Leben hin. Als Folgeerscheinung kann es zur Introversion kommen, zu schizoiden Formen oder zu einer verminderten Fähigkeit, Gefühlsregungen zu zeigen (wie das bei schweren Zwangsneurotikern sichtbar wird).

Es gibt natürlich andere Wege zur Entwicklung der schizoiden oder schizotypischen Persönlichkeitsstörungen. Siever et al. (1989) haben demonstriert, daß es eine eindrucksvolle Beziehung zwischen schizotyper Persönlichkeitsstörung und Schizophrenie gibt: Patienten mit den beiden Zuständen weisen oft eine gewisse Beeinträchtigung des sog. *Smooth pursuit eye-movement*, eine Erhöhung des Ventrikel-Gehirn-Verhältnisses (im MNR) und andere biologische Abnormitäten auf.

Im allgemeinen neigen Kinder, die mit einer genetischen Bereitschaft zu abnormen neurophysiologischen Reaktionen geboren werden und eine unsensible Mutter haben, dazu, eine kortikolimbische Reaktion zu entwickeln. Demnach werden sie mit Belastungssituationen nur schwer fertig. Solch eine neurale Organisation wird unbeweglich, verschlossen und stützt sich überwiegend auf defensive Prozesse, um sich gegen erwartete, zwischenmenschliche Erfahrungen zu schützen, die sonst schmerzliche Gefühle und Desorganisation auslösen.

Im Bezug auf das Zusammenspiel von Anlage und Umwelt tendiert die Forschung der Gegenwart zu einem Modell, in dem die Hälfte der Varianten genetisch bedingt sind. Etwa 47% werden der nicht-gemeinsamen (non-shared) Umwelt zugeschrieben, die verbleibenden 3% der gemeinsamen (shared) Umwelt.

Die Mehrheit aller Menschen weist ein sehr geringes genetisches Risiko auf, schwer geisteskrank zu werden. Sofern sie nur das Glück haben, eine feinfühlige Mutter und eine mißhandlungsfreie Erziehung zu genießen, werden sie allenfalls geringfügige Sonderbarkeiten im Wesen aufweisen.

Diese Sonderbarkeiten und leichteren Varianten reflektieren daher zumeist eher genetische als umweltbedingte Unterschiede. Das Geschlecht, das genetisch bestimmt ist und darüber hinaus durch intrauterine Erfahrungen beeinflußt wird, kann dabei ausschlaggebend sein. So neigen Männer eher dazu, zwanghafte Züge zu entwickeln (inklusive der affektiver Isolierung); Frauen dagegen zur sog. Hysterie in subklinischer Ausprägung, d. h. zu stärkerer emotionaler Reaktionsbereitschaft. Gewisse Personen sind natürlich von Geburt an mit einer hohen genetisch und konstitutionell bestimmten Prädisposition zu Gemütserkrankungen – unter Einschluß der Persönlichkeitsstörungen – versehen. In solchen Fällen kann auch eine gleichbleibend fürsorgende Mutter nicht völlig die spätere Entwicklung einer Persönlichkeitsstörung verhindern.

Doch kann eine gute Fürsorge den Schweregrad der sich heranbildenden Störung vermindern. Als Ergebnis mag es dann zu einer milden schizoiden, paranoiden oder depressiven Persönlichkeit kommen.

Ein weiteres Phänomen ist das Kind, das mit einer genetischen Anlage zu einer stark verringerten Empathiefähigkeit geboren wird (vielleicht auf der Grundlage eines niedrigen Zellvolumens im rechten orbitofrontalen oder cingulaten Kortex). Wenn in den entscheidenden Leitbahnen, die schadensvermeidend angelegt sind ein erniedrigter Serotoninspiegel vorherrscht kann ein Kind zum Psychopathen (im Sinne Cleckley u. Hare) werden, obwohl es von einer Mutter aufgezogen wurde, die in Winnicottscher Terminologie (Winnicott 1965) "gut genug" war. Diese Faktoren sind ausschlaggebend für die wenigen Fälle der forensischen

Literatur, in denen eine psychopathisch-kriminelle Person aus einer annähernd normalen Familie kommt (Stone 1994).

Um das Zusammenspiel von genetischen und umweltbedingten Faktoren besser zu demonstrieren, haben Goldsmith et al. (1997) ein Reaktions-Oberflächen-Modell [reaction-surface model] konstruiert. So ist das Risiko zum antisozialen Verhalten gleich null insofern ein resistenter Genotyp und eine schützende Umwelt vorhanden sind. Aber dem Risiko ist fast nicht zu entkommen wenn ein verletzbarer Genotyp auf eine gefährdende Umwelt trifft (vgl. Abb. 1).

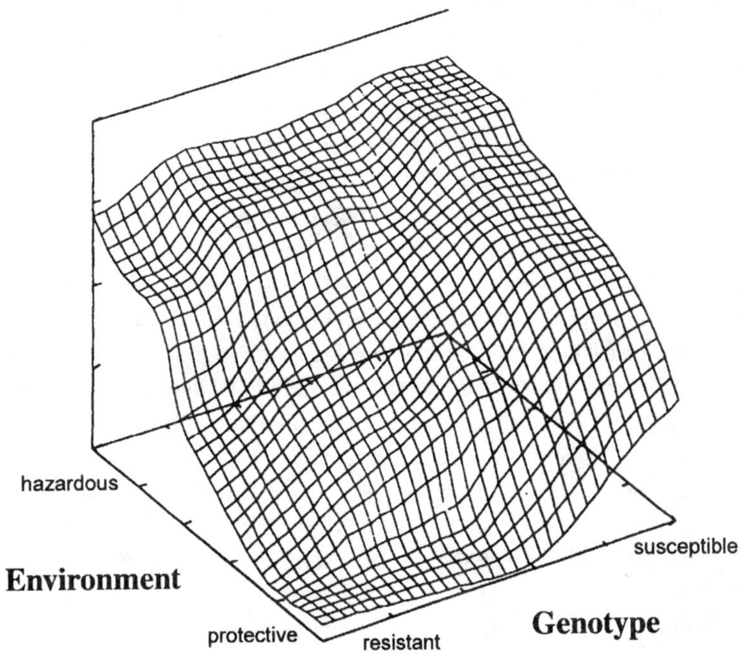

Abb. 1. Risiko des antisozialen Verhaltens

Bindungsstile und Persönlichkeitsstörungen, insbesondere bei Borderlinestörungen

Das gegenwärtige Interesse an der Entwicklung von kindlichen Bindungsstilen gemäß der Theorie von Bowlby und Operationilisierung von Ainsworth und dem System von Main (1995) zur Erfassung der Bindungsrepräsentation von Erwachsenen mittels eines Bindungsinterviews wächst zunehmend.

Die vier Bindungsrepräsentationen, die Main (1995) klassifiziert, sind: 1. frei-autonom (sicher), 2. beziehungs-distanziert (dismissing), 3. verstrickt (entangled) und 4. ungelöstes Trauma (unresolved trauma). Beziehungs-distanzierte Personen neigen dazu, andere abzuweisen und vermeiden engere Bindungen. Die verstrickten Personen sind typischerweise verärgert und in vergangene Konflikte mit den jeweiligen Bezugspersonen (z. B. früher die Mutter, später die Sexualpartner) verwickelt. Personen mit ungelöstem Trauma weisen Anzeichen von Desorganisation auf, wenn die Sprache auf den Verlust oder ein traumatisches Erlebnis mit der ursprünglichen Bindungsperson kommt. Diese Person mag wohl von der Bindungsperson mißhandelt worden sein und doch überwältigende Schuldgefühle empfinden, wenn sie über diese Erlebnisse berichtet.

Fonagy spricht von der Fähigkeit, über den eigenen Geisteszustand zu reflektieren (Fonagy et al. 1995). Diese sog. "reflektive Selbstfunktion" kann anhand des Bindungsinterviews von Main (1995) und einer entsprechenden Skala gemessen werden. Borderlinepatienten (gemäß DSM) weisen überzufällig häufig einen unsicher-verstrickten Bindungsstil auf. Das trifft zu einem geringeren Grad auch auf Patienten mit paranoiden und anderen Persönlichkeitsstörungen zu (von denen einige auch distanzierte Bindungsrepräsentationen aufweisen). Sechs von zehn Patienten mit einer Krankengeschichte früher Mißhandlungen wurden als Borderlinepatienten diagnostiziert. Nur ein Fall von sieben Personen *ohne* Mißhandlungsgeschichte wurde derart diagnostiziert. Dort, wo Mißhandlung zusammen mit einer geringen Fähigkeit zur Selbstreflektion auftrat, wurde die Diagnose Borderline in *allen* Fällen gestellt, wohingegen nur einer von sechs Personen mit hoher Fähigkeit zur Selbstreflektion ein Borderlinepatient war.

Fonagy charakterisierte Borderlinepatienten als Personen, die mit großer Wahrscheinlichkeit ein Opfer von Mißhandlung und Vernachlässigung sind, was unverarbeitet bleibt, und die meist eine geringe Fähigkeit zur Selbstreflektion sowie einen verwickelten Bindungsstil aufweisen. Fonagy untersuchte auch den Zusammenhang zwischen Eltern und ihren Kindern bezüglich Bindung und konzentrierte sich darauf, inwieweit die mentalen Vorstellungen der Eltern das Verhalten des Kindes in streßreichen Trennungssituationen beeinflussen. Die Klassifikation des Bindungsstils der Eltern sowie die der Kinder ergab, daß die Kinder von Eltern mit einer hoch entwickelten Fähigkeit zur Selbstreflektion eine viermal höhere Wahrscheinlichkeit hatten, eine *sichere* Bindung zu entwickeln als die Kinder von Eltern mit einer niedrigen Fähigkeit zur Selbstreflektion. Nur einige wenige Kinder, deren Eltern die höchste Bewertung aufwiesen, waren trotzdem in ihren Bindungen *unsicher*. Daraus könnte man schließen, daß solche Kinder eine angeborene Tendenz zu erkranken besitzen. Fonagy bevorzugt ein neues dialektisches Modell der Objektbeziehungen, bei dem das Kind das Bild, das die fürsorgende Mutter (Pflegeperson) sich von ihrem Kind macht, verinnerlicht. Diese Verinnerlichung wird dann für das Kind zum Kern des sog. "mentalisierenden Selbsts". Hieran kann man sehen, wie das Modell von Fonagy auf zwischenmenschlicher Ebene einem Modell auf neurobiologischer Ebene ähnelt, bei dem es um die Beziehung zwischen dem limbischen und dem orbitofrontalen Kortex bei beiden – Mutter und Kind – geht.

Fonagy spricht auch davon, wie eine mißhandelnde und feindselige Beziehung zur Mutter das Kind dazu bringen mag, sich von seinem "mentalisierenden Objekt" abzuwenden. Das geschieht deshalb, weil das Kind den Haß oder die Gleichgültigkeit der Mutter registriert. Das Kind reagiert darauf dann mit einer Verleugung seines seelischen Zustands mit dem unglücklichen Ergebnis, daß seine Chancen, später mit einer verständnisvollen, feinfühligen Person eine enge Bindung einzugehen, reduziert werden. Solche Personen weisen daher das Risiko auf, eine von mehreren Persönlichkeitsstörungen zu entwickeln: sei es die paranoide, narzißtistische oder zwanghafte Form. Unter extremen Bedingungen kann die Furcht des Kindes vor der Mutter weitreichend negative Folgen für die Entwicklung des sozialen Verständnisses des Kindes haben, und kann damit zur Entwicklung der Borderlinepersönlichkeit beitragen, wobei dann die Bindungen meist ungeordnet, kurzlebig, chaotisch und (über-)intensiv sind. Die Wichtigkeit der selbstreflektierenden Funktion zeigt sich bei den Bindungsinterviews (Main 1995) von Borderlinepatienten, die ein Vorherrschen von sexuellem Mißbrauch, gekoppelt mit gering entwickelter selbstreflektierender Fähigkeit und einem Mangel an seelischer Verarbeitung des Traumas aufweisen. Daraus wurde geschlossen, daß Kinder, die mißhandelt wurden und die auf ihre Mißhandlung mit einer Hemmung der selbstreflektierenden Fähigkeit antworten, wahrscheinlich dazu fähig zu werden, das Trauma zu verarbeiten und deshalb eher dazu neigen, den Mißbrauch erneut zu inszenieren und damit "Borderline" zu werden. Das entspricht dem Trauma-Reinszenierungsmodell von van der Kolk (1989) und den vorher erwähnten neurobiologischen Theorien. Trauma kann auf das limbische System des Kindes eine schädliche Wirkung ausüben (z. B. Zerstörung der Synapsen, Zelltod im Hippokampus), wodurch die Fähigkeit des Kindes, mit dem Trauma fertig zu werden, reduziert wird. Borderlinepatienten mit einer Geschichte von Mißhandlung neigen dazu, masochistische Verhaltensweisen zu entwickeln. Das Kind erlebt die unfairen Angriffe der Pflegeperson als irgendwie "gerechtfertigt," verinnerlicht die Vorwürfe und "bindet sich zutiefst an den Verfolger als den einzigen Weg, ein Gefühl der Sicherheit zu erlangen". Das ist natürlich eine falsche Sicherheit, da mit der Notwendigkeit, sich den Launen und Vorwürfen des Verfolgers anzupassen, das Kind diesen nun als "normal" erlebt, der durchaus das "Recht" hat, es grausam zu behandeln.

Obwohl es keine Punkt-für-Punkt-Kongruenz gibt zwischen einer Persönlichkeitsstörung und diesem oder jenem Bindungsstil, so kann man doch mit einiger Sicherheit sagen, daß Personen mit einer schweren Persönlichkeitsstörung auch eine unsichere Bindung aufweisen werden. Jedoch unterscheiden sich Borderline-, schizotypische und antisoziale Persönlichkeitsstörungen von den anderen in einer entscheidenden Hinsicht: Diese drei stützten sich in ihren DSM-Definitionen auf beschreibende Termini [descriptors]: die v. a. Symptome besitzen (z. B. selbstbeschädigende Handlungen [borderline], somatische Illusionen [schizotypische], Stehlen [antisoziale]). Dies sind keine wahren Persönlichkeitsstörungen, die sich allein durch Persönlichkeitseigenschaften oder -züge definieren.

Ein besseres Bild dieser Störungen, was Prognose und Behandlung anbelangt, bekommt man mit Hilfe von Kernbergs Modell (1967) der funktionalen Ebenen. In seiner dreistufigen Hierarchie der Persönlichkeitsorganisation (man könnte auch von einer mentalen Organisation sprechen), passen Borderlinepatienten in die mittlere Ebene (die sog. Borderlineorganisation), und so auch die meisten schizotypen Patienten. Einige Persönlichkeitsformen umfassen mehr als nur eine Ebene. So gibt es Hysteriker, die neurotisch funktionieren und solche, die einen Borderlinefunktionsgrad aufweisen. Diese letzteren haben die Charakteristika der histrionischen Persönlichkeitsstörung des DSM. Es gibt auch hysterische Patienten mit der Diagnose "Hysterische Psychose", die als schizoaffektiv oder schizophren angesehen werden und deren Persönlichkeitsfärbung hysterisch ist. All diese Komplexitäten können mit größerer Genauigkeit durch Kernbergs Modell der drei Ebenen erfaßt werden. Die entsprechende Lokalisierung in Kernbergs Modell für jeden persönlichkeitsgestörten Patienten zu finden, kann als ein schneller Hinweis darauf dienen, welche Art von Therapie den meisten Erfolg verspricht. Patienten auf der psychotischen Ebene brauchen eine eher unterstützende und (zumeist) medikamentöse Therapie. Patienten auf der Borderlineebene kann mit psychoanalytisch orientierter, kognitiver, verhaltentherapeutischer, auch medikamentöser Therapie oder mehreren dieser Verfahren zusammen, je nach den Eigenheiten des betreffenden Falles, geholfen werden.

Patienten auf der neurotischen Ebene, was auch immer der Persönlichkeitstypus sein mag, kann oft mittels einer Psychoanalyse geholfen werden, wenn es darum geht, eine umfassendere Restrukturierung der Persönlichkeit zu erzielen. Neurotische Patienten mit weniger ehrgeizigem Ziel oder geringerem Leidensdruck, kann auch gut mit einer Reihe von anderen Mitteln geholfen werden, sie brauchen selten ein Medikament.

Literatur

Allport GW, Odbert HS (1936) Trait names: a psycholexical study. Psychological Monographs 47 (whole issue)

Balint M (1979) The Basic Fault: Therapeutic Aspects of Regression. Brunner &Mazel, New York (originally published: 1968)

Bremmer JD, Licinio J, Darnell A, Krystal JH, Owens MJ, Southwick SM, Nemeroff CB, Charney DS (1997) Elevated CSF corticotropin releasing factor concentrations in Posttraumatic Stress Disorder. Am J Psychiat 154: 624-629

Cleckley H (1972) The Mask of Sanity, 5th edn Mosby, St Louis

Cloninger CR (1986) A unified biosocial theory of personality and its role in the development of anxiety states. Psychiatric Developments 3: 167-226

Cloninger CR, Svrakic NM, Svrakic DM (1997) Role of personality self-organization in development of mental order and disorder. Develop Psychopath 9: 881-906

Diagnostic & Statistical Manual (4th edn). (1994) Am Psychiatric Assoc, Washington, DC

Edelman GM (1992) Bright Air, Brilliant Fire: On the Matter of the Mind. Basic Books, New York

Erikson EH (1956) The problem of ego-identity. J Am Psychoanal Assoc 4: 66-81

Eysenck H (1947) The Dimensions of Personality. Kegan, Paul & Trubner, London

Fonagy P, Steele H, Steele M, Leigh K, Kennedy R, Mattoon G, Target M (1995) Attachment, the reflective self, and borderline states. The predictive specificity of the Adult Attachment Interview in pathological emotional development. In: Goldberg S, Muir R, Kerr J (eds): Attachment Theory: Social Developmental & Clinical Perspectives. Erlbaum, Hillsdale, pp 233-278

Goldberg LR (1982) From ace to zombie: Some explorations in the language of personality. In: Spielberger C, Butcher J (eds): Advancements in Personality Assessment. Erlbaum, Hillsdale, pp 203-234

Goldsmith HH, Gottesman II, Lemery KS (1997) Epigenetic approaches to developmental psychopathology. Develop Psychopathol 9: 365-387

Hare RD, Harpur TJ, Hakstian AR, Hart SD, Newman JP (1990) The Revised Psychopathy Checklist: Reliability & factor structure. Psychol Assessment 2: 338-341

Harlow H, Harlow MK (1963) A study of animal affection. In: Southsick CH (ed) Primate Social Behavior. Van Nostrand Rineholt, Princeton, pp 174-184

International Classification of Diseases (ICD IX) (1977). World Health Org, Geneva

Janet P (1929) L'Evolution Psychologique de la Personnalité. Chahine, Paris

Kernberg OF (1967) Borderline personality organization. J Am Psychoanal Assoc 15: 641-685

Kroll JL (1988) The challenge of the Borderline Patient. Norton, New York

Livesley WJ, Reiffer LI, Sheldon AER, West M (1987) Prototypicality ratings of DSM-III criteria for a personality disorder. J Nerv Ment Dis 175: 395-401

Livesley WJ, Schroeder ML, Jackson DN (1992) Factorial structure of traits delineating personality disorders in clinical and general population samples. J Abnormal Psychol 101: 432-440

Main M (1995) Recent studies in attachment: Overview with selected implications for clinical work. In: Goldberg S, Muir R, Kerr J (eds) Attachment Theory: Social Development and Clinical Perspective. Erlbaum, Hillsdale, pp 407-474

McEwen BS, Gould EA, Sakai RR (1992) The vulnerability of the hippocampus to protective and destructive effects of glucocorticoids in relation to stress. Br J Psychiat 160: 18-24

McEwen BS (1994) Corticosteroids and hippocampal plasticity. Annals of the New York Acad Sci 746: 134-142

Oldham JM, Skodol AE, Kellman HD, Hyler SE, Rosnick L, Davies M (1992) Diagnosis of DSM-III-R personality disorders by two structured interviews: Patterns of comorbidity. Am J Psychiat 149: 213-220

Post RM, Weiss SRB (1997) Emergent properties of neural systems: How focal molecular neurobiological alterations can affect behavior. Develop Psychopathol 9: 907-929

Rutter M, Dunn J, Plomin R, Siminoff E, Pickles A, Maughan B, Ormel J, Meyer J, Eaves L (1997) Integrating nature & nurture: Implications or person. Environment correlations for developmental psychopathology. Develop Psychopathol 9: 335-364

Schneider K (1923) Die psychopathischen Persönlichkeiten. Deuticke, Leipzig Wien

Schore AN (1994) Affect Regulation and the Origin of the Self. Erlbaum, Hillsdale

Siever L, Bernstein DP, Silverman JM (1989) Schizotypal, paranoid and schizoid personality disorders: A review of their current status. (unpublished manuscript)

Spitz R (1946) Anaclitic depression. Psychoanal Study Child 2: 313-342

Stone MH (1990) Toward a comprehensive typology of personality. J Personal Dis 4: 416-421

Stone MH (1994) Early traumatic factors in the lives of serial murderers. Am J Forensic Psychiat 15: 5-26

Tupes EC, Christal RE (1961/1992) Recurrent personality factors based on trait ratings. US Air Force ASD Technical Reports 61-97. Reprinted in: J Personality 60: 225-251

Tyrer P, Alexander J (1988) Personality assessment schedule. In: Tyrer P (ed) Personality Disorders: Diagnosis, Management & Course. Wright, London, pp 43-62

van der Kolk BA (1989) Compulsion to repeat the trauma: Reenactment, revictimization and masochism. Psych Clin N Am 12: 389-412

Wiggins J (1979) A psychological taxonomy of trait descriptive terms: The interpersonal domain. J Personality & Social Psychol 37: 395-412

Winnicott DW (1965) The Maturational Process and the Facilitating Environment. Int Univ Press, New York

Zhang LX, Xing GQ, Levine S, Post RM, Smith RA (1997) Maternal deprivation induces neuronal death. Soc Neurosci Abstr 23: 1113

Das Symptom als kreative Leistung

Gaetano Benedetti

Die kreative Leistung des psychiatrischen Symptoms ist an zwei Orten anerkannt worden: einmal in der "Psychopathologie des Ausdrucks", wo das Bild des Patienten stellenweise als "Kunstwerk" betrachtet wurde, und dann in der dynamischen Psychotherapie, wo das Symptom vom Therapeuten als Symbol erlebt worden ist. In der nur naturwissenschaftlich interessierten Psychiatrie und in der Verhaltenstherapie möchte man das Symptom vor allem beseitigen.

Diese beiden Bereiche, Psychopathologie des Ausdruckes und dynamische Psychotherapie sind im Grunde miteinander verbunden, denn die Psychopathologie des Ausdruckes ist als Sichtweise erst in einer affektiven Beziehung zur Innerlichkeit des Kranken entstanden, selbst jenseits einer psychotherapeutischen Intention, währenddem die dynamische Psychotherapie - sowohl die psychoanalytische wie die tiefenpsychologische - die auch figürliche Bandbreite des symbolisierenden Ausdruckes des Kranken wahrnimmt.

Psychopathologische Symptome können aber in dieser Sicht sowohl schöpferisch, wie auch nicht schöpferisch sein. Oft sind sie es nicht, weil sie dort entstehen, wo der Fluß des seelisch-geistigen Lebens aufhört, weil sie Ausdruck der Abwehr, oder sogar des Zusammenbruches der Abwehr sind. Verdrängung und Abspaltung, psychische Lähmung und Resignation, Entleerung und Verzweiflung, Erstarrung und Fragmentierung: wer wollte darin Schöpferisches sehen?

Gewiß, viele psychiatrische Symptome haben einen Sinn; das ahnte man schon im letzten Jahrhundert, etwa mit Ideler, das weiß man heute sicher seit Sigmund Freud. Im Bereich der Psychosen weiß man auch, daß manche Symptome dem Patienten sein psychisches Überleben sichern. Man denke etwa an die Rigidität des Wahnes, der mitten in der Ich-Auflösung durch die Symbiose mit der Welt eine Zone der hartnäckigen Unveränderlichkeit und eine wohl fehlerhafte, aber für den Kranken brauchbare invariante Selbstidentität schafft. Searles (1965) hat darauf hingewiesen, wie manche Kranke jahrelang eine innere Arbeit in einem Wahnsystem investiert haben, er wollte damit die Imago des chronischen Geisteskranken humanisieren.

Aber autistische Arbeit und Sinngebung sind wohl Produktivität, aber noch keine eigentliche Kreativität. Diese beginnt dort, wo der Patient durch ein

Symptom seines Leidens einen Schritt nach vorne in der Überwindung dieses Leidens vollzieht.

Erst auf dieser Grundlage dürfen wir von der auch "situativen" Kreativität eines Symptoms sprechen, wenn dieses uns kommunikativ anspricht, und uns fast zwingt, in der Beantwortung unsererseits durch das Gespräch kreativ mit dem Patienten zu sein.

Schöpferisch ist ein psychopathologisches Symptom, wenn es Bewältigung versus Abwehr, Progression versus Regression, duale Stellvertretung versus Sperrung, Kommunikation versus Autismus, positives Übergangssubjekt versus negatives Selbst-Objekt, therapeutisch konstruktive Symbiose versus entfremdende Projektion bedeutet. Ich wähle das Wort "versus" statt zu sagen: "im Gegensatz", weil der Minuspol nie fehlt: in der Bewältigung ist meistens auch Abwehr, in der Progression auch Regression, im dynamischen Ausdruck auch Wiederholung. Wie sich die gegensätzlichen Züge mischen, läßt sich durch die neutrale Betrachtung des Symptoms nicht immer entscheiden; das "Symptom an sich" ist, trotz aller nosologischer Systeme, ein "Noumenos", es existiert nicht im Isolationszustand. Nicht nur die Physiker, auch wir Psychiater haben gelernt, daß der Beobachter durch die Bezugssysteme seiner Beobachtung das Beobachtete beeinflußt. Unsere verschiedene Anteilnahme entscheidet mit, ob das Schwergewicht des Symptoms in Richtung der Dynamik, der möglichen Positivierung, der Verständlichkeit liegt oder nicht. Hier also, in der Rezeption, in der Beantwortung, in der Deutung, in der Resonanz liegt der 2. Akt der kreativen Symptomleistung. Aus den Beiträgen beider, des Patienten und des Therapeuten, entsteht die Kraft des Gestaltwandels. Richtungsgebend ist die *transformatorische Kraft der Symptomgestalt*, die aus einer Minus- eine Plussituation schafft, aus einem Energiemangel einen Energiefluß, aus einem Versiegen der Kommunikation eine neuartige Entwicklung ermöglicht. Aus der Sprache des Symptoms selber, aus seiner Wiederholung oder scheinbaren Aggravierung entsteht im Medium der noch alten Formen manchmal die neue Intention, die anfänglich vielleicht eine positivierende Projektion des Therapeuten ist, aber andere Male, ganz vom Patienten herrührend, den Therapeuten dazu motiviert, mitschöpferisch zu sein!

Am Schluß dieser Einleitung möchte ich erwähnen, daß solche Überlegungen grundsätzlich das ganze Feld der Psychopathologie betreffen. Da ich mich aber jahrelang den Problemen der Psychosen gewidmet habe, werde ich das Thema in diesem engeren Bereich behandeln. Eine solche Abgrenzung schadet nicht, denn die Psychosen gelten in der Sicht der allein naturwissenschaftlich interessierten Psychiatrie im wesentlichen als Manifestationen von biologischen Vorgängen, deren Humanisierung nur sekundär, wenn überhaupt möglich, ist. In meinen Worten entsteht hier also ein Gegenbild zu dieser einseitigen Auffassung!

Nach diesen Hinweisen möchte ich die kreative Leistung des Symptoms an den zwei Orten der Psychiatriegeschichte einreihen, wo sie sichtbar geworden ist:

in der Psychopathologie des Ausdrucks und in der dynamischen Psychotherapie. Ich möchte aber nicht nur einen geschichtlichen Überblick vermitteln, sondern vor allem von eigenen Erfahrungen sprechen.

Das Symptom als kreative Leistung in der Psychopathologie des Ausdrucks

In der Psychopathologie des Ausdruckes haben wir seit Prinzhorn (1922) gelernt, daß ein psychiatrisches Symptom schöpferisch wirken kann, wenn es nicht bloß durch Worte, die nicht selten abstrus sind, sondern durch ein Bild mitgeteilt wird. In der Bildnerei kann ein psychotischer Patient oft eine Sprache entwickeln, die den Betrachter mehr erreicht, als der zerfahrene verbale Ausdruck. Manchmal haben wir den Eindruck, daß es dem Patienten durch das Bild besser gelingt, aus der Singularität seines Krankheitsschicksals eine auch uns angehende menschliche Tragik zu schöpfen. Währenddem die verbale Sprache den Bruch mit der allgemeinen Logik unterstreicht und unrealistisch, ja befremdend anmutet, wirkt das Bild surrealistisch. Wenn der Schizophrene in seiner Sprache die Gegenstände mit den Imagines verwechselt, also die Symbolfähigkeit verliert, wie Mundt u. Lang sowie Tress et al. (1984) unlängst betont haben, scheint ihm das "Protosymbol" im Bildausdruck zu gelingen.

Das kommt vielleicht daher, daß der Krankheitsprozeß wohl das Ich-Gefüge, das Selbstsystem (Sullivan 1962), aber weniger jene Paleopsyche zerstört, wo die Assoziationsstörung weniger auffällt, und wo wir alle in der postnatalen Zeit die Welt in Bildern aus einer psychischen Urtiefe erfahren haben.

Eine andere Hypothese ist jene von Bader u. Navratil (1976), die schon vor Jahrzehnten vermutet haben, daß die psychotische Ich-Auflösung gestaltende Gegenkräfte kompensatorisch stimuliert und auslöst, die aus dem Zerfall der Formen neue Versuche der Integration entstehen lassen.

Ist das aber "kreativ"? Ist der schizophrene Neomorphismus nur bildhafte Zerfahrenheit, *oder* Vorstufe zur schizophrenen "Kunst" - wie man heute oft sagt?

Der große italienische Phänomenologe Barison (1993) hat sich, wie schon mancher vor ihm, gegen diesen Ausdruck gewehrt. Er meint, daß die autistische Selbstbezogenheit des Kranken ihn daran hindert, sich in menschlich verbindlichen Formen auszudrücken, sich einzufühlen, so wie es der wahre Künstler tut. Gewiß, man kann das sagen; man kann auch die mangelhafte Ich-Verarbeitung, die unzulängliche experimentierende Reflexion des psychotischen Menschen beschreiben. Wie ist es aber mit seiner oft supranormal anmutenden Wahrnehmung der bedrohlichen Aspekte der menschlichen Existenz? Sind seine Zustände des

Ausgeliefertseins an ein kollektives Unbewußtes, das uns mit ihm verbindet, nur negativ? Wie steht es mit jener sonderbaren Originalität, die nach Navratil (1972) nicht aus kompensatorischen Ich-Kräften, sondern aus dem psychotischen Prozeß selbst zu stammen scheint? Wir sind aber mit solchen Überlegungen schon beim 2. Akt der schöpferischen Leistung, d. h. bei unserer *Rezeption*. Es ist unsere Rezeption, die mitentscheidet, ob ein psychotischer Bildausdruck schöpferisch ist oder nur psychopathologisch. Und es ist unser Empfang, der rückwirkend den Kranken zu weiteren Leistungen anregt oder nicht, seine Lebensqualität steigert oder seine Isolation feststellt. Wie sich Objektivität und Subjektivität zutiefst überschneiden, empfindet wahrscheinlich kein anderer Wissenschaftler so wie der Psychiater.

Die Rezeption des Menschen für die psychotische Bildnerei ist in diesem Jahrhundert gestiegen, sowohl bei Laien wie bei Psychiatern. Der Sprung vom Wort zum Bild hat mich in meiner Psychosentherapie das figürliche Symptom immer wieder als kreatives Symbol erleben lassen. Da ich aber, rein theoretisch, hier von der Psychotherapie noch absehen möchte, werde ich mein psychotherapeutisches Fallbeispiel bloß vom Gesichtspunkt der Psychopathologie des Ausdrucks her betrachten, um erst später auf das zweite Thema, die Psychotherapie, überzugehen.

Im Verlauf der Psychose malte eine Patientin das Bild der drei Epochen ihres Lebens. Erst in der Betrachtung ihres Bildes konnte sie realisieren, daß sie in der Psychose nicht nur Angst und negative Emotionen erlebte, sondern auch Kräfte, die es früher in ihrem Dasein nicht gegeben hatte. Sie realisierte nämlich, daß sie ihre erste Lebensphase, die bis zu ihrem 25. Lebensjahr gedauert hatte, die Zeit der *Normalität*, wo sie schließlich ihr Chemiestudium abschließen konnte, ohne Farben dargestellt hatte. Die Farben kamen erst im zweiten Abschnitt der Bilder, die der Psychose gewidmet waren!

In diesem Bildabschnitt wird zwar alles chaotisch, was früher geordnet erschien; aber da werden jene Selbstgefühle wahrnehmbar, deren Fehlen die Patientin rückblickend erst jetzt realisierte. Sie hatte die junge Frau, die sie einst war, als tot dargestellt!

Ich vermute, daß ihr diese Erkenntnis nicht ganz möglich geworden wäre ohne die "Psychopathologie des Ausdrucks", ohne das Bild und ohne die Begleitung eines Therapeuten.

Gewiß, ihre schwarzweiße Selbstdarstellung war auch übertrieben, nicht ganz dem einstigen Erleben der Vergangenheit entsprechend; sie war auch eine "negative Halluzination". Sie projizierte den inneren Vollzug der negativen Existenz auf die Vergangenheit. Aber diese Vergangenheit enthielt doch, wie wir später mit ihr rekonstruieren konnten, manche positiven Erlebnisse. Beim Malen war es aber für die Patientin doch wichtig, die Vergangenheit dunkel darzustellen, um durch dieses negativierende Symptom die psychotische Gegenwart nicht mehr nur negativ, nur angstvoll, sondern sogar farbenreich zu erleben. Das war eine kreative Leistung des Symptoms; denn sie half ihr, die noch nicht vollzogene dritte Phase, die Heilung vorauszunehmen, und zu malen. Die bildhafte Vorausnahme war als eine Ahnung des Kommenden, fast wie eine Prophetie des Unbewußten. Die Heilung der chronischen Psychose fand einige Monate nach diesem Bild ebenso überzeugend statt wie von ihr farbig dargestellt.

Das ganze "Tryptichon" zeigt, daß die schlimmste Lebensperiode dieses Daseins, die Psychose, in der Mitte steht, Vergangenheit und Zukunft wie um eine zentrale Achse stellt; das psychotische Symptom leistet aber eine innere Ordnung, in der die Patientin beginnt, ihre neue Identität zu finden.

Das Symptom als kreative Leistung in der Psychotherapie

Nach der Psychopathologie des Ausdrucks möchte ich die Psychotherapie besprechen, und dabei drei Hauptsymptome erwähnen, die eine kreative Leistung entfalten:

a) die progressive Psychopathologie
b) das Übergangssubjekt
c) Kreative Aspekte der Gegenübertragungs-Symptomatik

Die progressive Psychopathologie

Eine Patientin lebte in einem "Wahnlabyrinth", das aus Röhren bestand, die sich in alle Winkel der Welt hineinverästelten und den Menschen zum Gefangenen einer monströsen Mechanik machten. Die Röhren waren auch menschenfressende Pflanzen, die das Blut der Patientin aussaugten, um es in einem riesigen, unübersichtlichen Kreislauf zirkulieren zu lassen. Das Labyrinth hatte den wahnhaften Sinn, sie, die aus allen und allem ausgegliederte Patientin, mit dem Weltall zu verbinden - reparativer Charakter des auch destruktiven Wahns. In einer solchen entgrenzenden Verbindung war aber die Kranke außerstande, Nahrung für das Universum zu spenden, das sie wie ein ungeheures Anhängsel belastete, und sie war zu einem gemeinsamen Tod mit dem ihr parasitär aufgepfropften Weltall verdammt. Das schreckliche Siechtum mußte unausweichlich zum Augenblick des Todes führen, indem endlich der Deus ex machina, der die ganze infernalische Weltmaschine steuerte, ihr, der Kranken, erscheinen würde. Dieser Deus ex machina war aber das eigene Totengerippe, das eigene Skelett, das ihr im Augenblick des endgültigen Untergangs in der Gestalt eines banalen Wasserleitungsinstallateurs erscheinen würde.

Soweit der Wahn, der uns zunächst als die maligne, *regressive* Gestaltung einer narzißtischen Liebesunfähigkeit erschien, die angesichts der unmöglichen Aufgabe, die Welt zu lieben, diese regressiv als blutsaugenden Parasiten erleben mußte.

Im Verlaufe der Psychotherapie, in der die Therapeutin lernte, das arme Opfer der höllischen Maschine sowohl tief anzunehmen als auch dessen Destruktivität zu demaskieren, begann die Kranke, von ihrer Negativität Abstand zu nehmen und das Bedürfnis zu spüren, ihrer Therapeutin etwas zu *geben*, anstatt sich von anderen nur ausgesaugt zu fühlen. Zeitweise richtete sich freilich die sonst dem eigenen Selbst geltende Aggressivität gegen die Retterin, die ihr dann als der personifizierte, gefährliche Wasserleitungsinstallateur erschien. Eine neue Wahnidee freilich, aber eine *progressive*! Denn die Therapeutin war dadurch mit dem inneren Gerippe der Kranken eins geworden, eins mit dem geheimnisvollen inneren Objekt, das die Patientin intrapsychisch spaltete und keine Möglichkeit hatte, eine dialogische Beziehung zu dieser zu stiften. Nun sprach dieses symbolisierte Gerippe zu ihr. Und es sprach, zum Erstaunen der Kranken, kein Todesurteil aus, sondern es regte an, ob sie beide, Patientin und Therapeutin, als Wasserleitungsinstallateure nicht eine Arbeitsgemeinschaft bilden könnten, um die schreckliche Weltmaschine gemeinsam zu steuern. Die von der Patientin in die Therapeutin verlegten bösen Anteile des Selbst wollten also mit den von der Therapeutin in die Patientin verlegten guten Anteile des Opfers zusammenarbeiten, ja sich ihnen psychosynthetisch zuordnen.

Nach einigen Sitzungen, in denen das übliche Hin und Her von Anklagen und sinnerweiternden Antworten stattfand, begann die Patientin eine neue, *progressive Wahnidee* zu äußern: ob der Gang der Maschine so umgeschaltet werden könnte, daß der Kranken ihr eigenes Blut zurückgeschenkt würde? Ob die Therapeutin, um sie zu retten, einige Tropfen ihres Blutes dazu mischen könnte, damit das Blut nicht zu Gift würde?

Die Therapeutin antwortete, daß das Gespräch selber eine solche Transfusion sei und daß die Angst der Patientin, die Röhren könnten das Blut in Gift verwandeln, allerdings nicht unbegründet sei. Es gebe schadhafte Stellen in den Röhren, es gebe Klippen und Gefahren der Kommunikation; darum seien eben *zwei* Wasserleitungsinstallateure nötig. Im weiteren Gespräch, das sich über viele Stunden hinzog, war die Patientin zeitweise nicht imstande, sich von ihrer Therapeutin zu unterscheiden, also den einen von dem anderen Installateur abzugrenzen; Teile der Partnerin waren in ihr und umgekehrt.

Progressiver Transitivismus und *progressive Appersonierung* machten die regressive Psychopathologie zu einem archaischen Kanal der Kommunikation, durch den die Kranke gute Selbstanteile erst einmal draußen, in einem Bereich mitmenschlicher Zuwendung, als solche erleben konnte, um sie dann in sich aufzunehmen. Sie spürte, daß sie die Welt ernährte und zugleich von ihr ernährt wurde. Die Therapeutin machte durch ihre progressiven Phantasien immer mit, aber nie in dem Sinne, daß sie den Wahn als solchen je bestätigt hätte, sondern immer dadurch, daß *sie die in den konkreten Wahnideen enthaltenen Kommunikationsmodelle erspürte und durch entsprechende Angebote beantwortete.* Sie behandelte jedes Anliegen der progressiven Wahnidee als Ausdruck der unbewußten therapeutischen Kompetenz der Patientin.

Diese kurze Krankengeschichte zeigt, was ich mit "progressiver Psychopathologie" meine: sie ist noch nicht Einsicht, noch nicht eindeutige klinische Besserung, noch nicht Auflösung einer Wahnidee oder einer Halluzination; im Gegenteil, ein neuer Wahn, eine neue Halluzination, wie hier die Vorstellung des gemeinsamen Blutes die pathologische Situation zu komplizieren scheint. Das alte Symptom ist nicht vorbei, *aber aus seiner Sprache entwickelt sich eine antipsychotische Intention*; aus der autistischen Vermauerung beginnt eine Beziehung aufzudämmern.

Hier beginnt die Verwandlung der therapeutischen Symbiose in die Dualisierung, der unsere weiteren Überlegungen gelten. Diese habe ich im Begriff des Übergangssubjekts zusammengefaßt.

Das Übergangssubjekt

Schizophrene Patienten verwechseln sich mit ihrer Umwelt, mit ihren Mitmenschen. Bleuler (1911) sprach von Transitivismus und von Appersonation; Rosenfeld (1969) prägte den Begriff der projektiven Identifikation und meinte damit, daß die Kranken sich mit jenen Objekten identifizieren, auf die sie abgespaltene Selbstteile projiziert haben; Kohut (1973) prägte auf dem Gebiet der narzißtischen Neurose den dann auch in der schizophrenen Psychopathologie gebräuchlichen Begriff des Selbstobjekts, den Alanen (1997) als Oberbegriff vieler psychopathologischer Symptome auffaßt. Alle diese Vorgänge bringen dem Kranken eine gewisse Entlastung, sie befriedigen nämlich seine symbiotischen Bedürfnisse, oder sie ermöglichen die relative Distanzierung von malignen intrapsychischen Objekten, die ihnen aber in der Außenwelt als Verfolger erscheinen. Diese Vorgänge sind freilich keine kreativen Leistungen, weil sie die Psychopathologie letzten Endes verschärfen. Die Ich-Grenzen werden verwischt, der Kranke wird paranoid und depersonalisiert: "ich bekomme alle Gesichter der Menschen, die mir begegnen" meinte eine Patientin.

Natürlich kann auch der Therapeut seinem Patienten ein solches Selbstobjekt werden. Die Identifizierung mit ihm ist sogar stimuliert durch die Erfahrung des Nähe fordernden Gegenübertragungsphänomens. Es scheint, daß der Therapeut durch seine Einfühlung, die ja ein Motor der Psychotherapie ist, dazu neigt,

Emotionen und Situationen des Patienten intensiv wahrzunehmen und symbolisch mit den eigenen zu integrieren.

Schon in der psychiatrischen Pflege, außerhalb der Psychotherapie, geschehen solche Dinge. Ich erinnere mich, wie ich als junger Arzt beeindruckt war von den Berichten von Pflegern, die erlebten, wie Patienten, welche sich verfolgt fühlten, dann meinten, auch ihre Pfleger seien gefährdet. Dabei machte ich die Beobachtung, daß solche Identifizierungen vor allem dann stattfanden, wenn die Kranken positive Beziehungen zu ihren Pflegern hatten und sie gewissermaßen als symbolische Stellvertreter ihrer Not erlebten. Im Gegensatz zu den "projektiven Identifikationen" von Rosenfeld (1969), wo diese über die Abspaltung von malignen Objekten laufen, neige ich dazu, die besagten Phänomene als "introjektive Identifikationen" zu verstehen, als Vorstufen des Dualitätserlebens.

Symbiotische Vorgänge spielen dabei die zentrale Rolle. Sie sind so wichtig in der Psychotherapie, daß Searles (1965) hier den Begriff der "therapeutischen Symbiose" prägte, ein von manchen Autoren als etwas verwirrend empfundener Begriff, weil die kindlichen Symbiosen, die der schizophrenen Entwicklung vermutlich zugrunde liegen, immer pathologisch sind, währenddem die therapeutischen Symbiosen bei rechter Handhabung als entwicklungsfähig betrachtet werden.

Kann das sich aus diesen Symbiosen ergebende "Selbstobjekt" eine kreative Funktion ausüben? Etwa in dem Sinne, daß sich bei ihm allmählich etwas niederschlägt, das nicht mehr eine Verwechslung, sondern eine Dualisierung der verbundenen und abgegrenzten Personen vorausnimmt? Einen solchen möglichen Gestaltwandel erfasse ich mit dem Begriff des "Übergangssubjekts". Dieses ist schöpferisch, weil es einerseits aus dem Selbstobjekt hervorgeht, aber andererseits dieses verwandelt, indem das Spiegelbild allmählich als ein Du erlebt wird. Es ist nämlich ein "anreicherndes" Spiegelbild, das mit der Rezeption des Partners beginnt und mit der Übernahme durch den Patienten von idealisierten Aspekten der Person des Partners endet, welche so sein negatives Selbstbild verwandeln. So wie der Therapeut sich mit ihm positiv erscheinenden Aspekten des Patienten teilweise identifiziert hatte, ohne freilich die Ich-Du-Grenze aufzugeben, so läuft es auch umgekehrt; der eine geht "über" zum anderen.

Eine schizophrene Patientin litt unter einem Versündigungs- und Erlöserwahn, auf den wir hier nicht eingehen. Wir erwähnen nur, daß sie als Kind von ihren Familienangehörigen oft gehört hatte, man sehe ihr an den Augen ihre Bosheit an. In der Psychose war sie davon überzeugt, daß der Teufel in ihren Augen wohne; sie stellte den Wahn in diesem Bilde dar.

Es brauchte in der Psychotherapie lange, bis sie zu spüren begann, daß manche vom Therapeuten positiv erlebten Teile ihrer Persönlichkeit - etwa die konstruktive Aggressivität, mit der sie die fragwürdigen Aspekte ihrer Ursprungsfamilie in Frage stellte - eben in jenen Bereichen steckten, wo sie früher nur den Teufel befürchtet hatte!

Für den Therapeuten erschütternd war die Stunde, als sie dann den Teufel als den Bildhauer erlebte und zeichnete, welcher sie mit dem Skalpell angriff, aber nicht um sie zu verletzen, sondern um eine neue Identität zu entwerfen.

Hier begann die Patientin auch zu entdecken, daß dieser Teufel keine metaphysische Entität mehr war wie im Wahne, sondern eine Seite der eigenen Person, die nun rehabilitiert war und eine kreative Funktion ausübte.

Aber bald darauf sagte die Patientin, daß der Bildhauer nicht eine eigene Seite, sondern der Therapeut selber war - jener Therapeut nämlich, von dem sie sich einmal angegriffen fühlte, als dieser mit ihrer negativen Identität kämpfte, und ihr nun aber half, der Mensch zu werden, der sie sein wollte. War der Bildhauer eine eigene Seite? Oder war er der Therapeut? Er war beides zusammen - ein Übergangssubjekt, das sich vom Selbstobjekt dadurch unterscheidet, daß es eine Ich-Du-Polarität in sich birgt und deren Gestaltung vorbereitet!

Es gibt Fälle, wo dieses Übergangssubjekt nur langsam in der werdenden Selbstidentität aufgenommen wird, und eine Zeitlang wie ein "Drittes in der Zweiheit" erscheint; wie eine neue Nische der Selbstidentität, die noch nicht Ich-besetzt ist: z.B. eine halluzinierte fremde Stimme, die richtig deutet und eine Einsicht vermittelt oder ein Zwillingstraum, einfach eine phantasmatische Instanz mit eigener Dynamik.

Kreative Aspekte der Gegenübertragungs-Symptomatik

Der Wechsel vom Patienten zum Therapeuten mag etwas überraschen und ein wenig beunruhigen. Ist der Therapeut auch ein Symptomträger? Sicher nicht im klinischen Sinne. Und doch ist die Besprechung von jenen besonderen Situationen in der Psychosentherapie, wo mitten in der großen Asymmetrie zwischen Krankem und Gesundem sich "Nischen" der Symmetrie ergeben, von anthropologischer Bedeutung. Ich möchte das auf zwei Ebenen diskutieren: auf der Ebene des therapeutischen Traumes, und auf der Ebene der negativen Emotionen, wie Aggressivität, Angst, Ohnmacht. Träume bei Therapeuten von psychotischen Patienten sind nicht selten keine bloßen Gegenübertragungsträume im üblichen Sinne, wo frühere Probleme des Therapeuten durch die Auseinandersetzungen mit den Patienten stimuliert werden - das kommt freilich auch vor. Aber das Neue liegt für mich in der Entdeckung von "positivierenden Teilsymmetrien", die entweder Gegenstand der gemeinsamen Besprechung sein dürfen, oder auch auf unbewußtem Wege wirken. Ich nenne drei Traumbeispiele, die ich alle in Supervisionen erfahren habe.

In einem Fall ging es um einen Schizophrenen, der seine Mutter in einem Raptus getötet hatte. Der Kranke spaltete jegliche Erinnerung an das Vorgefallene ab. Statt dessen entwickelte er einen Erlöserwahn: er war der Messias, der den Menschen Friede und Heil bringen sollte.

Der Wahn war hartnäckig, der Fall schien hoffnungslos, und der therapeutische Traum entstand als Reaktion auf eine aussichtslose Situation. Der Therapeut träumte , daß er die eigene geliebte Mutter (anders als beim Patienten) getötet hatte. Dies schien ihm im Traum unmöglich, er wollte es nicht glauben, so wie der Patient nicht an seinen Totschlag glauben konnte. Aber der Therapeut ließ sich, im Gegensatz zum Patienten, von seinen trauernden Traum-Angehörigen überzeugen, daß die Tat geschehen war. Nach dem Erwachen war es dem Therapeuten klar, daß es sich um einen Spiegeltraum handelte. Der Traum hatte ihn an die Stelle des Patienten gesetzt, damit er stellvertretend die Einsicht in die verdrängte Tat zeigen würde. Da dieser therapeutische Traum mit dem Therapeuten selber, mit seiner Mutterproblematik wenig zu tun hatte, sondern das kompensatorische Spiegelbild des abgespaltenen Raptus des Patienten war, entschloß sich der Therapeut auf meinen Rat hin, den Traum dem Patienten zu erzählen, ohne jegliche Deutung und ohne eine direkte Anspielung auf ihn.

Wie vom Donner getroffen konnte sich der Patient plötzlich an seine Vergangenheit erinnern. Er wurde schwer depressiv. Das war der Schritt von der magischen zur tragischen Wende, wie Wurmser es in seinem Referat in Lindau formuliert hat. Aber die Depression konnte dann im Gegensatz zum Wahn psychotherapeutisch verarbeitet werden.

Der therapeutische Traum war zwar ein *Symptom der Überidentifikation* mit dem Patienten, welche auch beim Träumer eine gewisse Angst auslöste. Das Symptom war aber eine kreative Leistung, weil es dem Patienten die Bereitschaft des Therapeuten zeigte, an seinem Ort zu stehen. Nicht jeder therapeutische Traum darf mitgeteilt werden. Ein Gegenbeispiel, das aber sowohl die psychopathologische Situation der Therapeutin wie aber auch die kreative Leistung zeigt, ist das Folgende:

Es ging hier wieder um einen chronischen paranoiden Wahn, bei einer Patientin, die sich von den Menschen verfolgt glaubte, welche sie daran hindern wollten, ihren idealen Bräutigam zu finden und zu heiraten. Mit großem Geschick konnte die Therapeutin in ein Gespräch mit der autistischen Patientin kommen und ihr Vertrauen gewinnen. Langsam begann sie, sowohl die tiefere Sehnsucht, die dem Wahn zugrunde lag, zu entdecken, wie auch die Patientin schrittweise mit der enttäuschenden Realität zu konfrontieren. Im Laufe dieser Arbeit, die mühsam und für die Therapeutin auch enttäuschend war, träumte sie einmal, daß ihre Kranke *in der Realität*, und nicht bloß im Wahn verfolgt wurde. In ihrem Traum wußte die Träumerin nicht einmal, daß sie die Therapeutin der Kranken war; denn die Kranke war im Traum der Therapeutin keine Kranke mehr, nur eine Verfolgte, und die Traum-Verfolgung erschien wie die Photokopie der psychopathologischen Verfolgung. Sie hatte Angst um ihre verfolgte Patientin, sie versuchte umsonst, sie vor den Verfolgern zu warnen, es war nicht möglich, sie zu erreichen. Nach dem Erwachen dachte sie, erst jetzt wisse sie, wie es in einem Wahn eigentlich aussieht!

Sie hütete sich freilich, ihrer Patientin den Traum zu erzählen, der den Wahn nur verstärkt, weil bestätigt hätte. Statt dessen stellte sie sich selber die Frage: "habe ich mich mit meiner Patientin *überidentifiziert*?" Ich konnte das als Supervisor nur bestätigen. Das Schöpferische liegt aber darin, daß die Kranke nun entscheidende Fortschritte machte; sie begann, ihren Wahn zu überwinden, seitdem die Therapeutin in ihrem Traum in den Wahn "hineingekrochen" war!

Mit dem dritten Traum komme ich auf den "gemeinsamen Stoffwechsel" der negativen Emotionen. Die therapeutische Selbsterfahrung einer Ohnmacht, einer Gereiztheit oder einer Aggressivität gegenüber dem Patienten bedeutet auf der Objektebene die Krise der Objektbeziehung zu ihm, aber auf der Subjektebene oft eine intrapsychische Übernahme seines inneren Zustands.

Die Affizierung des Therapeuten durch die Affektzustände des Patienten bedeutet eine Sensibilisierung seines Ichs, die den Therapeuten das erleben läßt, was er überwinden möchte; *er mag diesen Zustand als Symptom erleben.* Die kreative Leistung ergibt sich aber aus der Möglichkeit, daß der ambivalente Therapeut seinen Patienten schlußendlich tiefer annimmt, und daß er also dessen Aggressivität mit einer "dennoch liebenden" Gegenaggressivität beantwortet. Die mögliche kreative Leistung ergibt sich dann, wenn ein "Stoffwechsel der Aggressivität" die beiden verbindet, indem die therapeutische Gereiztheit die verwandelnde Internalisierung der Patientenaggressivität ist und nur diejenige Seite des Patienten ablehnt, welche die Kommunikation blockiert.

Das alles kann durch einen Traum widergespiegelt werden; das ist grundsätzlich auch gut, weil das Traumsymbol Distanz schafft. Merkwürdig ist es aber, daß die Zusammenhänge auch dann wirken, wenn der therapeutische Traum verschwiegen wird, wie dies oft einer notwendigen Vorsicht entspricht.

In diesem Zusammenhang erwähne ich den Therapeuten eines ihn stets entwertenden paranoiden Patienten, welcher in der Supervisionsgruppe einen eigenen Traum erzählte, in dem er seinen Patienten *getötet* hatte. Die Gruppe war von diesem Traum nicht besonders begeistert; er wurde dem Therapeuten als *Symptom seiner narzißtischen Verletzbarkeit* ausgelegt. Der Therapeut gab dies zu, führte aber das Argument an, daß sein dem Patienten natürlich verschwiegener Traum vermutlich nicht die ganze Person des Patienten töten wollte, sondern einen intrapsychischen Verfolger, dessen Opfer sowohl das Ich des Patienten wie auch das Ich des Therapeuten war. Er hatte recht. Denn in der nächsten Sitzung erzählte der Patient seinem Therapeuten, er habe geträumt, daß sein Verfolger gestorben sei. Der Traum des Patienten und der Traum des Therapeuten hatten in derselben Nacht stattgefunden. Seither besserte sich der Zustand des Patienten.

Solche Phänomene lassen sich nicht leicht rationalisieren. "Felix qui potuit rerum cognoscere causas", "Glücklich wer die Ursachen der Phänomene erkennt", sang Vergil schon vor 2000 Jahren in seinen Georgica. Aber das menschliche Phänomen ist manchmal tiefer als die nicht immer verifizierbare Hypothese seines genetischen Mechanismus, und das Du ist nach Nietzsche älter als das Ich.

Zum Schluß meine Reflexion: wenn das vergilische Glück gerade in der Psychotherapie nicht sehr häufig ist, wo so manches mitmenschliche Leid zäh und stellenweise sogar unheilbar erscheint, ist doch eine Ahnung dieses Glücks dort möglich, wo es gelingt, die Psychopathologie in uns selber kreativ zu verwandeln.

Literatur

Alanen YO (1997) Schizophrenia. Its Origins and Need-Adapted Treatment. Karnac Books, London

Bader A, Navratil L (1976) Zwischen Wahn und Wirklichkeit. Bucher, Luzern

Barison F (1993) Schizofrenia: Anders e Apatia. Psichiat Gen. Età Evol 31

Barison F (1997) Benedetti e la sfida esistenziale della psicoterapia. In: Comprendre. Archive International pour l'Anthropologie Phénoménologique, Numéro 7

Benedetti G (1975) Psychiatrische Aspekte des Schöpferischen. Vandenhoeck & Ruprecht, Göttingen

Benedetti G (1992) Psychotherapie als existentielle Herausforderung. Vandenhoeck & Ruprecht, Göttingen

Benedetti G (1991) Todeslandschaften der Seele. Psychopathologie, Psychodynamik und Psychotherapie der Schizophrenie. 3. Auflage. Vandenhoeck & Ruprecht, Göttingen

Bleuler E (1911) Dementia praecox oder die Gruppe der Schizophrenien. In: Aschaffenburg B (Hrsg) Handbuch der Psychiatrie. Deuticke. Leipzig Wien

Freud S (1942) Neurose und Psychose. GW Bd 13, S 385-392. Imago, London

Ideler KW (1835-38) Grundriß der Seelenheilkunde. 2 Bände. Enslin, Berlin

Kohut H (1973) Narzissmus. Eine Theorie der psychoanalytischen Behandlung narzißtischer Persönlichkeitsstörungen. Stuttgart

Lang H (1985) Struktural-analytische Überlegungen zur Psychotherapie Schizophrener. Nervenarzt 56:472-478

Mundt Ch, Lang H (1987) Die Psychopathologie der Schizophrenien. In: Kisker KP, Lauter H, Meyer JE, Müller C, Strömgren E (Hrsg) Schizophrenien. Psychiatrie der Gegenwart, Bd 4. Springer, Berlin Heidelberg New York, 3. Aufl, S 39-70

Navratil L (1972) Schizophrenie und Kunst. 4. Aufl, München

Peccicia M, Benedetti G (1996) The splitting between separate and symbiotic states of the self in the psychodynamic of schizophrenia. Scandinavian Univ Press

Prinzhorn H (1922) Bildnerei der Geisteskranken. Springer, Berlin Heidelberg New York

Rosenfeld H (1969) Contributions to the Psychopathology of Psychotic States: The Importance of Projective Identification in the Ego Structure and the Object Relations of the Psychotic Patient. In: Doucet P, Laurin C (eds) Problématique de la psychose. Excerpta Medica, Amsterdam

Searles HF (1965) Collected Papers on Schizophrenia and Related Subjects. International Psycho-Analytical Library. The Hogarth Press, London

Sullivan HS (1962) Schizophrenia as a Human Process. Norton, New York

Tress W, Pfaffenberger U, Frommer J (1984) Zur Patholinguistik schizophrener Texte. Eine vergleichende Untersuchung an Depressiven, Schizophrenen, Hirnorganikern und Gesunden. Nervenarzt 55: 488-496

Vergil O (1952) Georgica. Schröder RA, Berlin Frankfurt aM

Wurmser L (1998) Die schwere Neurose. Vortrag auf den Lindauer Psychotherapiewochen 1998. Unveröffentlichtes Manuskript

Ressourcen: Die Kräfte des Systems

Helm Stierlin

Das Wort "Ressource" leitet sich von dem lateinischen resurgere her, das sich mit "hervorquellen" und "zur Wirkung gelangen" übersetzen läßt. Es wurde zunehmend zum Markenzeichen systemischer Therapeuten, die sich als in erster Linie lösungs-, zukunfts- und eben ressourcenorientiert verstehen.

Ein System kann man nicht küssen

Versuchen wir indessen genauer zu beschreiben, wie nun tatsächlich in einem System Kräfte zur Wirkung gelangen bzw. daraus Ressourcen hervorzusprudeln vermögen, dann erweist sich das als kein leichtes Unterfangen. Denn zum einen liefern uns gängige Wörterbücher mindestens sieben Definitionen von "System" und zum anderen verweisen nun all diese Definitionen auf etwas, das uns eher abstrakt, das heißt unanschaulich, ungegenständlich und unanfaßlich entgegentritt. Was verständlich macht, daß diesbezügliche Kritik sogar aus dem familientherapeutischen und hier vor allem dem feministischen Lager kommt und sich in dem Vorwurf verdichtet: "Ein System kann man nicht küssen". Aber auch die Autoren des ersten in deutscher Sprache erschienenen Lehrbuchs der systemischen Therapien und Beratung - Arist von Schlippe und Jochen Schweitzer - müssen zugeben, daß es sich bei dem von systemischen Psychotherapeuten vereinnahmten Begriff "System" noch weitgehend um einen Projektionstest handelt - was meine Aufgabe, die im System hervorquellenden Ressourcen zu beschreiben, auch nicht leichter macht. Lassen Sie mich dennoch einen Anfang machen, indem ich bei etwas (relativ) Konkretem ansetze, nämlich bei einem Therapeuten, der nur wenige Jahre nach seinem Tode schon fast zur Legende wurde. Das ist der Hypnotherapeut Milton Erickson. Denn dieser verstand es wie wohl kaum ein anderer Therapeut, bei seinen Klienten Ressourcen oder, wenn man nun will: heilende Kräfte in oft erstaunlich kurzer Zeit freizusetzen. Und er hat auch bis heute Familien- und systemische Therapeuten zu befruchten vermocht.

Milton Erickson

Erickson unterhielt über Jahre hinweg einen engen Kontakt zu Gregory Bateson, dem großen Vordenker der systemischen Therapie. Und er ließ sich schon früh gründlich von Jay Haley, einem systemischen Pionier der ersten Stunde interviewen, dessen Buch "Uncommon Therapy" (Haley 1986) in meinen Augen zu dem Besten gehört, das uns bis heute über Ericksons therapeutisches Vorgehen vermittelt wurde. Erickson war auch schon in der zweiten Ausgabe der weltweit ersten wissenschaftlichen familienorientierten Zeitschrift "Family Process" mit einem Beitrag vertreten.

Das im Rahmen meines Themas - das sich um Ressourcen dreht - wohl wichtigste, von Erickson populär gemachte Zauberwort heißt nun Utilisation. Es bezeichnet die - sei dies durch ein hypnotherapeutisches oder ein anderes Verfahren - erreichte Umwandlung eines Symptoms, einer Störung oder eines sonstwie negativ bewerteten Verhaltens in eine Ressource, also in etwas, das zu mehr Gesundung, zu mehr Lebensfreude und Zuversicht, zur Vermehrung von Kompetenz und Selbstachtung beiträgt.

Lassen Sie mich dazu ein Beispiel aus Ericksons Praxis bringen. Es betrifft eine 21jährige Frau, die als Sekretärin bei einer Baufirma arbeitete. Bei Erickson beklagte sie sich über ihre Einsamkeit. Sie halte sich für zu reizlos, um einen Freund zu finden. Daher bleibe ihr nichts anderes übrig, als zu schuften und eine alte Jungfer zu werden. Bevor sie sich indessen umbringe, wolle sie es drei Monate lang mit einem Psychiater versuchen. Nur widerwillig erzählte sie von sich, sie sei ein ungewolltes Kind gewesen. Kurz vor Abschluß ihrer High-School-Zeit waren die Eltern bei einem Autounfall ums Leben gekommen. Unzufrieden mit sich selbst hatte sie seitdem Arbeitsstellen und Wohnungen häufig gewechselt. Sie hielt sich für sehr unattraktiv und sprach geringschätzig von ihrem Körper. Vor allem störte sie eine etwa ein Viertelzentimeter weite Lücke zwischen den oberen Vorderzähnen. Diese hielt sie für die Hauptursache ihrer Schwierigkeiten und wollte sie zunächst Erickson nicht zeigen. Erickson nahm indessen die Frau als ausgesprochen hübsch wahr, sah aber auch, daß sie ihr Äußeres völlig vernachlässigte: Ihr Haar war ungepflegt und verfilzt und, da sie es selbst schnitt, ungleich lang. Ihre Bluse paßte farblich nicht zum Rock, es fehlte daran ein Knopf, der Schlüpfer schaute unter dem Rock hervor und die Schuhe waren abgelatscht.

Sie wollte nicht mehr als zweimal pro Woche zu Erickson kommen und zahlte im voraus. In den ersten vier Sitzungen zeigte sie sich widerspenstig und unkooperativ. Nur Erickson solle reden, um auch etwas für sein Geld zu tun. Auf eine Hypnose sprach sie kaum an. Es ließ sich jedoch eine leichte Trance induzieren und Erickson fand heraus, daß sie sich zu einem jungen Kollegen hingezogen fühlte. Seit zwei Monaten richtete sie es so ein, daß sie zum Trinkbrunnen im Korridor ging, wenn auch er hinkam. Aber obschon auch er sich für sie zu interessieren schien, wechselte sie kein Wort mit ihm.

Während der nächsten vier Sitzungen vermittelte Erickson ihr die Vorstellung, daß sie sich zu einem bestimmten, von ihm festzulegenden Datum neue Kleider und eine neue Frisur zulegen und so zur Arbeit gehen würde. Da sie so wenig Hoffnung für sich habe, könne sie es sich leisten, ein letztes Mal über die Stränge zu schlagen. Über zwei Sitzungen hinweg beschäftigte er sich dann mit ihrer Zahnlücke. Sie solle zu Hause in ihrem Badezimmer üben, möglichst weit und gezielt Wasser durch die Lücke zu spritzen. Sie fand die Aufgabe albern, übte aber gewissenhaft.

In den folgenden zwei Sitzungen brachte er ihr nach und nach die Idee nahe, sie könne dem Kollegen einen Streich spielen. Nach einigem Widerstreben ließ sie sich darauf ein. Erickson trug ihr auf, samstags einen Schönheitssalon aufzusuchen und dann montags in ihren neuen Kleidern zur Arbeit zu gehen. Sie solle den Kollegen am Trinkbrunnen erwarten und ihn anspritzen. Dann solle sie kichern, ein Stück auf ihn zu rennen, plötzlich abdrehen und Hals über Kopf das Weite suchen.

Sie befolgte die Anweisungen. Der Kollege setzte ihr nach, packte sie und küßte sie zur Vergeltung. Als sie am nächsten Tag furchtsam und betreten zum Trinkbrunnen kam, spritzte er sie mit einer Wasserpistole voll. Sie füllte den Mund mit Wasser, spritzte zurück, rannte davon und wurde wieder geküßt.

Die nächsten zwei Therapietermine verpaßte sie. In einer weiteren abschließenden Sitzung zog sie jedoch mit Erickson das für sie relevante Fazit aus dem, was sich in der Therapie und ihrem Leben abgespielt hatte, und einige Monate später schickte sie Erickson die Zeitungsannonce ihrer Verlobung mit dem Kollegen. Und weitere fünfzehn Monate danach teilte sie ihm mit, daß sie einen Sohn hatte und ihr Mann zum Juniorpartner der Baufirma aufgestiegen war.

In dem von O'Hanlon u. Hexman (1994) herausgegebenen Band mit den gesammelten Fällen Milton Ericksons, dem ich die obige Beschreibung entnommen habe, finden sich noch etliche ähnliche Beispiele von geglückten Utilisationen.

Als ich mich mehr mit dem Werk und Leben Ericksons vertraut machte, beeindruckte mich auch, wie er Utilisation auf sich selbst anzuwenden schien. Er war, was sehr selten vorkommt, zweimal von einer Poliomyelitis befallen, das erste Mal als Jugendlicher, das zweite Mal im fortgeschrittenen Erwachsenenalter. Beim ersten Befall überhörte er, wie der ihn behandelnde Arzt zu seiner Mutter sagte: "Ich fürchte, der Bub wird die Nacht nicht überleben." Er überlebte indessen. Aber seine Behinderungen vor allem infolge des zweiten Befalls blieben beträchtlich: Er war an einen Rollstuhl gefesselt, war praktisch farbenblind - er konnte nur die Farbe Lila erkennen - und konnte auch kaum Töne unterscheiden.

Aber all diese Behinderungen und vor allem der Zwang stillsitzen zu müssen, trugen offenbar dazu bei, daß er feinste empathische Antennen für das Anliegen, die Erwartungen, die Konflikte und die Motivationsdynamik seiner Klienten entwickelte. Und damit auch dafür, welche Ressourcen sich gerade in dieser Motivationsdynamik aktivieren ließen.

Das bringt sich etwa in der von ihm getroffenen Unterscheidung zwischen intrinsischen und extrinsischen Motivationen zum Ausdruck. Intrinsische Motivationen oder nun auch Ressourcen nähren sich sozusagen aus ihrer eigenen Dynamik. Ähnlich der Sonnenenergie stellen sie eine für Menschen sich von selbst immer wieder erneuernde Ressource dar. In seiner therapeutischen und Beratungsarbeit versuchte er vor allem drei intrinsische Motivationen anzuregen: Neugier, das Erwerben von Kompetenzen und die durch Eigenaktivität erworbene Wertschätzung insbesondere von den Menschen, denen man sich zugehörig und mit denen man sich existentiell verbunden fühlte. Gelang eine Anregung in möglichst allen drei Motivationsbereichen, dann kam es fast zwangsläufig zu Spiral- bzw. Kreisprozessen, die neue Entwicklungen in dem in Gang setzen konnten, was ich als bezogene Individuation beschrieben habe.

Ressourcen in Problemsystemen

Aber obschon er Familien- und systemische Therapeuten in vieler Hinsicht anregte, blieb Erickson doch noch weitgehend auf das Individuum oder, wie wir heute vielleicht eher sagen würden, auf das System "Individuum" oder das "Individuum als System" konzentriert.

Die rasante Entwicklung der systemischen Therapien während der letzten Jahrzehnte war indessen vor allem dadurch gekennzeichnet, daß anstelle des Individuums das umgebende und existentiell bedeutsame zwischenmenschliche bzw. soziale System in den Mittelpunkt des Interesses rückte. Und das war anfänglich fast ausschließlich das Familien- bzw. das Paarsystem.

Es kam dadurch, wenn man so will, zu einem - um mit dem Philosophen Ludwig Wittgenstein zu sprechen - Drehen der ganzen Betrachtung: Dem therapeutischen Blick offenbarten sich nicht mehr die Wechselfälle der intrapsychischen Konfliktentwicklung und -dynamik, sondern die im Hier und Jetzt zur Wirkung kommenden Beziehungsmuster und Beziehungsspiele, die man für die jeweiligen neurotischen, psychosomatischen und auch psychotischen Störungen einzelner Mitglieder verantwortlich machte. Im Laufe der Zeit kamen dann neben dem Familien- und Paarsystem noch weitere, Störungen unterhaltende oder Störungen erzeugende menschliche Systeme in den Blick. So etwa bei der

Behandlung junger anorektischer Mädchen das System der Gleichaltrigen, der peers, das typischerweise an positiver Bedeutung gewinnt, je mehr sich diese Mädchen aus ihrer verstrickenden Familienbindung lösen. (So stellten Gunthard Weber und ich an den 64 von uns katamnestisch verfolgten ursprünglichen Anorektikerinnen fest, daß das erste Zeichen der Besserung nicht die Gewichtszunahme oder die Wiederkehr bzw. das Einsetzen der Monatsblutung war, sondern die Wiederaufnahme des Kontakts zu Freundinnen. Was in der Folge dazu führte, daß wir gelegentlich eine Freundin an einer Sitzung teilnehmen ließen).

So konnte sich auch das Schul- oder Lehrersystem als systemtherapeutisch relevant erweisen. Oder - wie bei vielen Alkoholikern - das den Arbeitgeber mit einschließende System (da es dieser Arbeitgeber, aus "Gutmütigkeit" oder was immer, unterläßt, dem Alkoholiker deutlich zu machen: Bis hierher und nicht weiter!) Das gilt auch - wie etwa bei vielen chronischen psychiatrischen Patienten - für das aus den Mitpatienten gebildete System, und es gilt nicht zuletzt auch für manches von Psychotherapeuten und professionellen Helfern mitgestaltete, auf lange Dauer angelegte System, das nunmehr garantiert, daß sich beim Klienten nichts verändert. Hier sprechen systemische Therapeuten auch vom Doktor Homeostat.

Für all diese Konstellationen hat sich inzwischen der Begriff des durch das Problem definierten Systems oder kurz des Problemsystems eingebürgert.

Es ist, wie ich meine, ein Begriff, der Wesentliches auf den Punkt bringt und zugleich ein Problem schafft. Und dieses Problem ist eben das Problem oder nun genauer: ist die Tatsache, daß der Begriff "Problemsystem" sozusagen selbst zu problemlastig und daher dazu angetan ist, die gerade im Problemsystem steckenden Ressourcen aus dem Blick zu bringen oder schlimmer noch, neue Probleme zu erzeugen.

Wie das geschehen kann, verdeutlichte sich mir vor mehreren Jahrzehnten, als ich in den USA - ich arbeitete damals als junger Psychiater in einer psychiatrischen Klinik in der Nähe Washingtons vorwiegend mit als schizophren diagnostizierten Patienten - mich erstmals, wenn auch noch zaghaft, auf eine Beziehungs- bzw. Familiensicht und -therapie dieser Patienten einließ. Damals machte das von meiner derzeitigen Mentorin Fromm-Reichmann (1950) eingeführte Wort von der schizophrenogenen Mutter oder, nun moderner ausgedrückt, vom Problemsystem "Mutter-schizophrener Sohn", die Runde. Das war in mancher Hinsicht ein Fortschritt. Denn es lenkte den psychotherapeutischen Blick weg von dem innerpsychischen Drama hin auf das, was sich zwischen Mutter und Sohn abgespielt hatte und noch abspielte. Aber es implizierte auch eine Beschuldigung, ja Verurteilung dieser Mutter und überhaupt der Mütter von Schizophrenen, die seither viel Unheil gestiftet hat. Denn nicht nur war diese Verurteilung ungerecht und unangebracht. Sie machte es nahezu unmöglich, die gerade in der Mutterbeziehung enthaltenen Ressourcen zu nutzen. Und sie führte überdies dazu, daß sich Mütter von Schizophrenen nun überhaupt zur Wehr setzten und gegen die sie implizit anklagenden Psychotherapeuten zu Felde zogen.

Als dann dank der therapeutischen und Aufklärungsarbeit von Familientherapeuten nicht nur die Mutter, sondern auch die übrige Familie in das Zentrum des Interesses rückte, konnte es nicht ausbleiben, daß zunehmend auch von der schizophrenogenen Familie die Rede war. Aber bald nicht nur von der schizophrenogenen, sondern auch von der überhaupt krankmachenden Familie. Und das hatte dann wieder weitreichende systemische Konsequenzen. Es führte in den USA in weiten Bevölkerungskreisen zu einem deutlichen Popularitätsverlust der Familientherapie - welche Eltern wollen sich schon gern beschuldigen lassen, für das Nichtgedeihen ihrer Kinder verantwortlich zu sein? - ja, es führte dort zu einer Art Kreuzzug nicht nur gegen Familientherapeuten und Familienforscher, die sich mit Familien psychotisch oder auch schwer psychosomatisch gestörter Familien eingelassen hatten, sondern gegen eine psychosozial orientierte Psychoseforschung überhaupt. Motor und Organisator dieses Kreuzzugs war NAMI, die National Association of the Mentally Ill, eine inzwischen über 60.000 Mitglieder umfassende Vereinigung von Angehörigen Geisteskranker, der sich seither auch viele Psychiater angeschlossen haben. Durch den politischen Druck, den diese Vereinigung ausübte, erreichte sie unter anderem, daß in den USA staatliche Mittel für die psychosozial orientierte Psychoseforschung fast gänzlich gestrichen und das National Institute of Mental Health, an dem ich selbst über sieben Jahre als Forscher gearbeitet habe, in ein Institut for Neurological Research umbenannt bzw. umfunktioniert wurde.

Das Obige dürfte als ein Lehrbeispiel dafür dienen, wie schon die Verwendung bestimmter Begriffe und die darin mitschwingenden Vorstellungen von Kausalität und möglicher Schuld das Verhalten von Menschen in einer Weise bestimmen können, die deren guten Willen, deren konstruktive Neugier, deren Kooperationsbereitschaft oder nun auch die in ihnen und ihren Beziehungen angelegten Ressourcen zu verdecken und zu blockieren vermag.

Wo aber wären - mit Blick auf die genannten Problemsysteme - diese Ressourcen zu suchen und welche Begriffe bieten sich für ihre Beschreibung an? Nun, sie sind, wie ich meine, vor allem in dem zu suchen, was in der familientherapeutischen und Forschungsliteratur als tiefe Bindungen, als unsichtbare Loyalitäten und Delegationen beschrieben wurde. Ganz allgemein läßt sich hier von Kräften sprechen, die eine verstrickende Bindung erzeugen und unterhalten. Typischerweise haben nun all diese Kräfte einen doppelten Aspekt: Sie zeigen sich uns einerseits als Bedingung, Ausdruck und Folge tiefer existentieller Verstrickungen, Konflikte und Zwickmühlen, die mit schwerwiegenden gesundheitlichen Störungen, und das heißt nun auch schweren psychotischen, psychosomatischen und neurotischen Symptomen einhergehen können. Andererseits sind darin aber gerade die Kräfte oder nun auch Ressourcen enthalten, die letztlich Gesundung, Lebensfreude und Wohlbefinden bewirken können. Somit zeigt sich auch hier als therapeutische Herausforderung: Wie läßt sich das, was sich auf den ersten Blick als Pathologie, als Manko, als Behinderung darstellt, utilisieren oder nun auf gut deutsch nutzen?

Aber um auch nur andeuten zu können, was bei solcher Nutzung alles mit hineinspielt, müssen wir zunächst von zwei Arten von Systemkräften bzw. Systemdimensionen ausgehen: denen, die im einzelnen Individuum und denen, die in dessen existentiell wichtigem Makrosystem wie dem Familien- oder Paarsystem zur Wirkung kommen.

Das innere Parlament

Um mit den ersteren Kräften zu beginnen: Sie kommen in den Blick, betrachten wir auch das Individuum als ein System bzw. als ein Problemsystem, worin, wie in den genannten Makrosystemen auch, Ressourcen blockiert bleiben können, weil sich das betroffene Individuum einem unlösbaren Konflikt seiner Bedürfnisse, seiner Sehnsüchte, seiner Verpflichtungen und Antriebe ausgesetzt sieht und sich dabei als gelähmt erlebt. Um diese im Individuum zur Wirkung gelangenden Systemkräfte etwas anschaulicher zu machen, bediene ich mich im folgenden des Bildes eines inneren Parlamentes, das ich meinem Kollegen Gunther Schmidt verdanke. In diesem Parlament bilden nun die verschiedenen Bedürfnisse und Antriebe Fraktionen, die immer wieder herausgefordert sind, sich auf der Basis gegenseitiger Anerkennung und Wertschätzung zu einigen. Denn nur so läßt sich auch eine gelungene Außenvertretung, das heißt, ein effektiv nach außen gerichtetes und zielbewußtes Verhalten des Individuums erwarten, das dazu angetan ist, allen im inneren Parlament vertretenen Parteien gerecht zu werden. Um das Wirken dieses Parlaments zu illustrieren, möchte ich nun einige Beispiele heranziehen, die ich dem von Grossarth-Maticek und mir (1998) verfaßten Buch "Krebsrisiken - Überlebenschancen" entnehme.

Wir beschreiben darin unter anderem zwei die Ressourcen eines Individuums blockierende Verhaltensmuster, von denen sich das eine vermehrt bei Krebs- und krebsgefährdeten Menschen, das andere vermehrt bei herzinfarktgefährdeten Personen beobachten ließ. Wir sprechen hier kurz jeweils von Typ I bzw. Typ II-Verhalten bzw. einem Verhalten, das sich insgesamt entweder als Ausdruck und Folge einer Hemmung oder einer hilflosen Erregung charakterisieren läßt.

Menschen, deren Verhalten dem Typ I entspricht, zeigen sich vor allem bei der Bekundung, Befriedigung und Aktivierung solcher Bedürfnisse und Antriebe gehemmt, die sie selbst und wichtige andere als selbstsüchtig und eigennützig empfinden und bewerten. Das kann etwa das Bedürfnis sein, sich frei von allem inneren und äußeren Druck entspannen und regenerieren zu können, aber auch das Bedürfnis, eigene Wege zu gehen, über sich selbst zu bestimmen, sich gegen wichtige andere abzugrenzen und durchzusetzen. Sie sind diesbezüglich gehemmt, weil die Befriedigung solcher Bedürfnisse in ihren inneren Landkarten einen Verrat, ein Versagen, eine Abkehr von den Menschen oder Zielen bedeuten würde, an deren Anerkennung oder Erreichung ihnen alles gelegen ist. Um solchen Erwartungen gerecht zu werden, nehmen sie vieles in Kauf. Dabei verzweifeln sie immer wieder, verlieren sie alle Hoffnung oder sie werden hyperaktiv bis zur Erschöpfung. Innerlich fühlen sie sich leblos und gestreßt, nach außen hin aber zeigen sie sich harmonisierend, verständnisvoll, überfleißig und überbesorgt. Dadurch vermögen sie zwar ihre Gewissens- und Versagensangst einzudämmen, aber nicht den Folgen zu entgehen, die aus der eigenen chronischen Überlastung resultieren. Man kann auch sagen: Hier wird Ambivalenz zu bewältigen versucht, indem man nur ihre positiv bewertete Seite auslebt. Alles, was negativ bewertet wird - und dazu rechnet nun alles als aggressiv, kritisierend oder egoistisch wahrgenommene Verhalten - bleibt im inneren Parlament unberücksichtigt, wird nicht gewürdigt, hat keine Stimme, wird in den Untergrund verbannt.

Im Gegensatz zum eben beschriebenen Typ I, dessen Verhalten vorrangig durch Harmonisierenwollen bestimmt ist, fällt es Betroffenen des zweiten Typus offenbar nicht schwer, Aggressionen und Frustrationen zu zeigen. Eher im Gegenteil: Sie finden immer wieder Ziele für ihre Attacken und für die Äußerung ihrer Frustrationen, und das gibt ihnen möglicherweise kurzfristig ein Gefühl von Stärke. Aber da auch sie nichts wesentlich an ihrer Lage, das heißt vor allem: an ihren Beziehungen oder ihrer beruflichen Situation zu verändern vermögen, bleibt es letztlich immer wieder bei hilfloser Erregung. Diese macht ihnen dann Angst, was wiederum die Erregung verstärkt. Man kann sagen: Auch hier wird auf Dauer nur eine Seite der Ambivalenz ausgelebt oder, um wieder das Bild des inneren Parlaments zu verwenden, es wird nur die kämpferische Fraktion, die Mißstände anprangert, zugelassen. Die Fraktion dagegen, die sich um Kompromisse mit dem anderen und ein besseres Verständnis dieses anderen bemüht, die ihm entgegenkommen und ihn verstehen möchte, bleibt in den innerparlamentarischen Untergrund verbannt. (Bei den vorangehenden Beschreibungen müssen wir indessen im Auge behalten, daß es sich dabei um Konstrukte, genauer, um die Konstruktionen von Idealtypen handelt. Solche Konstrukte sind - der Soziologe Weber hat darauf hingewiesen - jedoch für die Zwecke einer vergleichenden Analyse auch dann noch nützlich, wenn ihnen in der Realität kein einziger Fall genau entspricht.)

In dem von Stierlin u. Grossarth-Maticek (1998) beschriebenen Verhaltensmuster des Typ IV - einem weiteren von insgesamt sechs von ihm herausgearbeiteten Mustern - funktioniert dagegen das innere Parlament. Dessen unterschiedliche Fraktionen vermögen sich immer wieder miteinander zu arrangieren, tragfähige Kompromisse auszuhandeln, wenn man will: sich zusammenzuraufen. Das gelingt aber nur auf der Basis einer Wertschätzung für einander. Oder nun anders ausgedrückt: Es gelingt auf der Basis der (vielleicht unbewußten) Erkenntnis, daß jede Fraktion mit Blick auf des Individuums Lebensreichtum und Lebensqualität auch eine Ressource darstellt. Also daß etwa weiche Anpassungs- und Kompromißbereitschaft ebenso wie harte Durchsetzungsbereitschaft und Kampfeswille je nach dem gegebenen Kontext wertvolle Kompetenzen bei der Gestaltung der Außenbeziehungen des Individuums sein können. So ließe sich auch hier von der jeweils fälligen Utilisation nicht genutzter Erlebnis- und Beziehungsressourcen sprechen.

Mit Hilfe seiner langfristig angelegten sog. prospektiven Interventionsstudien ging Grossarth-Maticek dann der Frage nach, wie weit sich die vorhergehend angedeuteten Verhaltensmuster auf die Überlebenszeit und Anfälligkeit für bestimmte Krankheiten auszuwirken vermögen. Zugleich wollte er herausfinden, ob und wie weit von innen, das heißt von den Betroffenen selbst ausgehende oder von außen kommende Anstöße (etwa in Form einer Beratung) dazu beitragen konnten, daß sich in den inneren Parlamenten von krebs- und herzinfarktgefährdeten Personen sozusagen demokratische Spielregeln einführen und sich dadurch innerpsychische Binnenkriege und Bedürfnisabspaltungen vermeiden, sich Verhaltensmuster ändern und damit letztlich auch die Gefahren eines Krebs- oder Herz-Kreislauftodes verringern und die Überlebenschancen vergrößern liessen.

Zum Autonomietraining

Zu diesem Zwecke stellte Stierlin u. Grossarth-Maticek (1998) per Zufall zwei Vergleichsgruppen von je dreißig Personen zusammen, die mit Blick auf das soeben beschriebene Krebs begünstigende Verhaltensmuster vom Typ I vergleichbar waren, aber auch vergleichbare schwere Risikofaktoren wie erbliche familiäre Belastung, Organvorschädigungen und massives Zigarettenrauchen aufwiesen. Die eine Gruppe erhielt eine präventive Therapie in Form des von Grossarth-Maticek so genannten Autonomietrainings, die andere blieb ihrem Schicksal überlassen. Circa 20 Jahre später wurden die beiden Gruppen wieder verglichen. Und nun zeigte sich: In der präventiv therapierten Gruppe waren von 30 behandelten Personen acht (das heißt 26,7%) an Krebs verstorben, in der unbehandelten

Kontrollgruppe waren dies dagegen 19 (63,3%). Und in dieser letzteren Gruppe überlebte insgesamt nur eine Person (3,3%), während dies in der Therapiegruppe bei 17 Personen (das heißt 56,7%) der Fall war.

Das von Grossarth-Maticek angewendete Autonomietraining läßt sich als eine flexibel gehandhabte Kurztherapie beschreiben. Es versucht durch verschiedenste therapeutische Techniken Anstösse zu Verhaltensänderungen zu geben, die ganz auf die individuelle Bedürfnis- und Ressourcenlage der Klienten zugeschnitten sind. In der Regel kommt es zu nur wenigen Sitzungen, wobei es sich um Einzelgespräche und/oder Sitzungen mit Gruppen mit bis zu zehn Mitgliedern handeln kann.

Wie die von unserem Heidelberger Team praktizierte systemische Therapie ist auch das Autonomietraining zukunfts-, lösungs-, und nun vor allem ressourcenorientiert. Um brachliegende Ressourcen zu aktivieren, versucht es im wesentlichen, eine Eigeninitiative einzuleiten, bei der sich Betroffene vom Feedback ihres Verhaltens leiten lassen und sich daran orientieren, was ihnen auf Dauer Wohlbefinden verschafft. Denn Wohlbefinden läßt sich nun gleichsam als Motor, Ausdruck und Folge sowohl einer gelingenden Selbstregulation als auch eines funktionierenden inneren Parlaments als auch einer optimalen Ressourcennutzung verstehen.

Man kann auch sagen: Das Autonomietraining versucht Betroffenen zu mehr bezogener Individuation zu verhelfen, das heißt zu mehr Fähigkeit und Bereitschaft, sich von wichtigen anderen Menschen, ihren Zielen, Werten und Delegationen besser abzugrenzen, sich selbst als aktive Kraftzentren zu erleben, dabei auch mehr Verantwortung für das eigene Gesundheitsverhalten zu übernehmen und doch auch die eigene Abhängigkeit von anderen anzuerkennen und anzunehmen.

Die Individuation des einen kann die Indivduation des anderen sein

Ich komme nun zur zweiten vorgehend angedeuteten Systemdimension und damit zu den Systemkräften, die innerhalb des jeweiligen größeren Problemsystems, und das heißt nun auch: zwischen dem Individuum und seinem existentiell bedeutsamen Makrosystem wie dem Paar- und Familiensystem zur Wirkung kommen. Hier stellt sich dann die Frage: wie weit wirkt sich die - sei es von innen, sei es von außen - angestoßene Individuation eines Mitglieds auf die Individuation anderer Mitglieder aus? Aber auch: Welche Impulse können vom Makrosystem ausgehen, die wiederum die Individuation eines oder mehrerer Mitglieds anzustoßen vermögen? Oder anders ausgedrückt: Wie weit zeigen sich hier

Möglichkeiten einer sich systemweit vorantreibenden bezogenen Individuation, an der alle Systemmitglieder teilhaben?

Und hier zeigen nun nicht zuletzt die von Stierlin u. Grossarth-Maticek (1998) mit dem Autonomietraining gemachten Erfahrungen, daß die Individuation eines einzelnen nun oft auch die Individuation des oder der anderen anzustoßen vermag. In unserem schon erwähnten Buch liefern wir dafür Beispiele: Eine Krebspatientin etwa lernt den Konflikt mit ihrem Partner und ihrer Mutter zu riskieren, aber vermag, indem sie die so entstandene Krise konstruktiv, das heißt ohne Auseinanderbrechen der Partnerschaft bewältigt, mit der eigenen Individuation auch die Individuation des Partners und der Mutter zu befördern. So läßt sich auch verstehen, daß in vielen Fällen eine erfolgreiche Einzeltherapie anderen Mitgliedern des jeweiligen Problemsystems zugute kommt bzw. daß diese Einzeltherapie nun auch die in diesem System angelegten menschlichen Ressourcen zu aktivieren vermag.

Das zeigte sich etwa, als Gunthard Weber und ich (1991) nun schon vor etwa 15 Jahren magersüchtige Mädchen mit deren Familien behandelten und, wie schon erwähnt, in 64 Fällen auch die Möglichkeit hatten, deren weitere Entwicklung katamnestisch zu verfolgen (Weber u. Stierlin 1991). Entgegen der unter den frühen Familientherapeuten weit verbreiteten Annahme, daß in stark gebundenen Familiensystemen - und um solche Systeme handelte es sich ganz überwiegend bei unseren Magersuchtsfamilien - bei Besserung der Symptome des Indexpatienten häufig ein anderes Familienmitglied für diesen als Symptomträger einspringt, daß also Symptome sozusagen nur im Familienkreis herumgereicht, aber, aufs Ganze der Familie gesehen, nicht beseitigt würden, fanden wir, daß ganz überwiegend eher das Gegenteil der Fall war. In den allermeisten Fällen verbesserte sich mit der Verbesserung des psychischen Befindens der ursprünglichen Symptomträgerin auch das der übrigen Familienmitglieder, das der Eltern eingeschlossen. Oder noch anders mit Blick auf die Ressourcenlage ausgedrückt: die Fortschritte in der Individuation des ursprünglichen Symptomträgers, das heißt Fortschritte, die sich typischerweise auch in der Normalisierung des Eßverhaltens bezeugten, diese Fortschritte aktivierten nun auch die Ressourcen an Lebensfreude und ge- und erlebtem Wohlbefinden, die bei den Eltern (und zum Teil auch bei Geschwistern) so lange blockiert geblieben waren, als diese sich um ihre Tochter bzw. Schwester härmten und sorgten und sich, bei der nahezu unausweichlichen Suche nach Schuldigen, auch immer wieder gegenseitig anklagten.

Aber wir fanden in Heidelberg in vielen Fällen auch, daß die Individuation des einen nicht unbedingt zur Individuation des oder der anderen führen mußte. Ja, oft schien das Gegenteil der Fall zu sein: Es kam innerhalb des Problemsystems gleichsam zu Gegensteuerungen, die jeden Ansatz solcher Individuation wieder zunichte machten. Und das ließ sich nun vor allem bei solchen Paar- und Familiensystemen beobachten, die sich als hochgradig verstrickt-gebunden charakterisieren ließen. Es handelte sich überwiegend um solche Familien, in denen psychotische - manisch-depressive, schizo-affektive und schizophrene - Störungen wie auch schwere psychosomatische Erkrankungen aufgetreten waren. Man kann sagen: Hier zeigten sich uns bei unseren Versuchen, die jeweilige verstrickende Bindung zu lösen und Raum für mehr bezogene Individuation zu schaffen, Schwierigkeiten und Herausforderungen zugleich. Auf diese möchte ich im folgenden eingehen.

Verstrickende Bindungen

Verstrickende Bindungen - also Bindungen, deren verstrickende Macht sich wesentlich als Ausdruck und Folge verdeckter Loyalitäten und überfordernder wie auch widersprüchlicher und damit Konflikte erzeugender Delegationen verstehen läßt - lassen sich unter drei hauptsächlichen Perspektiven betrachten.

Eine erste Perspektive wird uns durch die moderne Bindungsforschung nahegebracht. Diese geht auf John Bowlby zurück und hat inzwischen zu einer kaum mehr übersehbaren Forschung und Literatur geführt. Sie geht vor allem Mustern der frühen Mutter-Kind-Beziehung nach, die verständlich machen können, warum sich bei manchen Kindern gleichsam ein Beziehungsurvertrauen auszubilden vermag, das diese später mehr oder weniger unbeschadet ihren Weg durch einen sich immer komplexer darstellenden modernen Beziehungsdschungel finden läßt, während dies bei anderen nicht gelingt. Letztere hatten der Bindungsforschung zufolge das Unglück, Eltern und vor allem Mütter zu haben, die sich ambivalent verunsichernd, und/oder sei es offen, sei es verdeckt zurückweisend und/oder übermäßig anklammernd verhielten.

Diese Forschungen - in Deutschland wurden sie vor allem von dem Ehepaar Grossmann vorangetrieben - sind zweifellos wichtig. Insbesondere könnten sie bei der Verhütung späterer Entwicklungsstörungen helfen. Aber angesichts der Frage: Wie lassen sich bereits bestehende verstrickende Bindungen auflösen, reicht eine sich auf frühe Beziehungsstörungen konzentrierende Sicht kaum aus. Denn sie lenkt nun den Blick auf die Vergangenheit und hier vor allem auf das, was falsch lief und wer möglicherweise Schuld daran hat - was, wie ich schon andeutete, einen düsteren Erwartungshorizont schaffen kann, der einer lösungs- und ressourcenorientierten Therapie nicht gut tut. Denn Überlegungen und Vorgehensweisen, die vorwiegend auf die Aktivierung von Ressourcen im Hier und Jetzt abzielen, finden demgegenüber weniger Beachtung.

Eine zweite Perspektive bringt in den Blick, wie beim Vorliegen einer verstrickenden Bindung auf unterschiedlichen, miteinander vernetzten Systemebenen sich gegenseitig verstärkende Rückkoppelungsprozesse zur Wirkung kommen, die die verstrickende Bindung nur immer bindender und immer verstrickender machen und damit die Chancen für Selbstregulation und bezogene Individuation immer mehr verringern.

Nehmen wir dafür das Beispiel eines jungen Pianisten, wie er uns in dem vor einigen Jahren in Umlauf gebrachten Film "Shine" vorgeführt wird. Dieser Pianist zeigt sich uns widersprüchlich delegiert und somit massiven Auftragskonflikten ausgesetzt. Sein Vater hat seine Lebensenergien daran gegeben, den Sohn zu einem großen und berühmten Musiker zu machen. Das kann aber nur gelingen, wenn der Sohn im Ausland - in diesem Falle in England - beste Ausbildungs- und Wirkmöglichkeiten bekommt. Aber zugleich vermittelt der Vater dem Sohn: Verlaß' mich nicht, bleibe immer in meiner Nähe! Beide - Vater und Sohn - finden sich nun in einer Auftrags- bzw. Beziehungsfalle oder eben einer verstrickenden Bindung, worin sich immer wieder erneuernde Scham- und Schuldgefühle, frustrierte Ausbruchswünsche, Selbstzweifel, Demoralisierung, verdeckte Anschuldigungen, verinnerlichte, jedoch als unerfüllbar wahrgenommene Verpflichtungen sowie das Gefühl, ohne den anderen nicht leben zu können, gleichsam zu einer einzigen Bindungsklebmasse gerinnen, unter deren Befall der junge Pianist offenbar gar nicht anders kann als chronisch psychotisch zu erkranken.

Hier könnte sich also einem Therapeuten die Herausforderung zeigen, so zu intervenieren, daß man gleichsam einerseits an einem Knotenpunkt dieses synergistischen Geschehens (bzw. an einem Punkt, wo die Klebmasse bereits etwas trocken und brüchig erscheint) den Veränderungshebel ansetzt, man aber gleichzeitig Sorge trägt, daß nicht sofort Gegenreaktionen zur Wirkung kommen, die solchen Veränderungseffekt wieder zunichte machen. Was, wie unsere Heidelberger Erfahrungen mit Familien von insbesondere psychotischen Patienten zeigten, oft einer Art strategischer Gratwanderung bedarf.

Immerhin: Möglichkeiten, hier längerfristig entbindend zu intervenieren, zeigten sich uns vor allem dann, wenn wir uns angesichts solcher Verstrickungsdynamik oder nun auch Verstrickungssynergistik auf eine dritte Perspektive besannen, die uns wiederum bestimmte intrinsische Motivationen oder Systemkräfte - in dem schon anfangs bei Erickson erwähnten Sinne - als Ressourcen in den Blick brachte. Und als solche intrinsischen Motivationen in hochgradig verstrickt gebundenen Systemen zeigten sich uns nun in erster Linie ein Verlangen nach Zugehörigkeit, ein Bedürfnis, anderen Familienmitgliedern und unter diesen vor allem denen zu helfen, die ausgegrenzt wurden oder sich selbst ausgegrenzt haben. Man kann sagen: Hier verausgabten sich die Energien der Mitglieder, die diesen aus anerkennenswerten wenn nicht altruistischen Motiven erwuchsen, in Lösungsversuchen, die nunmehr zum eigentlichen Problem wurden und damit die verstrickende Bindung weiter verfestigten. Die Stärke solcher auf Hilfeleistung und Familienzusammenhalt ausgerichteten Motivationen wurde mir vor vielen Jahren deutlich, als Theodore Lidz - der Forscher, der zusammen mit seiner Frau Ruth Lidz meines Wissens als erster die Beziehungsdynamik in Familien mit schizophrenen Mitgliedern systematisch untersuchte - mir erzählte, daß sich die 34 von ihm untersuchten Familien wie selbstverständlich und niemals murrend zu den hunderten von Forschungsinterviews einfanden, die er für sie angesetzt hatte - dies im Gegensatz zu Familien mit damals als soziopathisch diagnostizierten Mitgliedern, die häufig schon zum zweiten Gespräch nicht mehr erschienen. Dies nur ein Zeichen dafür, daß in diesen Familien offenbar enorme motivationale Energien vorhanden waren, die darauf drängten, wichtigen anderen Familienmitgliedern und überhaupt einer guten Sache zu dienen, die aber, so wie die Dinge lagen, sich in ergebnislosen Anstrengungen zu erschöpfen schienen, ja eher das Gegenteil des Erstrebten bewirkten. Und solchen Leerlauf oder vielleicht genauer: solch eine verquerte Polung motivationaler Energien fanden wir bei vielen der von uns behandelten Familien, die sich als hochgradig verstrickt gebunden charakterisieren liessen und bei denen nun häufig ein oder mehrere Mitglieder an einer manisch-depressiven, einer schizo-affektiven, einer schizophrenen Psychose oder auch einer schweren psychosomatischen Erkrankung litten.

Allerdings: Diese Störungen unterschieden sich auch erheblich, was Art und Qualität der jeweils zum Zuge kommenden verstrickenden Bindung anbelangt. Und dementsprechend variierte auch unser therapeutisches Vorgehen. Die seinerzeitigen Mitglieder unseres Heidelberger Teams - Arnold Retzer, Fritz Simon, Gunthard Weber, Gunther Schmidt und ich selbst - haben dieses unterschiedliche therapeutische Vorgehen und die sich damit verbindenden unterschiedlichen, sich aus unterschiedlichen Problem- und Bindungskonstellationen ergebenden Herausforderungen in verschiedenen Publikationen beschrieben, die in der nachfolgenden Bibliographie angeführt sind (Fritz 1988; Fritz u. Rech-Simon 1999).

Im Lichte unseres Leitthemas - die Entdeckung und Nutzung der im System zu findenden Ressourcen - läßt sich auch dazu allgemein sagen: Die Prozesse des Findens und Nutzens von Ressourcen lassen sich hier, wie auch bei anderen Diagnosegruppen, kaum voneinander trennen. Und so wie es beim vorgehend beschriebenen Autonomietraining ein Ziel war, durch Anregung von Eigeninitiative die Möglichkeiten für Selbstregulation oder nun auch: für ein besseres Funktionieren des inneren Parlamentes zu schaffen, so stellt sich Therapeuten auch bei Klienten mit psychotischen Störungen und deren Familien die Aufgabe, sowohl dem inneren Parlament des als psychotisch diagnostizierten Familienmitglieds als auch dem "Familienparlament" als Ganzem zu einem besseren, demokratischeren, das heißt mit mehr Wohlbefinden und weniger Symptomatik einhergehenden Konfliktmanagement zu verhelfen.

Um dieser Aufgabe gerecht zu werden, entwickelten wir in Heidelberg eine "langzeitige Kurztherapie" (Retzer 1994). Dabei kommt es im Durchschnitt zu sieben Sitzungen von je etwa zwei Stunden Dauer. Aber infolge der langen Intervalle zwischen den Sitzungen erstreckt sich die Behandlung typischerweise über Zeiträume von eineinhalb bis zwei Jahren (daher auch die Bezeichnung "langzeitige Kurztherapie"). Und wie aus zwei von unserem Teammitglied Arnold Retzer durchgeführten katamnestischen Studien hervorgeht, läßt sich dabei von durchaus ermutigenden Resultaten sprechen. Nimmt man die Reduktion der Rückfallrate als Besserungskriterium, dann zeigt sich uns bei allen drei von uns behandelten und untersuchten Typen von Familien mit psychotischen Mitgliedern - also bei Familien mit entweder als manisch-depressiv, als schizo-affektiv oder als schizophren diagnostizierten Mitgliedern - eine erhebliche Besserung. Sie ist bei der schizo-affektiven Kohorte am stärksten ausgeprägt mit einer Reduktion der Rückfallrate um 86%, dicht gefolgt von der manisch-depressiven und schizophrenen Gruppe. (Wobei die Rückfallrate sich aus dem Vergleich des Zeitraums *vor* der Familientherapie mit dem *nach* der Familientherapie ergibt. Sie ermittelt sich, indem man die Zahl der Hospitalisierungen durch die Zeiteinheit, im gegebenen Falle ein Jahr, dividiert. Der durchschnittliche Beobachtungszeitraum nach Ende der Familientherapie belief sich auf 3,2 Jahre). Diese Ergebnisse erscheinen uns ermutigend, selbst wenn wir davon ausgehen müssen, daß es sich bei den behandelten Personen um eine besonders ausgewählte und motivierte Klientengruppe handelte, was sich unter anderem daran zeigte, daß die Familien freiwillig häufig mehrere hundert Kilometer Anfahrtsweg in Kauf nahmen, um an den in unserem Institut stattfindenden Sitzungen teilnehmen zu können.

Schlußbemerkungen

Ressourcen lassen sich nicht zuletzt in den Systemen entdecken und nutzen, die wir als Problemsysteme bezeichnen, seien dies nun ein Individuum, ein Paar, eine Familie oder was auch immer. Die Entdeckung und Nutzung solcher Ressourcen bedarf unter Umständen eines Drehens der ganzen Betrachtung, die uns Ressourcen gerade dort wahrzunehmen erlaubt, wo uns symptomatisches Verhalten an Pathologie denken läßt. Typischerweise blockieren oder zerstören sich solche Ressourcen gleichsam in innerpsychischen als auch familieninternen (bzw. systeminternen) Bürgerkriegen. Daher bietet es sich aus systemischer Sicht an, den inneren wie den Familienparlamenten zu einem mehr demokratischen Konflikt- bzw. Krisenmanagement zu verhelfen. Das wiederum verlangt in der

Regel die Anregung einer Eigeninitiative, mittels derer sich Betroffene die Bedingungen schaffen, unter denen Bedürfnisbefriedigung und Konfliktmanagement möglich wird, was dann letztlich auch mit mehr Wohlbefinden und Lebensfreude einhergeht. Ich habe anzudeuten versucht, wie sich eine systemische Sicht auf therapeutisches Vorgehen bei so unterschiedlichen System- und Problemkonstellationen, wie sie sich uns einerseits bei einer Krebsgefährdung, andererseits bei psychotischen Störungen zeigen, auszuwirken vermag.

Literatur

Haley J (1986) Uncommon Therapy. Norton, New York

O'Hanlon W, Hexman A (1994) Milton H. Ericksons gesammelte Fälle. Klett-Cotta, Stuttgart

Fromm-Reichmann F (1950) Principles of intensive psychotherapy. Univ Chicago Press, Chicago

Retzer A (1994) Familie und Psychose. Gustav Fischer, Stuttgart

Simon F (1988) Unterschiede, die Unterschiede machen. Klinische Epistemologie. Grundlage einer systemischen Psychiatrie und Psychosomatik. Springer, Heidelberg New York Tokyo

Simon F, Rech-Simon Ch (1999) Zirkuläres Fragen: Systemische Therapie in Fallbeispielen: Ein Lesebuch. Carl Auer, Heidelberg

Stierlin H (1994) Ich und die anderen: Psychotherapie in einer sich wandelnden Gesellschaft. Klett-Cotta, Stuttgart

Stierlin H (1997) Haltsuche und Haltlosigkeit: Grundfragen der systemischen Therapie. Suhrkamp, Frankfurt aM

Stierlin H, Grossarth-Maticek R (1998) Krebsrisiken - Überlebenschancen: Wie Körper, Seele und soziale Umwelt zusammenwirken. Carl Auer, Heidelberg

Weber G, Stierlin H (1991) In Liebe entzweit: Die Heidelberger Familientherapie der Magersucht. Rowohlt, Reinbek

Meta-Ressourcen und Legitimität

Seelenverlust in den Anden, im Himalaya – und bei uns: Konzepte von Gesundheit, Krankheit und Heilung im transkulturellen Vergleich [1, 2]

Ina Rösing

Heilungsressourcen sind alle intra-, inter-, trans- und non-personalen Bedingungen, welche zu einer Heilung oder Gesundung beitragen. Heilungsbarrieren hindern diesen Prozeß. Was als Heilungsressource oder -barriere wahrgenommen wird, ist bestimmt von der Definition des Heilungszieles. Was als Heilungsziel angesehen wird, ist abhängig von den jeweiligen Konzepten von Gesundheit und Krankheit. Diese Konzepte variieren in hohem Maße von Kultur zu Kultur. Deshalb sind auch alle Vorstellungen von Heilungsressourcen und Heilungsbarrieren zunächst einmal grundsätzlich kulturell *relativ*.

Diese zunächst abstrakten Thesen möchte ich im folgenden anhand eines Drei-Kulturen-Vergleiches (Andenkultur, tibetischer Kulturraum des Himalaya und sog.westliche Kultur) lebendig machen. Dies geschieht am Beispiel der in der andinen und tibetischen Kultur wohlbekannten und wohldefinierten Krankheit des "Seelenverlustes", für die sich in unserer Kultur - außer vielleicht mit dem CFS-Syndrom (vgl. unten) zwar keine Krankheitskonzepte, aber doch analoge "defizitäre Zustände" identifizieren lassen.

Dieser Drei-Kulturen-Vergleich wird zwar im Blick auf Anden und Himalaya eine Fülle von überraschenden Parallelen aufweisen - aber im Vergleich zur "westlichen" Kultur vor allem Unterschiede zeigen und damit die Relativität der Konzepte von Gesundheit, Krankheit und Heilung (mit ihren Zielen, Ressourcen,

---

1 Dieser Beitrag ist ein Auszug aus der fünfteiligen Vortragsreihe, die ich im Rahmen des "Forum am Nachmittag" zu dem Thema "Heilungsziele, Heilungskräfte, Heilungshindernisse. Ressourcen und Barrieren in transkultureller Betrachtung" (Lindauer Psychotherapiewochen 1998) gehalten habe. Die gesamte Vortragsreihe ist in Kassetten erhältlich bei BUK-Audioplanung, Bahnhofstraße 1, D-79379 Müllheim/Baden (vgl. Rösing 1998a bis 1998e).

2 Dank an erster Stelle an alle Medizinmänner und Ritualisten der Anden und an alle Schamanen, Heiler und tibetische Mönche in Ladakh, welche mir geholfen haben, ihre Welt zu verstehen. Dank auch meinen wichtigsten Mitarbeitern in den beiden Forschungsregionen: Ginés Pastén, Haydée Torres, Sonam Norboo Spurkhapa, Tsultin Kurbet, Thinley Gyurmet, Tashi Tundup. Auch sei den Institutionen gedankt, welche meine Anden- und die Himalaya-Forschung finanziert haben: Deutsche Forschungsgemeinschaft, Robert Bosch Stiftung, Stiftung Volkswagenwerk und (durch Verleihung eines Landesforschungspreises) das Ministerium für Wissenschaft und Forschung des Landes Baden-Württemberg.

Barrieren) nachhaltig verdeutlichen. Gleichzeitig möchte ich diese Relativität jedoch auch überschreiten und versuchen, Heilungsressourcen zu identifizieren, die möglicherweise transkulturell gültig sind. Bei dieser Interpretationsaufgabe werden mich die Konzepte Legitimität und Meta-Ressourcen leiten.

Seelenverlust in den Anden

Seelenverlust habe ich durch jahrelange eigene Feldforschung in den Hochanden von Bolivien bei den Quechua-sprachigen Indianern der Kallawaya-Region, in der umgebenden Aymara-sprachigen Altiplano-Region und in den Anden Perus kennengelernt. Ich habe Berichte von Patienten und Medizinmännern gesammelt, ich habe vielen "Ritualen zur Rufung der Seele" beigewohnt und sie auch mit Tonband dokumentiert, und ich habe eine Reihe von Lehren bei Medizinmännern und Medizinfrauen absolviert, bei denen auch Seelenverlust und seine Heilung einen wichtigen Platz einnahmen. Dies ist die Datenbasis des vorliegenden Abschnitts.

Seelenkonzepte, Religion und Krankheit in den Anden

In den Anden unterscheidet man eine große und eine kleine Seele. Die große Seele ist ein Korrelat von Leben. Ein Mensch kann nicht ohne große Seele leben. Die kleine Seele dagegen kann des Nachts spazierengehen, kann entwendet und gestohlen werden, kann verlorengehen. Man verliert seine kleine Seele vor allem durch Erschrecken. Ein plötzlich auf den Weg herabpolternder Stein, ein Blitzeinschlag, ein merkwürdiger Schatten, ein unerwarteter Schrei, ein Sturz - das alles kann, wenn man sich dabei erschreckt - zum Verlust der kleinen Seele führen. Die Seele entweicht und wird von dem Ort festgehalten, an dem das Erschrecken stattfindet. Dieser Ort - bzw. der Inhaber dieses Ortes, die Wesenheit, welche dort haust - hält die fremde Seele fest. Man muß sie dem Inhaberwesen wieder abhandeln.

Der Verlust der kleinen Seele hat weitreichende gesundheitliche Folgen - schleichende, diffuse, umfassende Folgen. Es mag mit Müdigkeit, schlechter Laune, Gereiztheit, Lustlosigkeit beginnen, es kann zu Angstträumen, Kraftverlust, Mutlosigkeit und Apathie führen. Und vor allem kann jedwede andere Krankheit (vom Husten bis zur nicht heilenwollenden Wunde, von infizierten

Augen bis zum Grollen im Gedärm) leichter den Körper befallen, wenn er unbehaust ist von der kleinen Seele. Dieses Krankheitsbild heißt in Quechua *mancharisqa* (Erschreckt sein), in Spanisch *susto*. Es ist ein Krankheitsbild, das nicht nur in ganz Südamerika bekannt ist (Rubel 1964; Rubel u. O'Nell 1979; Rubel et al. 1984), sondern auch in vielen anderen Kulturen außerhalb dieses Kontinents (Murdock 1980) - auch im Himalaya (vgl. unten).

Erschrecken mit Seelenverlust gehört nach dem andinen Krankheitsverständnis zu den wichtigsten drei Krankheitsursachen überhaupt. Die anderen beiden sind: Opferschuld und Hexerei. Keine dieser wichtigsten andinen Krankheitstheorien ist zu verstehen ohne die andine Religion.

Die andine Religion kennt viele Götter, sie alle sind ortsgebunden, d. h. bewohnen einen bestimmten Ort. Nur Mutter Erde, die höchste andine Gottheit, ist überall. Die andinen Götter haben Macht über alles, was den Menschen wichtig ist: Leben, Nahrung, Gesundheit, Schutz. Sie sind im Prinzip wohlwollend, sie handeln nach dem Wert der Reziprozität. Sie geben den Menschen, was diese brauchen - doch sie fordern eine Gegengabe. Die Gegengaben der Menschen sind Opfergaben (vom heiligen Kokablatt bis zum Herz eines Opfertieres) und Ehrerbietung durch "Dialog" im Gebet.

Die Menschen bieten ihre Gaben für die Götter an im Kontext sehr aufwendiger und vielfältiger Rituale: Weiße Heilungsrituale, kollektive Agrikulturrituale, vielfältige Bedarfs- und Notrituale (Rösing 1987/1992, 1988/ 1995, 1990/1993, 1991, 1993). Diese Rituale lehren, daß in der Andenreligion eine Ober-, Erd- und Dunkel-Welt unterschieden wird. Der Ober-Welt gehören vor allem die Gottheiten des Blitzes an (Rösing 1990), aber auch der Gott der katholischen Kirche und die Heiligen. Der Erd-Welt, der wichtigsten unter den drei andinen Welten, gehören die Mutter Erde, die Berggottheiten, die Gottheiten der Quellen, die heiligen Opferstätten in Haus und Hof, auf Feld und Land an. In der Dunkel-Welt hausen die Geistwesen der Vergangenheit und des Reichtums. Es sind symbolische Welten, keine "Schichten": Denn auch Gottheiten des Blitzes (der Ober-Welt) haben ihren Wohnort auf der Erde; dort, wo der Blitz eingeschlagen hat, nimmt eine Gottheit des Blitzes ihren Wohnsitz. Wesen der Dunkel-Welt hausen in Winkeln des Hofes, in Höhlen, in *chullpas*, Gräbern der Ahnen, und auch unter der Erde.

Die Menschen bleiben von allen Unbilden unversehrt, wenn sie in ihrem Verhältnis zu den Göttern im Ausgleich des Gebens und Nehmens stehen, d. h. keine Opferschulden haben. Freiheit von Opferschuld ist die umfassendste Voraussetzung für Gesundheit. Opferschulden-Haben ist gleichsam der Verlust des Immunsystems. Auch die kleine Seele kann man dann leichter verlieren. Das Verhältnis des Menschen zu den Göttern bestimmt also die Seßhaftigkeit der kleinen Seele mit.

Daraus folgt, daß in den Anden keine Krankheit, welche Symptomatik sie auch immer zeigen mag, geheilt werden kann ohne Ausgleich der Opferschulden, ohne Versöhnung mit den Göttern. Die Heilung vom Erschrecken mit Seelenverlust wird sowohl durch eine bestimmte Ritualistik der Rufung der Seele vollzogen als auch durch ein "Weißes Heilungsritual" - in welchem durch Opfergaben an die Ober-, Erd- und Dunkel-Welt alle Opferschulden behoben werden.

Im folgenden möchte ich kurz ein andines Ritual zur Rufung der Seele darstellen[3], in welchem diese Verbindung von Seele, Religion und Krankheit deutlich wird.

Rituale zur Rufung der Seele in den Anden

Aus meinem vielfältigen Datenmaterial zur Seelenrufung möchte ich hier aus den *Lehren* zitieren, die ich von Kallawaya-Medizinmännern erhalten habe, um die Kallawaya selbst zu Wort kommen zu lassen. Einer meiner wichtigsten Lehrmeister war der (als ambulanter Heiler) vielgereiste und erfahrene Heiler Ramón Alvarez aus Chajaya.

Nachdem ich schon an einer Reihe von "Ritualen zur Rufung der Seele" selbst teilgenommen hatte und mit vielen Fragen zu Ablauf und Bedeutung in die Lehrstunde kam, gab Don Ramón mir eine zusammenhängende Darstellung der Heilung vom Seelenverlust. Ich zitiere ihn wörtlich, ich habe die Darstellung nur ein wenig geordnet und gegliedert.

Die Rufung der verlorenen Seele

1. *Weihrauch-Inhalation I.* Im Fall einer *mancharisqa* bereitet der Medizinmann in der Hütte des Patienten gegen Mitternacht Glut auf der Weihrauchschale. Er bestreut die Glut mit Weihrauch, ein wenig Zucker und *pastillas misteriosas* (kleine Zuckerkügelchen). Er entfacht die Holzkohle und läßt den Patienten den Rauch dieser Bereitung einatmen.
2. *Rufung der Seele am Ort des Erschreckens oder auf dem Berg.* Der Kallawaya-Medizinmann besorgt sich eine kleine Glocke, so wie sie die Schafe tragen. Außerdem besorgt er sich eine Peitsche, einen Riemen oder eine andere Waffe, zum Beispiel ein

3 Für mehr Details vgl. Rösing 1998, 1988/1995.

großes Messer. Diese Waffen sind dazu da, daß die bösen Geister den Medizinmann nicht angreifen. Er braucht außerdem ein wenig Zucker, zwei Löffel voll, oder eine Süßigkeit oder ein bißchen Honig. Das wird in ein Papier gewickelt oder in ein Taschentuch. Von dem Patienten braucht er den Hut oder die Mütze oder ein anderes Kleidungsstück *(prenda)*. In der Stadt tragen sie keine Hüte und Mützen, dann nimmt man ein Taschentuch des Patienten oder einen Gürtel oder ein Hemd.

Mit all dem geht der Medizinmann nach draußen. Der Patient bleibt mit einem Begleiter zurück. Es muß immer jemand bei dem Patienten bleiben. - Der Medizinmann geht fort. Es ist außerordentlich wichtig, daß niemand ihn sieht, nicht einmal ein Tier. (Don Ramón mit nachdrücklicher Stimme:) Wenn der Medizinmann auf dem Weg zu dem Ort, wo er die entwichene Seele ruft, einen Menschen trifft oder ein Tier, dann hat die Behandlung keinerlei Wirkung. Man muß sie lassen für diese Nacht. Man muß sie in einer anderen Nacht wiederaufnehmen.

Was den Ort der Seelenrufung betrifft, so muß man den Patienten fragen (wo er sich erschreckt hat). Wenn der Ort weit weg ist, zum Beispiel außerhalb der Provinz oder in einem anderen Land, dann muß man auf einen nahen hohen Berg steigen. Dort oben ruft der Medizinmann mit dem Zucker oder der Süßigkeit und dem Kleidungsstück des Patienten seine Seele. Er winkt mit dem Kleidungsstück, um die Seele zu fangen und betet dabei etwa so: Seele des Sowieso (man nennt den Namen des Patienten), Seele des Sowieso, komm, komm, komm, komm Geist des Sowieso, komm und kehr' zurück, sei nicht mehr erschreckt ... Und mit dem Hut oder dem Kleidungsstück des Patienten fängt der Medizinmann die Seele ein.

(Ich frage dazwischen: Wie können wir wissen, daß nach der Rufung der Seele die Seele auch zurückgekehrt ist? Ramón antwortet:) Wenn des Nachts kein Laut mehr ist, kein Ton, wenn kein Vogel sich rührt, es still ist - dann ist das ein Hinweis darauf, daß die Seele schon zurückgekehrt ist. Ein anderer Hinweis ist natürlich, wenn der Patient ruhiger wird und sein Zustand sich bessert. Wenn nicht, kann man die Behandlung in einer anderen Nacht noch mal wiederholen oder eine andere Behandlung für die *mancharisqa* anwenden.

3. *Rückkehr des Medizinmannes und Übergabe der Seele*. Ein gutes Zeichen ist es auch, wenn ein Nachtfalter mit der Rückkehr des Medizinmannes mit in die Hütte flattert. Das heißt, daß die Seele zurück ist. Dem Nachtfalter darf man auf keinen Fall etwas antun. Er muß unbelästigt die ganze Nacht im Raum bleiben. Der Medizinmann kehrt also zurück. In der Nähe der Hütte des Patienten läutet er sacht das Glöckchen. Mit diesem sanften Laut kann der Patient schon die Rückkehr seiner Seele antizipieren. Wenn der Medizinmann die Tür öffnet, sagt er: Schon kommt deine Seele! Und der Patient sagt: Schon kommt meine Seele! Der Medizinmann hält das Kleidungsstück des Patienten über dessen Kopf und läutet noch einmal das Glöckchen, ganz sacht, dicht an seinem Kopf. Indem er das Glöckchen auf diese Weise nah am Kopf des Patienten läutet, hilft er der Seele, wieder in den Körper zurückzukehren, so wie der Klang in den Körper dringt - bis ins Herz.

4. *Weihrauch-Inhalation II.* Noch einmal bereitet der Medizinmann die Weihrauchschale mit den genannten Ingredienzen. Er läßt den Patienten den Rauch einatmen, und das bedeutet - er möge gerettet werden. Außerdem bereitet er dem Patienten ein Getränk mit dem Zucker, mit dem er die Seele gerufen hatte, und mit ein paar Krümeln Erde von dem Ort der Seelenrufung. Der Patient muß Erde essen von dem Ort, wo seine Seele verlorenging. - Die Waffe, die der Medizinmann mit hatte, läßt er vor der Hütte. Er macht die Waffe fest. Er steckt (z. B.) das Messer in den Boden an der Tür der Hütte, damit die Seele dann nicht mehr aus der Hütte entweichen kann und damit die bösen Geister nicht in die Hütte kommen. - Der Patient ruht den Rest der Nacht, immer in Begleitung eines Menschen seines Vertrauens.
5. *Aschenkreuze am Morgen.* Am nächsten Morgen kehrt der Medizinmann in die Hütte des Patienten zurück. Mit Asche zeichnet er ein Kreuz auf die Stirn und auf die Handrücken des Patienten. Die Kreuze müssen den ganzen Tag dran bleiben. Das Kreuz schützt uns vor allem Bösen.

Dies aber ist nur ein Teil der aufwendigen Behandlung der *mancharisqa*. Nicht nur muß die verlorene Seele wieder beigeschafft und dem Patienten im wörtlichen Sinne wieder einverleibt werden - einverleibt in Form eines Klanges, eines Getränkes, der Erde vom Ort des Erschreckens -, sondern es muß auch das beseitigt werden, was den vorübergehend un-behausten Körper an bösen Kräften inzwischen befallen hat. Die bösen Kräfte müssen gebannt werden, damit der Leib des Patienten wieder rein ist. Diese nachhaltige rituelle Reinigung kann mit Hilfe eines bunten Hahns, einer Katze oder eines Dutzends Eidechsen geschehen. Ich will hier nur ein Beispiel zitieren: Die *Mancharisqa-Heilung* mit einem bunten Hahn. Don Ramón:

Rufung der Seele mit Hahn

"Wenn jemand eine Erscheinung sieht, z. B. in Gestalt eines Kadavers oder in einer anderen Gestalt, dann erschreckt er sich und kann sogar verrückt werden. In unserem Land gibt es Institutionen, wo sie die Verrückten internieren. Aber wir Kallawaya-Medizinmänner bemühen uns, sie zu heilen. Das machen wir so":

1. *Bereitung einer Opfergabe und Anlegen von Opfergabe und Hahn.* In diesem Fall bereiten wir zwölf Opfernester mit den üblichen Zutaten. Dazu kommt aber noch ein bißchen Haar von der Wildkatze, ein paar Borsten vom Stachelschwein und andere Beigaben. - Man braucht außerdem einen lebenden Hahn, einen kleinen. Er muß bunt sein, braun-gold, keine andere Farbe. Diese Behandlung macht man nur am Dienstag

oder Freitag. Man muß sie zwischen zehn Uhr abends und Mitternacht durchführen. - Von den bereiteten zwölf Opfernestern werden dem liegenden Patienten sechs auf die Stirn gelegt und sechs auf den Leib ans Herz. Das wird mit neuen Taschentüchern oder anderen Tüchern festgebunden. Den Hahn muß der Patient in den Arm nehmen wie ein kleines Kind. Zwei Stunden muß der Patient so liegenbleiben.

2. *Reinigung*. Gegen Mitternacht dann müssen der Patient, die Angehörigen und wer sonst die Heilung begleitet und der Medizinmann ein Glaubensbekenntnis sprechen, mit tiefem Glauben; auch das Gebet des heiligen Ciprian, wenn man das kennt. Dann nimmt der Medizinmann die Opfernester ab, sammelt sie in einem Taschentuch und reinigt dann damit den ganzen Körper des Patienten: den Kopf, die Schultern, den Rumpf, die Arme und die Beine. Und dabei betet er: Gesunden möge er, die bösen Geister sollen weichen, zum Guten wandle sich's! Während dieser Reinigung, die 10 bis 15 Minuten dauert, hält der Patient weiter den Hahn fest in den Armen. Wenn die Reinigung - die man mit allem Glauben macht! - zu Ende ist, dann nimmt der Medizinmann den Hahn und führt seinen Schnabel an den Mund des Patienten. Zwölfmal muß der Patient auf den Schnabel des Hahns hauchen und danach auch zwölfmal auf die gebündelten Opfernester, und dabei muß er immer wieder sagen: Hinweg Krankheit, hinweg, weiche hinweg, haut ab, ihr Teufel *(supaykuna)*, Wandel trete ein!

3. *Am reißenden Fluß*. Dann geht der Medizinmann mit den Opfernestern und dem Hahn fort. Er nimmt ein wenig Wein mit. Dafür muß er immer zwei Begleiter haben, Männer müssen es sein. Das sind die Wächter des Medizinmannes, damit er vor den bösen Geistern beschützt wird. Sehr vorsichtig muß man bei diesen Dingen sein! Der Medizinmann und die beiden Begleiter sind bewaffnet, mit Dolchen zum Beispiel. Sie gehen zu einem reißenden Fluß, einem Ort, wo es keine Leute gibt, wo die Leute nicht hinkommen. - Am Ufer des Flusses angekommen, wirft der Medizinmann den Hahn mit zusammengebundenen Beinen in den Fluß und tötet ihn so. Der Fluß reißt ihn mit sich davon. Er wirft auch die Opfernester mit dem Tuch in den Fluß, damit sie weit weggetragen werden. Er besprüht den Fluß mit einer Alkohol-*ch'alla* (Libation), und bei all dem betet er etwa so: Fantasma, Teufel, Satan, hier bring' ich dir die Opfergabe her, damit der Sowieso (Name des Patienten) frei werde, damit er gerettet sei. - Und der Medizinmann ruft dann die Seele des Patienten, damit sie wiederkommt und zurückkehrt. Er ruft die Seele mit dem Wein, den er mitgebracht hatte.

4. *Rückkehr zur Hütte*. Dann kehrt der Medizinmann mit seinen Begleitern zurück zur Hütte des Patienten. Die Wächter werden jetzt nicht mehr gebraucht, aber sie können auch noch bleiben. - Den Wein, mit dem der Medizinmann die Seele des Patienten gerufen hat, gibt er diesem zu trinken. Er bereitet die Weihrauchschale und läßt ihn Weihrauch einatmen. Medizinmann und Patient beten dann das Glaubensbekenntnis. - Der Medizinmann geht dann. Der Patient ruht den Rest der Nacht. Die ganze Nacht muß jemand seines Vertrauens bei ihm sein.

5. *Morgendliche Ginsterwaschung*. Ganz früh morgens, vor Aufgang der Sonne, so um fünf Uhr zum Beispiel, wäscht der Begleiter des Patienten den Patienten am ganzen Körper mit Ginsterwasser ab. Das wurde vorher vom Medizinmann bereitet, der Ginster wurde in Wasser gekocht. Der Begleiter wäscht dem Patienten den ganzen Körper ab, alle Teile, auch den Mund. Dann muß das Wasser draußen weggeschüttet werden.
6. *Inhalation des Rauchs von Vogelnest- und Flußgutkrümeln.* Die drei folgenden Nächte, jeweils zwischen elf Uhr und Mitternacht, wenn alle schlafen, kehrt der Medizinmann zum Patienten zurück und läßt ihn auch den Rauch folgender Zutaten einatmen, die der Medizinmann vorher besorgt hat: Erstens, einige Krümel des Nestes von dem Vögelchen Picaflor. Ein Nest reicht für viele Behandlungen! Zweitens, einige Bröckchen von dem, was der Fluß anspült nach dem ersten großen Regen, einige Abfälle. - Mit diesen Zutaten bereitet der Medizinmann eine Glut, der Patient setzt sich vor die Glut und atmet den Rauch ein. - Die morgendlichen Waschungen müssen fortgesetzt werden, bis es dem Patienten besser geht. Wenn es ihm nicht besser gehen will, dann wiederholt man die gesamte Behandlung oder wendet eine andere Behandlung für die *mancharisqa* an.

Soweit mein Lehrmeister Ramón. Im Kontext dieser ersten Behandlungsart der *mancharisqa*-Krankheit lernen wir auch noch eine weitere Art der Seelenrufung kennen, eine "kleine" Form: die Rufung mit Wein, welchen der Patient sich dann einverleibt. Die Behandlung selbst aber ist keinesfalls "klein", sondern ausgesprochen aufwendig. Als Minimum werden immerhin vier Menschen für den Patienten gebraucht: ein Patientenbegleiter, der zu frühen Morgenstunden auch die Ginsterwaschungen durchführt, dann die beiden Wächter des Medizinmannes, die ihn zum Fluß begleiten, und schließlich der Medizinmann selbst. Mindestens vier Nächte muß der Medizinmann zum Patienten kommen - für die Nacht mit Hahn, Opfernester und Fluß und für die drei Nächte, in denen der Rauch von Vogelnest- und Flußgutkrümeln inhaliert wird.[4]

---

4 "Warum der Hahn?", frage ich Don Ramón. Es una tradición milenaria - das ist eine jahrhunderte alte Tradition. Ein anderer Medizinmann erklärte mir dazu: "Der Hahn ist ein mutiges Tier, er sitzt auf den Dächern und kräht." Vielleicht kann man ihm deshalb das Gefährliche zumuten, das er aus dem Leib des Patienten in seinen aufnimmt, während der Patient ihn stundenlang in den Armen hält? - Und warum das Vogelnest, die Abfälle vom Fluß? Jina puni kaq kasqa - das haben wir immer schon so gemacht. Unbekannt war mir diese Behandlung keinesfalls. Ich hatte einmal dort in Bolivien große Sorgen. Ein Medizinmann verordnete eine Inhalation, das würde mir helfen, sagte er. Ich solle von den vier Ecken des Platzes irgendwelche Abfälle auflesen und mitbringen. Er würde ein Nest des Vogels Picaflor besorgen. Von beidem wurde dann ein wenig auf ein kleines Blech gekrümelt, Holzkohle kam dazu, und das Ganze wurde angezündet. Ich mußte den Rauch einatmen. Der Medizinmann erklärte: Deine Sorgen werden basura (Abfall, "weg damit") und fliegen davon (wie der Vogel Picaflor). Ich bin sicher, daß dies nicht die einzig mögliche Erklärung ist. Die Sorgen sind jedenfalls etwas Nichtgutes, das mit dieser Inhalation beseitigt

Die *mancharisqa* ist, wie dieses Ritual verdeutlicht, etwas Nichtgutes, das auf vielfältige Weise aus dem Körper verbannt wird: Die Opfernester saugen es ab, der Hahn nimmt es in sich auf, der Patient haucht es auf die Opfernester und den Hahnenschnabel aus, dies alles trägt der Fluß davon, wie er auch Trauer fortträgt; der Ginster, ebenfalls Teil des "Rituals zur Verbannung der Trauer", reinigt den Leib, die Inhalation von Nest und Flußgut nimmt Sorgenvolles und Sorgenmachendes hinweg.

Der Kern des Rituals zur Rufung der Seele

Es gibt eine ganze Reihe weiterer Varianten in den Ritualen zur Rufung der Seele; sie haben aber doch einen gemeinsamen Kern. Es ist dieser Kern, welcher uns eine symbolische Deutung unter den Konzepten von Heilung, Ressourcen und Barrieren erlaubt und einen transkulturellen Vergleich mit unserer Welt von Gesundheit, Krankheit und Heilung. Der Kern des Kallawaya-Rituals zur Rufung der Seele läßt sich in neun Punkten zusammenfassen:

1. Zu einem Kallawaya-Ritual zur Rufung der Seele gehören immer drei Teile: die Bereitung von Opfergaben, eine vielfältige Reinigung des Seelen-losen Körpers und die Rufung und Neueinverleibung der verlorenen Seele.
2. Die Opfergaben gehören verschiedenen Klassen an. Weiße Opfergaben sind immer notwendig. Weiße Opfergaben sind für die Mutter Erde, die Gottheiten der Heiligen Berge, für Ankari, den Wind, für die Opferstätte der Hütte - vor allem auch für die Wesenheiten am Ort des Erschreckens: Opfer für die guten Kräfte. - Zweitens werden "graue" Opfergaben bereitet, die dann zur Reinigung des Patienten gebraucht werden: Es sind Opfergaben an die dunklen Kräfte.
3. Die Reinigung wird auf vielfältige Weise vollzogen: Anlegen der reinigenden grauen Opfernester, Anlegen eines Tieres, Reinigung mit Opfergaben und Tier, Aushauchen auf Opfergaben und Tier, Waschungen in Ginstersud usw. All dies geschieht, um alles Unheile von dem Leib des entseelten Patienten abzusaugen, auszuhauchen, abzuwaschen.
4. Das Reinigungsgut wird als außerordentlich gefährlich angesehen - vgl. die vielen Schutzmaßnahmen von den Waffen über die Begleiter des Medizinmannes bis zu den Gebeten.
5. Entsprechend sorgfältig wird auch das Reinigungsgut beseitigt. Es wird dafür gesorgt, daß es weggeschwemmt wird (Werfen in einen reißenden Fluß) oder aber mit eigenen

werden soll, ebenso wie die Erkrankung der mancharisqa.

Beinen eiligst davonläuft (wie im hier nicht dargestellten Fall einer Heilung mit kleinen Eidechsen).

6. Die Rufung der Seele - der dritte obligate Teil dieser Heilung - geschieht stets mit Hilfe eines Unterpfandes des Patienten, bevorzugt ein Kleidungsstück, in das allerlei Lockmittel für die Seele eingewickelt sind: Zuckerwürfel, Bonbons, Brot. Die Seele wird mit Lockungen gerufen und mit Gebet. Die Rufung der Seele geschieht vorzugsweise am Ort des Erschreckens.
7. Die Rückgabe der Seele geschieht durch Übergabe des Unterpfandes und des Lockgutes an den Patienten, das Kleidungsstück muß er sich anziehen, das Lockgut muß er sich einverleiben, und er muß Erde vom Ort des Erschreckens essen - die Seele ist in all dem gefangen.
8. Nach der Rückgabe der Seele ist der Patient noch in einer außerordentlich delikaten und schutzbedürftigen Verfassung. Dieser Verfassung wird durch vielfältige Fürsorge und spezielle Schutzmaßnahmen Rechnung getragen: Aschenkreuz auf Stirn und Hände, Nichtverlassen der Hütte für Tage, ein stetiger Begleiter für diese Zeit, und Wache für die Nacht ...
9. Kein Kallawaya-Heilungsritual ohne ausführliche lange Gebete, auch katholische (diese meist mehr als "Mantra" verwandt denn vom Inhalt her). Die Kallawaya-Gebete, frei gesprochen, rufen alle mächtigen und weniger mächtigen Gottheiten und Kräfte der Welt an, und sie beschwören ständig und immer und immer wieder, was hier geschieht, was es Gutes bewirkt und daß es Heilung bringen werde ...

Seelenverlust im tibetischen Kulturraum des Himalaya

Seelenkonzepte, Religion, Krankheit im Himalaya

Wie in den Anden gibt es im tibetischen Kulturraum des Himalaya eine Hochreligion (das Christentum in den Anden, der Buddhismus im tibetischen Kulturraum) und eine Volksreligion, die lange vorher da war: die autochthone Religion der Anden, der Schamanismus im Himalaya. Wenn wir von Seelenverlust sprechen, befinden wir uns stets mitten im volksreligiösen Bereich. Im Folgenden nur einige wenige Anmerkungen zur schamanischen Volksreligion in Tibet (Stein 1993; Tucci 1988) Einschließlich Westtibet/Ladakh (Kaplanian 1981, 1990).

In den Anden ist die Welt, wie erwähnt, dreigeteilt: Ober-Welt, Erd-Welt, Dunkel-Welt. Auch in Tibet gibt es drei Welten: Es gibt erstens eine Ober-Welt in welcher die *lha*, die Götter, zu Hause sind. Die *lha* sind nicht bösartig, aber sie strafen, wenn sie nicht geehrt werden. Man kann durch das Wirken der *lha* krank werden, *lha* können auch Seelen rauben. - In der zweiten, der mittleren Welt leben die *tsan*, was höchst ambivalente Gestalten sind - wunderschön von vorne anzuschauen, aber von hinten grauenerregend. Wenn man sie von hinten sieht, wird man vor Entsetzen krank. Ihr Rücken ist offen und von hinten sieht man ihre Eingeweide. Auch die *de*, die Dämonen, wohnen in der mittleren Welt. Die dritte, die unterirdische Welt ist reich bevölkert von anthropomorphen Wesen und von zoomorphen Wesen - einschließlich Eidechsen, Schlangen, Fischen. Die Wesen dieser unterirdischen Welt - welche genauso wie in den Anden mit Wohlstand, Reichtum und Fruchtbarkeit assoziiert ist - sind wohlwollend, aber wenn man sie stört und verletzt, dann rächen sie sich automatisch mit drastischer Strafe - einschließlich Krankheit.

Krankheit in Tibet kommt also aus allen drei Welten, die Welt insgesamt ist voller Bedrohungen und Gefahren. Außerdem gibt es natürlich noch weitere schädliche Wesenheiten. Vor allem bei den *shinde* und *sonde* spielt auch die Seele und der Verlust der Seele eine große Rolle. *Shinde* ist die Seele eines Menschen, der einen zu frühen Tod starb, unerledigte Dinge zurückließ und dessen Seele deshalb noch weiter in der Welt herumirrt. *Shinde* kann in den Körper eines Menschen eindringen, verdrängt die Seele und führt folglich zu Seelenverlust. *Sonde* ist die Seele bösartiger Menschen, welche auch auf Wanderschaft gehen kann und in andere Menschen eindringt und deren Seele verdrängt.

Jeder Mensch ist bewohnt von einem *lha* (Gott) und einem *de* (Dämon). Der *lha* wohnt in der rechten, der *de* in der linken Schulter - oder manchmal heißt es auch, *lha* wohne im Leib des Menschen, *de* in seinem Schatten. Es gibt Menschen, bei denen *de*, das Dämonische, stärker ist als *lha*. Es sind neidische, eifersüchtige Menschen. Sie sind der Ausgangspunkt von *sonde* - eine bösartige wandernde Seele, die in andere Menschen eindringt und deren Seele verdrängt.

Obwohl die Welt also voller Gefahren ist, voller racheanfälliger *lhu* und leicht beleidigter *lha* und wütender *de* und grausam aussehender *tsan* und herumwandernder *shinde*- und *sonde*-Wesen - heißt das nicht, daß einem Menschen ständig etwas passiert. Es gibt zwei intermediäre Bedingungen, die entscheidend mitbestimmen, ob Gefahr zu Krankheit wird (Kaplanian 1990) - und ich will sie kurz nennen, denn sie bedingen auch, ob es zu Seelenverlust durch Erschrecken kommt und wie man eine verlorene Seele wiedergewinnt.

Die erste vermittelnde Bedingung ist *sparka*. Das wird meist übersetzt mit "spiritueller Kraft" oder "Willenskraft" und auch "Wirkungskraft". Menschen haben unterschiedlich hohe oder niedrige *sparka*. Wer eine hohe *sparka* hat - dem können alle Gefahren weniger anhaben. Wir könnten sagen, er hat ein gutes Immunsystem, die Infektionsschwelle ist höher.

Sparka kann man stärken durch Anbringung von Gebetsfahnen; wer je im tibetischen Kulturraum war, kennt sie, sie wehen allenthalben - und sie wirken um so mehr, je höher sie angebracht oder aufgestellt werden. *Sparka* kann man auch stärken durch Meditation und andere buddhistische Praktiken. *Sparka* wird reduziert durch Kontakt mit verunreinigenden Bereichen oder Gegenständen. *Sparka* ist keinesfalls auf einfache Weise mit gut und böse assoziiert. Es gibt Menschen mit hohem *sparka*, die böse sind. Ein Mensch, dessen dämonischer Teil, *de*, überwiegt und der allein aufgrund feindseliger Gedanken die Seele anderer Menschen aus deren Leib vertreibt, hat ein hohes *sparka* - höher jedenfalls als das *sparka* des Opfers - denn sonst könnte der vagabundierende böse *sonde*-Geist nicht in das Opfer eindringen. Die Schamanen dagegen - die ja heilen und überwiegend Gutes tun - haben ein niedriges *sparka*. Die Schamanen in Tibet und Ladakh heilen unter Trance, während der ein *lha*, eine Gottheit, seinen Körper besetzt. Nur wer ein niedriges *sparka* hat, in den kann ein *lha* eindringen und ihn besetzt halten, heißt es.

Noch zu der zweiten, zwischen Gefahr und Folge, Auslöser und Krankheit vermittelnden Bedingung, *namstock*. *Namstock* ist schwerer zu fassen. *Namstock* ist - so jedenfalls in Ladakh - Ängstlichkeit, ängstliche Erwartung, Mißtrauen, Schreckhaftigkeit.[5] *Namstock* macht leichter krank. Dazu wird jeder Ladakhi viele Beispiele erzählen können. Ein junger Mann gräbt die Erde um ohne Ritual. Entsetzt kommt der Vater gelaufen: Du verletzt die *lhu* der Unter-Welt auf unserem gemeinsamen Grundstück! Sie werden sich bitter rächen! Der Sohn lacht nur - kein *namstock*, er fürchtet nichts. In der Tat - es ist der Vater, der schwer krank wird, obwohl er nur die Verletzung der *lhu* "gesehen", aber keinesfalls "bedingt" hat. Der Sohn bleibt gesund.

Soweit zu einigen allgemeinen Krankheitskonzepten im tibetischen Kulturraum. Nachfolgend sei noch kurz auf drei Aspekte der tibetischen Seelen-Konzepte eingegangen: (1) die Unterscheidung einer lebensnotwendigen und einer nicht lebensnotwendigen Seele, (2) die vielfältigen Wohnorte der menschlichen Seele, (3) die Nähe der Konzepte von Seele und Göttlichkeit.

1. Es muß unterschieden werden zwischen *srog* und *bla*. *Srog* ist die Lebenskraft, meist mit dem Blut assoziiert. Verliert man *srog*, tritt der Tod ein. *Bla* ("la" ausgesprochen) ist die Seele, sie ist mit dem Körper und dem Atem assoziiert (Stein 1993). Wenn man stirbt, verläßt *bla* - ebenso wie *srog* - den Körper. Aber der Verlust von *bla*, der Seele, ist nicht tödlich so wie der Verlust dieser Vitalkraft *srog*.

   Die Unterscheidung von *srog* und *bla* entspricht ziemlich genau der andinen Unterscheidung von großer und kleiner Seele. Die große ist - wie *srog* - eine Frage von Leben und Tod, die kleine aber - wie *bla* - kann aus dem Leib entweichen, herumspazieren, von Geistern eingefangen, rituell wieder erlöst und dem Menschen neu einver-

---

[5] Auf das tibetische Verständnis von Namstock gehe ich hier nicht ein. Vgl. dazu Aschoff u. Rösing 1997, Kapitel 9.

leibt werden. Im folgenden geht es nur um den Verlust von *bla* sowie die Rituale zur Rufung von *bla*.

2. Diese *bla*-Seele hat eine ganz außerordentliche Eigenschaft. Sie hat viele Wohnsitze. Sie sitzt im Körper, innen. Aber vor allem kann sie auch an vielen Stellen außerhalb des Körpers wohnen. Vor allem in der Landschaft, in Bäumen, Quellen, Felsen, Seen, und in verschiedener Materie, in Stein, Metall, Holz, Farbe ... Ein Mensch hat einen inneren, aber auch viele äußere Seelenwohnorte. Die "gegenständlichen" Seelen - vielleicht eine in einem Edelstein, in einer kleinen Tiergestalt aus Stein - wird er sorgfältigst aufheben; und die Wohnorte in der Landschaft wird er niemandem verraten - denn wüßten es andere, könnte man ihm gar zu leicht die Seele beschädigen oder rauben.

   Mythen berichten von solchem Seelenraub. Da erfährt der Held, daß die Feindin einen See als Seele hat; er läßt ihn austrocknen; daß sie einen Baum als Seele hat; er läßt ihn fällen ... Deshalb ist es so wichtig, die äußeren Seelen geheim zu halten.

   Man kann sagen, die Seele ist durch die äußeren Seelen multipliziert - aber man kann auch sagen, sie sei geteilt. Denn die Feindin des mythischen Helden, deren Seelen-See ausgetrocknet und deren Seelen-Baum gefällt wurde, blieb bei Kräften, denn sie hatte noch viele andere äußere Seelen (Stein 1993, S. 271).

3. Ein letzter Punkt zum tibetischen Verständnis der Seele - vor allem dieser äußeren Seelen. Die Seele *bla* wohnt in Bäumen, Felsen, Seen, auf Bergen und in Quellen - und die Gottheiten *lha* ebenfalls. *Bla* und *lha* - Seele und Gottheit - sind nicht unähnlich. Sie unterscheiden sich, so drückt es Stein (1993, S. 272) aus, nur nach dem Grad der Heiligkeit.

   Wie sie sich vermischen, zeigt der Fall des mythischen Helden Gesar. Er hat viele äußere Seelen, welche in Tieren hausen - die Tiere sind seine *bla*, Seele. Diese Tiere sind aber auch seine Schutzgottheiten, sie sind auch *lha*. Seine Seele und seine Schutzgottheiten, seine *bla* und seine *lha* sind: ein weißer Adler, ein roter Tiger, eine blaue Schlange, ein Vogelmädchen, eine rote, kupferne Hündin, ein weißer Rabe, eine neunköpfige schwarze Schlange, ein eiserner Falke, eine blaue Wölfin ... Alle sind Seelen, alle sind Götter (Stein 1993, S. 272).

Die Vorstellung, daß man die Seele verlieren kann, ist im tibetischen Kulturraum weit verbreitet. Die Seele kann aus vielen Gründen verloren gehen. *Shinde*, die Seele eines Toten, kann sie verdrängen, *sonde*, die Seele eines "dämonischen" Menschen, kann sie verdrängen, ein Gott *lha*, der in den Leib des Schamanen dringt, vertreibt dessen Seele ...

Erstaunlich aber ist nun, daß ebenso wie in den Anden, im Himalaya auch die Vorstellung von Seelenverlust durch *Erschrecken* besteht. Nicht nur der Auslöser ist der gleiche (Erschrecken), sondern auch die Symptomatik: Apathie, Lustlosigkeit, Appetitlosigkeit, Schlafstörung, Motivationsverlust und Anfälligkeit gegenüber anderer Krankheit (Desjarlais 1989b, 1992b).

Rituale zur Rufung der Seele

Wie kann man Seelenverlust nun heilen? Ich habe in meiner Forschungsregion im Himalaya, Ladakh, bisher noch kein Ritual zur Rufung der Seele dokumentieren können, ich habe auch keines in der bisherigen Tibet- und Ladakh-Forschung beschrieben gefunden. Trotzdem können wir uns auf zwei verschiedenen Wegen ein ungefähres Bild machen.

Erstens werde ich skizzieren, wie die Seele nach den Instruktionen eines sehr detailliert überlieferten Ritualtextes aussieht (Lessing 1951) und zweitens werde ich auf die Yolma-Sherpas nach Nepal zurückgreifen, wo der junge amerikanische Ethnologe Desjarlais die schamanischen Heilungen von Seelenverlust studierte.

Der Ritualtext aus buddhistischer Überlieferung, aus dem 18. Jahrhundert ist die genaue Anweisung für einen Lama zur Rückrufung der Seele. Obwohl ein Lama dieses Ritual vollziehen soll, ist es in seinem gesamten Aufbau - wie die Autorin zeigt - zutiefst schamanisch. Es geht hier um einen extremen Fall der Seelenrufung - der Versuch, die Seele *bla* noch einmal zurückzurufen, wenn ein Mensch schon in ein Koma gefallen (oder gar gestorben) ist. Man kann das Ritual zusammenfassend in acht Schritten beschreiben:

1. Es werden Fallen gebaut aus Schnüren und Stöckchen - diese Geisterfallen kann man auch heute noch überall sehen. Die Dämonen sollen darin gefangen werden.
2. Man muß die Dämonen austricksen, was die Identität des Patienten betrifft. Deshalb wird man ein Substitut herstellen aus Lehm, mit Augen, Ohren, Nase usw. Der Lehm wird vermischt mit dem Waschwasser oder Urin des Patienten - damit das Substitut auch zum Verwechseln nach ihm riecht. Um das Substitut, eine kleine Lehmgestalt, herum werden Kleider des Patienten gelegt. (Wie in den Anden werden Menschen ganz stark mit ihren Kleidern identifiziert.)
3. Auch werden eine Menge von Köstlichkeiten und Leckereien ausgelegt, um die Dämonen anzulocken. (Auch das kommt uns nicht unbekannt vor - hatte der Medizinmann in den Anden doch Süßigkeiten und Brot in die Kleider gewickelt, mit denen er die Seele rufen würde.)
4. In das Kniegelenk eines Schafsbeines, frisch geschnitten, wird ein Türkis gelegt. Das Schafsbein und ein Türkis sind oft Wohnsitze von Seelen. Mit Hilfe dieser Seelen-Orte werden Wahrsagungen unternommen …
5. Buddhistische Kosmogramme werden gestaltet. Gebete, Mantra-Gesänge, Mudras, Opfergaben für die buddhistischen Schutzgottheiten und viele andere buddhistisch religiöse Elemente gehen ein.
6. Der Heiler - in diesem Fall der Lama - imaginiert mit aller Kraft, daß die Seele des Patienten zurückkehrt, und die Ritualteilnehmer bringen die Lieblingsspeisen und

Lieblingsspiele des Patienten und locken die Seele und sagen: Komm, komm, iß das ... Komm, komm, tu das ... (Ebenso hörten wir den Medizinmann in den Anden die verlorene Seele locken.)

7. Der Patient soll ein wenig Erde vom Ort des Erschreckens essen (genauso lehrte es uns Don Ramón). Er wird das Schafsfleisch essen (in dem ja seine Seele haust), ihm wird der Türkis angelegt (auch in diesem haust seine Seele), er legt die Kleider an, die ihn identifizierten. (Alles ähnelt dem andinen Ritual: Auch hier wird dem Patienten Erde vom Ort des Erschreckens zu essen gegeben, auch er ißt das Lockgut auf, die Süßigkeiten, und legt die Kleider an, mit denen die Seele gerufen wurde.)
8. Die Substitut-Figur - die den Dämonen angeboten wird, damit sie die Seele des Patienten frei geben, wird dann weit weg getragen an eine ferne Kreuzung von Wegen, an welchen es von Dämonen nur so wimmelt. (In den Anden ist die Kreuzung eines Weges auch der Ort für das Deponieren von unheilvollem Gut, Hexengut, oder allen Resten eines Reinigungsrituals - während bei dem Ritual zur Rufung der Seele in den Anden das Dunkle anders beseitigt wird: Es wird in einen reißenden Fluß geworfen.)

Es ist deutlich, daß es eine ganze Reihe von Parallelen gibt - bis hin zu verblüffend kleinen Details (Essen der Erde vom Ort des Erschreckens). - Doch gibt es nicht nur Parallelen, es gibt auch sehr viele Unterschiede. Man kennt in andinen Ritualen natürlich auch das Basteln eines Patienten-Substituts - insbesondere in schwarzen Ritualen, auch "Hexerei" genannt. Aber in andinen Ritualen zur Rufung der Seele wird den "Räubern" der Seele - den Gottheiten oder Geistern, welche an dem Ort des Erschreckens wohnen, niemals ein Seelen-Substitut angeboten wie in diesem tibetischen Beispiel - um nur einmal *ein* Beispiel für Unterschiede zu nennen. Auch finden wir in dem tibetischen Ritual nichts von der Obsession der Reinigungsgesten, die der andine Medizinmann an seinem Patienten vollzieht.

Weitere Hinweise auf den Ablauf von Ritualen zur Rufung der Seele im Kulturraum des Himalaya können wir den Studien von Desjarlais (1989a, 1989b, 1990, 1992a, 1992b) über die Yolmo (Nepal) entnehmen. Desjarlais legt uns sehr ausführlich dar, woher seiner Ansicht nach Seelenverlust bei den Yolmo kommt. Er ist aber leider nur sehr kurz angebunden, wenn es um die präzise und vollständige Beschreibung des Heilungsrituals geht.

Seine Theorie ist, kurz gesagt, daß die Yolmo sehr verklemmte Leute sind, kaum ihre Gefühle ausdrücken, deshalb Leid und Kummer herunterschlucken und daran krank werden - eben mit all jenen Symptomen, welche für Seelenverlust beschrieben werden, und daß ein Ritual zur Rufung der Seele den Yolmo heilt, weil er in diesem - durch den Mund des Schamanen - seine unterdrückten Gefühle und Kümmernisse zum Ausdruck bringen kann. Das Ritual sieht in groben Zügen folgendermaßen aus:

Der Schamane geht in Trance. Hier bei den Yolmo in Nepal handelt es sich um eine andere Art der Trance als in Tibet oder Ladakh. Hier begibt sich der Schamane in der Trance auf Reisen in andere Welten, und er durchforstet alle Welten, Himmel und Hölle und Höhlen und Meere, um die Seele zu suchen. Er begleitet seine Suche mit Gesang und Trommel - und nach langen Bemühungen findet er sie, ergreift die Seele und bringt sie aus der Anders-Welt in den Raum des Patienten.

Die Seele hat die Gestalt dreier weißer Blumen, nicht größer als Staubfussel. Diese auf der Trommel des Schamanen zu findenden Staubfussel muß der Patient essen - er verleibt sich seine Seele also auch hier gewissermaßen wieder ein. Noch vorher wird der Patient mit vielen Reinigungsgesten von allem möglicherweise noch an ihm haftenden Unheil befreit (wie in den Anden).

Das ist nur das Gerüst des Rituals, soweit man es aus den Texten von Desjarlais rekonstruieren kann - aber es genügt auch, um Ähnlichkeiten und Unterschiede zu verdeutlichen.

Vergleich mit westlichen Konzepten

Im Kontext von "Seelenverlust" ist der offensichtlichste und wichtigste Unterschied im Drei-Kulturen-Vergleich unter dem Begriff der *Legitimität* zu fassen. In den Anden und im Himalaya ist Seelenverlust ein deutlich umschriebenes Krankheitskonzept. Wer daran leidet, erfährt Schonung und hat Anrecht auf Heilung. Bei uns gibt es zwar nicht das Krankheitskonzept "Seelenverlust" und damit auch keine präzisen ätiologischen oder therapeutischen Vorstellungen - aber es gibt sehr wohl die - auch für die Anden und den Himalaya beschriebene - Symptomatik.

Der Kern dieser Symptomatik ist Verlust an Motivation, an Schwung, an Mut, an Arbeitskraft, es ist der Verlust an "Sinn" und Perspektive, es ist Müdigkeit, Lustlosigkeit, Kränklichkeit.

Geht es uns nicht allen einmal so, als hätte man "seine Seele" verloren? Aber wir haben für einen solchen Zustand umfassender Erschöpfung kein Krankheitskonzept. Für uns ist ein in dieser Weise erschöpfter Mensch immer noch eigentlich "gesund". Sein Zustand legitimiert ihn nicht zur Schonung. Auf diesen Zustand fokussierte institutionalisierte Heilungsangebote gibt es nicht. (Man könnte bestenfalls das allgemeine Konzept der "Kur" in diesem Zusammenhang nennen.)

Was wir kennen, ist das Chronic Fatigue Syndrome (CFS) - das ist "Seelenverlust"-Symptomatik in Potenz. Obwohl das CFS medizinisch durchaus als Krankheit anerkannt wird, bringt man diesem Syndrom in der Öffentlichkeit überwiegend eine Einstellung der Verachtung entgegen - wie empirische Untersuchungen gezeigt haben (Ware 1992). Man sieht die Patienten als hypochondrisch, wehleidig, unecht an, und nicht selten partizipieren die Patienten an dieser abwertenden Einstellung und verstecken ihr Leiden: eine drastische "Delegitimation der Krankseins-Erfahrung", wie Ware es nennt.

Wir kennen auch noch ein anderes Konzept in unserer Kultur, das der Symptomatik des "Seelenverlustes" nahe kommt: Burn-out (Ausgebranntsein). Das Burn-out-Konzept, bisher überwiegend beschränkt auf den professionellen Sektor (vgl. Schaufeli et al. 1993) und dort vor allem auf die helfenden Berufe, hat bei uns jedoch nicht den Status eines Krankheitskonzeptes. Und was bei uns unter Burn-out abgehandelt wird, ist unvergleichlich viel enger als das Konzept des Seelenverlustes. Was ist mit einem Burn-out in anderen als professionellen Lebensbereichen, was ist mit einem Burn-out am Leben überhaupt, zum Beispiel im Alter?

Allein das Konzept des Seelenverlustes, wie es in den Anden und im Himalaya gegeben ist, allein die Tatsache, daß diese diffuse Symptomatik von Streß und Erschöpfung, Überlastung und Nichtbewältigung legitim als Krankheit angesehen wird, ist eine enorme kulturelle Ressource für den betroffenen Menschen: Er ist legitim krank. Seine Krankheit hat keinerlei negativen Klang, kein negatives Stigma. Ihn trifft keine Verachtung. Man hilft ihm, holt den Heiler, begleitet den Patienten nächtelang im Ritual, pflegt und begleitet ihn auch noch Tage danach ...

Und damit komme ich - neben Legitimität - zu meinem zweiten Hauptkonzept der Interpretation des hier behandelten Kulturunterschiedes in der Konzeptualisierung und im Umgang mit der Symptomatik von "Seelenverlust": *Meta-Ressourcen.*

Unterzieht man die Vielfalt der vor allem in der Coping-Forschung (Zeidner und Endler 1996) behandelten Ressourcen und Barrieren einem interkulturellen Vergleich - so wird allenthalben ihre kulturelle - vom jeweiligen kulturspezifischen Krankheitskonzept und Heilungsziel geprägte - Relativität deutlich. Doch werden in der Coping-Forschung auch eine Reihe von Ressourcen-Konzepten diskutiert, die man als Meta-Ressourcen bezeichnen könnte - Ressourcen, deren übergeordnete gemeinsame Bedeutung potentiell transkulturell gültig ist. Als solche kann man zum Beispiel folgende Ressourcen-Begriffe ansehen:

- die *self efficacy* von Bandura (1982, 1986, 1988)
- die *hardiness* von Kobasa (1979, 1982; Kobasa et al. 1982)
- das "Kohärenzgefühl" von Antonovsky (1979, 1987)
- internale und externale Kontrolle von Rotter (1966, 1975)

Ich habe an anderer Stelle (Rösing 1998c) aufzuzeigen versucht, daß diesen Konzepten ein Moment gemeinsam ist, das man mit Recht als eine transkulturell gültige Heilungsressource ansehen kann: die Wiedergewinnung von "Kontrolle" oder auch Voraussagbarkeit und Sinn.

In einer Kultur, die "Seelenverlust" als Krankheitskonzept kennt, ist der betroffene Mensch nicht auf sich allein gestellt und seiner eigenen Schwäche ausgesetzt - es gibt vielmehr Möglichkeiten der Handlung. Das ist entscheidend: In dem Augenblick, in welchem Seelenverlust diagnostiziert ist, gewinnt der Mensch seine Handlungsmöglichkeit zurück. Er kann etwas tun. Er kann sich behandeln lassen. Die Rückgewinnung der Handlungsmöglichkeit ist eine Rückgewinnung von "Kontrolle".

Aber die Diagnose "Seelenverlust" eröffnet nicht nur Handlungsmöglichkeit - sondern durch das Heilungsritual auch den erneuten Zugang zu Sinn, zur Sinnhaftigkeit der Welt. Wenn man an einem diffusen Unwohlsein beginnender Krankheit, an unbekannten Symptomen usw. leidet, ist es allein entlastend zu erfahren - jeder wird das aus eigener Erfahrung kennen - was es eigentlich ist, und woher es kommt. Schon allein dadurch bekommt das Leiden "Sinn", Verstehbarkeit, Einordnung, Handlungsperspektive.

Wichtiger aber ist der viel umfassendere trans-personale Sinn, welchen ein Heilungsritual wie das Ritual zur Rufung der Seele in den Anden oder im tibetischen Kulturraum vermittelt. Im Ritual wird die religiöse und kosmologische Ordnung zur Darstellung gebracht, Unordnung und Ungleichgewicht werden aufgehoben und der Patient wird neu in der Ordnung situiert:

Jedes andine Ritual zur Rufung der Seele bringt in der Opfergabenbereitung und im Gebet die gesamte Götterwelt in den Raum, jedes tibetische Ritual zur Rufung der Seele erinnert in Gesang und Rezitation der kosmischen Mythen der drei Welten. Beide Rituale vollziehen auf vielfältige Weise - symbolisch - die Befreiung des Kranken aus der Unordnung und die Wiedergewinnung der Vollständigkeit (vgl. die vielen Reinigungsgesten in den Anden, die Fütterung des Lockgutes in Anden und Himalaya, das Essen der Erde vom Ort des Erschreckens, das Anlegen der Kleider usw.). Insgesamt wird der Patient neu eingebettet in den kulturellen trans-personalen Sinn der Welt.

Da die Heilung auch stets in der Gruppe stattfindet und da der Kranke nicht nur im Heilungsritual, sondern auch in aller Behutsamkeit danach umsorgt ist - Schutzamulett in Tibet, Aschekreuz in den Anden, Nachtwache und Begleitung für viele Tage usw. - werden durch dieses Heilungsritual nicht nur die transpersonalen Kräfte handelnd zum Ausdruck gebracht - sondern auch die interpersonellen Ressourcen genutzt. Schutz, Zuwendung und Umsorgung - auch das bekommt der Patient.

Vergleichen wir den Umgang mit der Symptomatik in Kulturen, die das Krankheitskonzept Seelenverlust kennen, mit dem Umgang mit der gleichen Symptomatik in unserer Kultur - dann will uns fast scheinen, daß unsere Kultur hier ganz eindeutig an einem restriktiven Code leidet - wenn einmal die Übertragung eines Begriffs aus einem intra-kulturellen Vergleich sozialer Klassen - auf den Vergleich zwischen Kulturen erlaubt ist (Bernstein 1974; Blair 1992). Wir in unserer Kultur haben keine vernünftige Sprache, keinen elaborierten Code für diese Zustände, wir haben kein Krankheitskonzept, keine Metapher für "Seelenverlust".

Auch ist unser Blick in der Wahrnehmung dieser Symptomatik einigermaßen trübe und oberflächlich. Wir schauen da genauso unbetroffen hin wie ein Tamang aus dem Himalaya auf schweren, ja tuberkulösen Husten, welcher für ihn kein Anlaß zur Klage oder zur Heilung ist (Heller 1977). Ein Schamane aus dem Himalaya oder ein Medizinmann aus den Anden wird, wenn er einen Menschen mit Schlaf-, Appetit-, Lust-, Motivations-, Schwunglosigkeit sieht, diese Zeichen *übersetzen*, das Zeichen wird zum Symptom, er diagnostiziert eine *Krankheit.* Diese Heiler haben einen viel schärferen Blick auf diese Zeichen allgemeiner Erschöpfung und Überforderung als wir. Sie sind darauf sensibilisiert, sie sind "*sharpener*" in der Wahrnehmung dieser Zeichen, nicht "*leveler*" wie wir. Wir ebnen sie in allgemeine Alltagskategorien wie "Erschöpfung" ein.

Schlußbemerkungen

Ich habe am Beispiel des andinen und tibetischen Krankheitskonzepts von Seelenverlust und der entsprechenden Rituale zur Rufung der Seele einen Drei-Kulturen-Vergleich vorgenommen, welcher zweierlei aufzeigt. Zum ersten zeigt der Vergleich die Kulturgeprägtheit, d. h. kulturelle Relativität von Krankheitskonzepten auf, und damit auch die Relativität von Heilungszielen, Heilungsressourcen und Heilungsbarrieren. Er deutet zweitens aber auch Denklinien in Richtung auf trans-kulturell gültige Heilungsziele, Heilungsressourcen und Heilungsbarrieren an, wie ich es für den Seelenverlust vor allem mit den Konzepten Meta-Ressource (Kontrolle, Voraussagbarkeit, Sinn) und Legitimität versucht habe.

Literatur

Antonovsky A (1979) Health, stress, and coping. Jossey-Bass, San Francisco

Antonovsky A (1987) Unraveling the mystery of health: How people manage stress and stay well. Jossey-Bass, San Francisco

Aschoff JC, Rösing I (1997) Tibetan Medicine. "East meets West, West meets East". Proceedings of the International Symposium - University of Ulm, Germany, 19/20th July 1996. Fabri, Ulm

Bandura A (1982) Self-efficacy mechanism in human agency. Am Psychol 37: 125-139

Bandura A (1986) Social foundations of thought and action: A social cognitive theory. Prentice-Hall, Englewood Cliffs,NJ

Bandura A (1988) Self-efficacy conception of anxiety. Anxiety Research 1: 77-98

Bernstein B (1974) Class, codes and control, vol 1: Theoretical Studies Towards a Sociology of Language. Routledge & Kegan Paul, London

Blair A (1992) Social class and the contextualization of illness experience. In: Radley A (ed) Worlds of illness. Biographical and cultural Perspectives on health and disease. Routledge, London, pp 25-48

Desjarlais RR (1989a) Healing through images: The medical fligth and healing geography of Nepali shamans. Ethos - J Soc Psychol Anthropology 17: 289-307

Desjarlais RR (1989b) Sadness, soul loss and healing among the Yolmo Sherpa. Himalayan Res Bull 9: 1-4

Desjarlais RR (1990) Samsara's Sadness. Sherpa Shamanism and the Calling of Lost Soul. UMI, Ann Arbor

Desjarlais RR (1992a) Body and emotion. The aesthetics of illness and healing in the Nepal Himalayas. Univ Pennsylvania Press, Philadelphia

Desjarlais RR (1992b) Yolmo aesthetics of body, health, and "soul loss". Soc Sci Med 34: 1105-1117

Heller G (1977) Die kulturspezifische Organisation körperlicher Störungen bei den Tamang von Cautara/Nepal. In: Rudnitzki G, Schiefenhövel W, Schröder E (Hrsg) Beiträge zu einem Dialog zwischen Heilkunst und Völkerkunde (Ethnologische Abhandlungen Ethnomedizin; 1). Kurth, Bad Barmstedt, S 37-52

Kaplanian P (1981) Les Ladakhi du Cachemire. Montagnards du Tibet Occidental. ("L'Homme vivant") Hachette, Paris

Kaplanian P (1990) La maladie en tant que (s)notpa. In: Icke-Schwalbe L, Meier G (Hrsg) Wissenschaftsgeschichte und gegenwärtige Forschungen in Nordwest-Indien. (Internationales Kolloquium 9.-13.3.1987 in Herrenhut) Staatliches Museum für Völkerkunde Dresden, S 185-205

Kobasa SC (1979) Stressful life events, personality and health: An inquiry into hardiness. J Personality Soc Psychol 37: 1-11

Kobasa SC (1982) Commitment and coping in stress resistance among lawyers. J Personality Soc Psychol 42: 168-177

Kobasa SC, Maddi SR, Kahn S (1982) Hardiness and health: A prospective study. J Personality Soc Psychol 42: 168-172

Lessing FD (1951) Calling the soul: A lamaist ritual. In: Fischel WJ (ed) Semitic and Oriental Studies, a Volume Presented to N. Poppe, University of California. (Publications in Semitic Philology, Vol. XI.) Univ California Press, Berkeley Los Angeles, pp 263-284

Murdock GP (1980) Theories of illness. A World Survey. The Univ Pittsbourgh Press, Pittsbourgh

Rösing I (1987/1992) Die Verbannung der Trauer. (Llaki Wij'chuna.) Nächtliche Heilungsrituale in den Hochanden Boliviens. (Ritual Banishment of Grief. Nocturnal Healing Rituals in the Andes of Bolivia.) Mundo Ankari Bd 1. Greno, Nördlingen (1. Aufl, 1987) Zweitausendeins, Frankfurt aM (3. Aufl, 1992)

Rösing I (1988/1995) Dreifaltigkeit und Orte der Kraft: Die Weiße Heilung. Nächtliche Heilungsrituale in den Hochanden Boliviens. Mundo Ankari Bd 2, Buch I und Buch II. Nördlingen, Greno (1. Aufl 1988) Zweitausendeins, Frankfurt aM (3. Aufl 1995)

Rösing I (1990/1993) Abwehr und Verderben: Die Schwarze Heilung. Nächtliche Heilungsrituale in den Hochanden Boliviens (Defence and Destruction: The Black Kallawaya Healing Ritual. Nocturnal Healing Rituals in the Andes of Bolivia.) Mundo Ankari Bd 3. Zweitausendeins, Frankfurt aM (1. Aufl 1990, 2. Aufl 1993)

Rösing I (1990) Der Blitz: Drohung und Berufung. Glaube und Ritual in den Anden Boliviens. (The Lightning: Threat and Election. Religion and Ritual in the Andes of Bolivia.) Trickster, München

Rösing I (1991) Die Schließung des Kreises: Von der Schwarzen Heilung über Grau zum Weiß. Nächtliche Heilungsrituale in den Hochanden Boliviens. (Closing the Circle: From Black to Grey and White. Nocturnal Healing Rituals in the Andes of Bolivia.) Mundo Ankari Bd 4. Zweitausendeins, Frankfurt aM

Rösing I (1993) Rituale zur Rufung des Regens. Zweiter Ankari-Zyklus: Kollektivrituale der Kallawaya-Region in den Anden Boliviens. (Rituals for Calling the Rain. Second Ankari-Cycle: Collective Rituals in the Andes of Bolivia.) Mundo Ankari Bd 5. . Zweitausendeins, Frankfurt aM

Rösing I (1998a) Krank, unrein oder berufen? Krankheitskonzepte in transkultureller Sicht. 1. Vortrag auf den 48. Lindauer Psychotherapiewochen 1998, Forum am Nachmittag zu "Heilungsziele, Heilungskräfte, Heilungshindernisse". Audio-Kassette 1. BUK-Audioplanung, Müllheim Baden

Rösing I (1998b) Wahnsinn im Himalaya. Die Transformation zum Schamanen. 2. Vortrag auf den 48. Lindauer Psychotherapiewochen 1998, Forum am Nachmittag zu "Heilungsziele, Heilungskräfte, Heilungshindernisse". Audio-Kassette 2. Müllheim/Baden, BUK-Audioplanung

Rösing I (1998c) Vulnerabilität und Ressourcen. Grundkonzepte der Coping-Forschung für die transkulturelle Analyse von Gesundheit, Krankheit, Heilung. 3. Vortrag auf den 48. Lindauer Psychotherapiewochen 1998, Forum am Nachmittag zu "Heilungsziele, Heilungskräfte, Heilungshindernisse". Audio-Kassette 3. BUK-Audioplanung, Müllheim Baden

Rösing I (1998d) Stigma und Sakralität. Umgang mit physischer Behinderung in den Anden. 4. Vortrag auf den 48. Lindauer Psychotherapiewochen 1998, Forum am Nachmittag zu "Heilungsziele, Heilungskräfte, Heilungshindernisse". Audio-Kassette 4. BUK-Audioplanung, Müllheim Baden

Rösing I (1998e) Seelenverlust und Seelenrufung in den Anden und im Himalaya. Krankheitslegitimität und Meta-Ressourcen. 5. Vortrag auf den 48. Lindauer Psychotherapiewochen 1998, Forum am Nachmittag zu "Heilungsziele, Heilungskräfte, Heilungshindernisse". Audio-Kassette 5. BUK-Audioplanung, Müllheim Baden

Rotter JB (1966) Generalised expectancies for internal versus ex-ternal control of reinforcement. Psychol Monographs 80: 1-28

Rotter JB (1975) Some problems and misconceptions related to the construct of internal versus external control of reinforcement. J Consult Clinical Psychol 32: 56-67

Rubel A (1964) The epidemiology of a folk-illness: Susto in Hispanic America. Ethnology 3: 268-283

Rubel A, O'Nell C (1979) Difficulties of presenting complaits to physicians: Susto illness as an example. Bull Pan American Health Organization 13: 134-138

Rubel AJ, O'Nell CW, Collado-Ardon R (1984) Susto. A folk illness. Univ California Press, Berkeley

Schaufeli W, Maslach C, Marek T (1993) Professional burn-out. Recent Developments in Theory and Research. Taylor & Francis.

Stein RA (1993) Die Kultur Tibets. Edition Weber, Berlin

Tucci G (1988) The Religions of Tibet. University of California Press, Berkeley

Ware NC (1992) Suffering and the social construction of illness: the delegitimation of illness experience in chronic fatigue syndrome. Med Anthropol Q 6: 347-361

Zeidner M, Endler NS (eds) (1996) Handbook of coping. Theory, research, applications. Wiley & Sons, New York

Adaptive und maladaptive Aspekte der Bindung

Lotte Köhler

Wir befinden uns in einer Zeit großen Umbruchs. Vor 100 Jahren, als Freud die Psychoanalyse begründete, ging es ihm um die Triebe und deren Zähmung und um den Übergang vom Lustprinzip zum Realitätsprinzip. Das Ich sollte stark genug werden, um die Ansprüche des Es oder eines pathologischen Über-Ichs zu beherrschen. "Das Unbehagen in der Kultur" (1930) und das Individuum in seinem Widerspruch zur Gesellschaft standen im Mittelpunkt der Erwägungen. Heute konzentrieren wir uns - nicht zuletzt aufgrund der Erkenntnisse der modernen Säuglings- und Kleinkindforschung, auf die Beziehung, die Dyade oder Triade.

Aber auch die gesellschaftlichen Verhältnisse haben sich seit Freuds Zeiten verändert. Die patriarchale Herrschaftsform geht ihrem Ende entgegen. Und so sehen wir, daß nicht das Erlernen von Selbstbeherrschung zur Vermeidung von Fremdbeherrschung optimale Voraussetzungen für das Leben in der heutigen Gesellschaft bietet, sondern zu erlernen, wie man unterschiedliche Interessen aushandeln und zu einem Konsens kommen kann. Die Selektionsbedingungen der historischen Realität haben sich geändert und damit auch, was adaptiv und was maladaptiv ist. Heute hat bessere Lebenschancen nicht, wer die Fähigkeit zu Herrschaft und Konkurrenz erwirbt, sondern die zu Kooperation und gegenseitigem Verständnis.

Die von Bowlby (1969, 1973, 1980, 1989) entwickelte Bindungstheorie bietet auf die Fragen, die sich aus diesem historischen Wandel ergeben, eine wichtige Antwort. Sie hat gefunden, daß es unterschiedliche Muster gibt, die die Einstellung eines Menschen zu seinen Mitmenschen charakterisieren. Diese sog. Bindungsmuster sind Muster sozialer Anpassung und sozio-emotionaler Kompetenz. Sie können unter unterschiedlichen Lebensbedingungen einen adaptiven oder maladaptiven Aspekt haben. Sie entstehen dadurch, daß ein Neugeborenes sich mit seinen vielfältigen Möglichkeiten an die Gegebenheiten anpaßt, die es bei seiner Geburt und kurz nach seiner Geburt vorfindet. Wenn ich im folgenden die Bindungstheorie und ihre Relevanz für adaptives und maladaptives Verhalten vorstelle, so geschieht dies unter dem Vorbehalt, daß dies aus Raumgründen vergleichsweise im Tempo eines Düsenflugzeuges erfolgen muß, wobei der Ausblick aus einem Düsenflugzeug nicht alle Feinheiten der Landschaft zeigt und notwendigerweise Vereinfachungen mit sich bringt, die mir die Kenner der Bindungstheorie verzeihen mögen[1]. Verkürzt zusammengefaßt, besagt die von Bowlby (1969, 1973, 1980, 1988, 1989) entwickelte und von Ainsworth (1978) zu einer Schule ausgebaute Bindungstheorie folgendes: Es gibt ein biologisch angelegtes Bindungssystem, das die Jungen einer Spezies, darunter auch die der Spezies Mensch, dazu veranlaßt, im Falle einer Gefahr, sei sie von innen oder außen kommend, Schutz zu suchen bei Älteren (Eltern). Beim Menschen wäre das die sog. "Bindungsperson" (Bowlby). Das ist diejenige Bezugsperson, mit der das Neugeborene in seinen allerersten Lebensmonaten den meisten Kontakt hatte. Das Bindungsmuster oder die Strategie im Umgang mit dieser Bindungsperson, das das Neugeborene entwickelt, ist spezifisch und bleibt, wie Untersuchungen zeigen, nachdem es sich einmal fixiert hat, *statistisch* zumindest bis zur Präpubertät konstant.

Die Entwicklung und Klassifikation von Bindungsmustern

In einer von der Bowlby-Schülerin Mary Ainsworth entwickelten Versuchsanordnung, die im Alter von 12 -18 Monaten durchgeführt und "Fremde Situation" genannt wird, kann man feststellen, welches Bindungsmuster das Kind entwickelt hat.

In dem Test spielen Mutter und Kind zunächst kurz in einem Spiellabor, dann verläßt die Mutter zweimal für 3 Minuten den Raum. Während der Zeit ist eine "freundliche Fremde", für kurze Zeit aber niemand, bei ihm. Maßgeblich für die Beurteilung ist das Verhalten des Kindes während der Trennung und beim Wiedersehen mit der Mutter. Das Resultat ist verblüffend: Man hat nur vier voneinander unterscheidbare Bindungsmuster gefunden.

Eine einige Jahre später entwickelte Befragung von Müttern (Adult Attachment Interview, AAI, Erwachsenen-Bindungsinterview von George et al. 1985) ergibt, daß diesen vier Bindungsmustern auch vier Bindungsrepräsentanzen-Muster bezüglich des "state of mind" in Bezug auf Bindung beim Erwachsenen entsprechen. Wesentliche Parameter für die Ausbildung der Bindungsmuster scheinen zu sein: Vorhersagbarkeit des mütterlichen Verhaltens, Angemessenheit bzw. Feinfühligkeit des mütterlichen Verhaltens und unverarbeitete Traumatisierungen bei der Mutter.

---

1 Ich beziehe mich dabei auf die eingehenderen Darstellungen in meinen Arbeiten "Formen und Folgen früher Bindungserfahrungen" (1992) und "Zur Anwendung der Bindungstheorie in der psychoanalytischen Praxis. Einschränkende Vorbehalte, Nutzen, Fallbeispiele" (1998), ohne sie im einzelnen zu zitieren.

Wenn ich aus Vereinfachungsgründen von "Mutter" spreche, ist immer diejenige Bezugsperson gemeint, mit der das Kind quantitativ den häufigsten Kontakt hatte, was in unserer heutigen Gesellschaft im allgemeinen bedeutet "Mutter". Ein Kind geht aber auch zu anderen Menschen Bindungsbeziehungen ein. Diese können anders geartet sein als die zur wichtigsten Bezugsperson. Letztere wird sozusagen dominant, während die anderen rezessiv bleiben. In einer späteren Therapie können sie jedoch reaktiviert werden. Das bedeutet, daß neue Bindungsmuster oder -repräsentationen nicht unbedingt ab ovo in der Übertragung neu entwickelt werden müssen, sondern daß auf alte Vorbilder zurückgegriffen werden kann.

Das Bindungsmuster entwickelt sich in den ersten Lebensmonaten, wenn Mutter und Kind sich aufeinander "einspielen". Das Kind paßt sich dabei den Verhaltensweisen der Mutter, zu denen natürlich auch der mütterliche Affekt gehört, an und entwickelt Strategien, wie es am besten zurecht kommt. Diese Strategien stellen in gewisser Weise die Ressourcen, die Copingmechanismen des Kindes und später des Erwachsenen dar, die eingesetzt werden, wenn sein Bindungssystem aktiviert wird, das heißt, wenn in äußerer oder innerer Not Schutz gesucht wird. Eine solche Situation ist aber auch immer gegeben, wenn ein Patient einen Therapeuten aufsucht, daher rührt die Bedeutung der Kenntnis dieser Vorgänge für die Therapie.

Werfen wir nun einen Blick auf die Entstehungsgeschichte des Bindungsverhaltens. Sie beginnt spätestens nach der Geburt, wenn das abgenabelte Neugeborene seine eigenen physiologischen Rhythmen in eine eigene Ordnung bringen und mit der Umwelt koordinieren muß.

Die Mutter trägt durch ihre Pflegehandlungen zur Überformung bei. Je näher sie dabei den sich bildenden Eigenrhythmen des Säuglings kommt, desto schneller gelingt deren Koordination und desto eher kann das Kind ein Gefühl, Ursache zu sein, entwickeln und seine *Effektanz* wahrnehmen.

Es folgt die Zeit zwischen etwa 2 und 8 Lebensmonaten, von der Stern (1985/1992) sagt, sie sei die sozialste im Leben des Säuglings. Er ist im Wachzustand fast ganz auf Menschen bezogen, während er sich später auch für unbelebte Objekte zu interessieren beginnt. Es ist die Zeit der "Lächelspiele", der Spiele von Angesicht zu Angesicht, wie sie insbesondere von Beebe und Stern (1977) beschrieben wurden. Mutter und Kind stimmen sich nun affektiv aufeinander ein.

Für die Ausprägung der Bindung ist wesentlich, ob und inwieweit die Mutter im zeitlich für das Kind richtigen Rhythmus das Angemessene tut. D.h., teilt sie seinen Affekt, teilt sie auch dessen zeitliche Verlaufskontur und Intensität, das, was Stern (1985/1992) als Vitalitätsaffekt, oder als Vitalitätskontur (1998) bezeichnete. Quantitative Momente spielen dabei insofern eine beachtliche Rolle, als die Mutter den Intensitätsgrad, in dem das Kind sich ausdrückt, teilen, ihn übertreffen oder untertreiben kann.

Im Zusammenspiel mit der Mutter lernt das Baby nicht nur ob, und wie es seine Erregungszustände mit Hilfe der Mutter regulieren kann, sondern es werden auch Coping und Selbstaufrichtung geübt. Selbst bei normalen, gut aufeinander eingespielten Mutter-Kind-Paaren verlaufen nur etwa 30 % aller Begegnungen auf Anhieb im Sinne einer Übereinstimmung. Momentane Fehleinstellungen finden laufend statt und werden repariert. Die sog. Copingmechanismen, derer sich das Kind dabei bedient, wurden im Experiment untersucht, indem man Mütter aufforderte, ein ganz ausdruckloses Gesicht ("still face") zu machen (Tronick et al. 1986). Ein dreimonatiges Kind versucht nun, die Mutter dazu zu bewegen, sich doch wieder so zu verhalten, wie es das von ihr gewöhnt ist. Es bedient sich dabei entweder freundlicher Ouvertüren wie Gurren, Lächeln oder beginnt ein Spielchen, das unter normalen Bedingungen eine Reaktion bei der Mutter hervorruft; oder es setzt unfreundliche Manöver wie Schreien, Weinen, um sich Schlagen ein, um die Mutter wieder zum Mitspielen zu animieren. Im gleichen Ausmaß, in dem es einem Kind gelingt, einen entgleisten Dialog wieder in Gang zu bringen, steigt sein Effektanzgefühl. Das ist mit positiven Affekten verbunden und trägt zur Ausbildung eines positiv getönten affektiven Kernes bei. Die Erfahrung, daß eine fehlgeschlagene Kommunikation und der damit ausgelöste negative Affekt in einem zweiten oder dritten Anlauf zu einer mit positivem Affekt einhergehenden Übereinstimmung führen kann, trägt viel zur adaptiven Flexibilität des Kindes bei und vergrößert seine Frustrationstoleranz. Sie verstärkt später die Erwartung, daß Konflikte lösbar sind.

Kann aber ein Kind auf Dauer mit seinen Copingmechanismen den Dialog nicht wiederherstellen, erfährt es seine Wirkungslosigkeit, seine negative Effektanz. Es fühlt sich hilflos. Ein Säugling erfährt sich nämlich dann als hilflos, wenn er seine Wirkungslosigkeit erfährt, d. h., wenn die Gegenseitigkeit ausbleibt. Nun steigt er quasi aus und koppelt sich ab. Ich drücke das absichtlich so aus, weil ich bei erwachsenen Aussteigern einen ähnlichen Mechanismus vermute.

Ein Baby versucht in diesem Fall nicht mehr, die zwischenmenschliche Regulation zu beeinflussen, sondern verwendet stattdessen seine ganze Energie nun darauf, seine Selbst-Regulation zu stabilisieren und die aufkommenden negativen Affekte unter Kontrolle zu halten. Der Austausch mit der Umwelt wird eingeschränkt. Das Kind wendet seine Aufmerksamkeit von der Mutter ab und vielleicht einem unbelebten Objekt zu. Es tröstet sich selbst mit Daumen oder Schnuller, es schaukelt. Es biegt sich zurück, fällt in sich zusammen, schaut ausdruckslos "glasäugig". Oder es blickt in der Umgebung umher, ohne jedoch dabei seine Aufmerksamkeit konzentrieren zu können. Es entsteht ein negativ getönter affektiver Kern. Er bestimmt nun die Erwartungen des Kindes. Es ist vorprogrammiert, jede neue Situation von vornherein als furchterregend einzuschätzen und sich zurückzuziehen, bevor es sie auch nur ins Auge gefaßt hat. Die Copingmechanismen des Rückzugs sind zur Abwehr geworden. Da sie auch in Situationen angewendet werden, die einen positiven Ausgang nehmen könnten, berauben sie das Kind der Möglichkeit, andere, bessere Erfahrungen zu machen.

Wir sehen heute im übrigen viele Patienten, bei denen Interaktion und Selbstregulation sich entkoppelt haben und die Aufrechterhaltung der Selbstregulation im Vordergrund steht: das sind die Patienten mit narzißtischen Persönlichkeitsstörungen.

Das sichere Bindungsmuster

Ob die Strategie, die das Kind entwickelt, adaptiv oder maladaptiv werden wird, hängt nicht zuletzt vom Ausmaß der Elastizität ab, die im frühen Mutter-Kind-System herrschte. Ein elastisches System kann entgleisen, sich in einem "Mismatch" befinden und sich wieder einregulieren. Ein Kind, das diese Erfahrung macht, ist auch in seinen Strategien flexibel, kann sie jeweils neuen Verhältnissen anpassen, weil es das Urvertrauen in seine Effektanz erworben hat, daß man sich schon wieder verständigen wird. Sog. "sicher gebundene Kinder" zeichnen sich durch diese Eigenschaft aus.

Mütter sicher gebundener Kinder können mit Leichtigkeit eine ganze Spanne von Emotionen und Motivationen bei ihrem Baby wahrnehmen und akzeptieren, wie z.B. Initiative, Unabhängigkeitsstreben, Wut oder Verlangen nach Nähe. Das Kind erfährt, daß es seine Sehnsucht nach Geborgenheit ausdrücken kann, ohne Gefahr zu laufen, von einer Mutter zurückgewiesen zu werden, die sich selbst und ihrem Baby solche Gefühle nicht gestattet. Ein sicher gebundenes Kind erfährt auch, daß es offen Furcht, Mißbehagen oder Wut, aber auch Eigeninitiative und Autonomiewünsche ausdrücken kann, ohne daß die gute Beziehung zur Bindungsperson deswegen zerbrechen wird. Die Mütter sicher gebundener Kinder hatten entweder ihrerseits eine Kindheit, die ihnen die Ausbildung einer sicheren Bindung ermöglichte, oder aber sie haben ihre Bindungsrepräsentanzen im Laufe ihres Lebens gewandelt, möglicherweise durch andere Erfahrungen mit einem Partner oder Therapeuten. Sie haben, wie die Bindungstheoretiker sagen, eine Bindungssicherheit später "erworben" (Grossmann et al. 1988; "earned security", Main 1995a).

Menschen mit *sicherem* Bindungsmuster haben die Fähigkeit, auszuhandeln statt zu unterwerfen oder unterworfen zu werden, sie besitzen Selbstvertrauen und Repekt vor dem anderen, Frustrationstoleranz, Eigeninitiative und Empathiefähigkeit. Man sieht, daß das sichere Bindungsmuster in unserer heutigen westlichen Gesellschaft *adaptiv* und erstrebenswert ist.

Patienten mit sicherem Bindungsmuster werden wir in unserer Praxis kaum zu sehen bekommen, es sei denn, sie erlitten ein so schweres Trauma, daß ihre Strategie dekompensiert. Ich erinnere die Analytiker an den Titel einer Arbeit von Eissler (1963): "Die Ermordung von wievielen seiner Kinder muß ein Mensch symptomfrei ertragen können, um eine normale Konstitution zu haben?". Es ging dabei um die Begutachtungspraxis deutscher Psychiater, die Depressionen bei Holocaustüberlebenden als konstitutionell und nicht als reaktiv einordneten. Auch Menschen mit sicherer Bindung, die eine breite Palette von Affekten zulassen können, können durch Traumatisierung dekompensieren.

Das vermeidende Bindungsmuster

Betrachten wir nun solche Kinder, die zwar eine auf ihre Mutter zurechtgeschneiderte passende Strategie entwickeln, die aber rigide ist und daher auch bei Gelegenheiten eingesetzt wird, wo sie nicht erforderlich und demnach maladaptiv ist.

Da gibt es Kinder, die in der "Fremden Situation" durch das Weggehen der Mutter nicht beeindruckt oder beeinträchtigt erscheinen. Was aber nur täuscht. Ihr Cortisolspiegel steigt im Trennungsstreß der "Fremden Situation" mehr an als der sicher gebundener Kinder (Spangler et al. 1993, 1995). Wenn die Mutter wiederkehrt, nehmen sie keine Notiz von ihr, ja scheinen sie zu *meiden*. Dieses Verhalten hat dem zugrundeliegenen Bindungsmuster die Bezeichnung "vermeidend" eingetragen.

Die Mütter solcher Kinder werden im Erwachsenen-Bindungs-Interview als *distanziert, beziehungsablehnend* eingestuft. Sie haben wenige Erinnerungen an ihre Kindheit, d.h. sie haben viel verdrängt. Sie neigen dazu, die Eltern und deren Erziehungsmethoden zu idealisieren, ohne daß sie konkrete Begebenheiten erzählen können, die dies rechtfertigen. Vielmehr berichten sie möglicherweise im gleichen Atemzug mit der Verherrlichung ihrer Eltern über Erfahrungen fehlender Nähe und Unterstützung, versteckter oder offener Abweisung. Aber diese Menschen fühlen sich dadurch nicht verletzt oder aufgebracht. Sie finden das völlig normal. Sie haben die fehlende Hilfe nicht vermißt. Sie verlassen sich betont auf die eigene persönliche Stärke. Sie setzen alles daran, nicht abhängig zu sein. Eltern, die zur Gruppe dieser beziehungsablehnenden Personen gehören, bringen, zu einem großen Prozentsatz Kinder mit dem Bindungsmuster der Gruppe des beziehungsvermeidenden Typus hervor. Die Interaktion sieht etwa so aus:

Mütter von vermeidenden Kindern stellen sich am besten auf die überschäumenden affektiven Ausdrucksweisen des Kindes bei seinen Bemeisterungsversuchen im Spiel ein. Sie können allerdings auch manipulierend in die Handlungen des Kindes eingreifen, wenn es ruhig für sich spielt. (Damit wird möglicherweise schon sehr früh mit einem Leistungszwang begonnen.) Sie schätzen es, wenn das Kind nicht an ihrem Rockzipfel hängt. Braucht und sucht es aber Hilfe und Beruhigung, haben sie für sein Anlehnungsbedürfnis kein Organ. Gerade, wenn das Kind sie am meisten benötigt, sind diese Mütter am wenigsten verfügbar. Sie nehmen seinen Affekt nicht ernst, verdrehen ihn oder spielen ihn herunter.

Was erlebt nun das Kind bei dieser Behandlung, wie stellt es sich auf sie ein? Welche Art von Repräsentanzen wird es ausbilden, aufgrund derer es im Erwachsenenalter mit großer Wahrscheinlichkeit seinerseits zu einer beziehungsablehnenden Person wird?

Beziehungsvermeidende Kinder haben eine durchgängige, d. h. vorhersagbare Zurückweisung ihrer Anlehnungsbedürfnisse erfahren. Infolge der ausbleibenden Beruhigung steigert sich die Aktivierung des Bindungssystems. Das Kind wendet sich erst recht ängstlich an die Mutter. Da diese aber das Kind nicht an sich herankommen läßt, oft buchstäblich den Hautkontakt verweigert, bleibt das auf Schutzsuche ausgerichtete Bindungssystem weiter erfolglos aktiviert. Diese Frustration löst schließlich Wut aus. Da aber auch die Wut wirkungslos bleibt, fühlt sich am Ende das abgewiesene Kind furchtsam und ängstlich in jeder Situation, in der normalerweise Liebe und Sehnsucht entstehen. Der von den beziehungsvermeidenden Kindern gefundene Ausweg ist die Abwendung der Aufmerksamkeit von der Bindungsperson oder eine allgemeine Vermeidung von Situationen, in denen das Bindungssystem aktiviert werden könnte.

Was ich hier geschildert habe, ist m. E. ein Erziehungsstil, der preußische Tugenden wie Selbstbehauptung und Härte, weniger hingegen Empathie in andere fördert. Es sind Strategien, die in Zeiten des Krieges und hoher Sterblichkeitsraten durchaus adaptiv und überlebensfördernd waren.

Patienten mit vermeidendem Bindungsmuster werden wir vorwiegend im Zustand der Dekompensation sehen. Sind sie nämlich ausreichend kompensiert, setzen sie ja alles daran, ihre Probleme aus eigener Kraft zu lösen. In einer Therapie wird sich dann entscheiden, ob die Kompensation wieder hergestellt wird. Das sind dann möglicherweise relativ kurze, als erfolgreich imponierende Therapien. Eine Verhaltenstherapie könnte z.B. die Überzeugung eines Patienten mit vermeidendem Bindungsmuster wiederherstellen, er könne sich selbst in den Griff kriegen. Ganz anders sieht es aus, wenn in einem bindungsvermeidenden Patienten die Hoffnung auf eine andere Beziehung stärker ist und somit eine gewisse Motivation besteht, sich in die "Wiederholungsfurcht" (Ornstein 1974) einzulassen. Die Kenntnis der Entwicklungsbedingungen einer vermeidenden Strategie wird das Verständnis der Übertragung erleichtern. Ich habe den Eindruck, daß man dann zwei Ebenen unterscheiden muß: die ganz frühe Ebene, wo noch nichts festgelegt war, auf der der Wunsch nach Verständnis und Teilen besteht und die spätere, auf der wegen der Frustration dieser Wünsche die Vermeidungsstrategie aufgebaut wurde. Entscheidend in der Analyse der Übertragung ist das Kippen der Übertragung und das Auffinden der Frustration, die sie ausgelöst hat. Es leuchtet im übrigen wohl ein, daß abstinentes Verhalten für solche Patienten unter Umständen eine glatte Wiederholung der prägenden Situation der Kindheit darstellt.

Wir haben hier ein Bindungsmuster vor uns, dessen Strategie darin besteht, alle Situationen, in denen das Bindungssystem aktiviert werden könnte, zu meiden, die Aufmerksamkeit davon abzuwenden. Dem liegt die Erfahrung zugrunde, daß die Mutter vorhersagbar war, aber unangemessen auf die Bindungsbedürfnisse des Kindes reagierte.

Das ambivalente Bindungsmuster

Ein weiteres Muster unsicherer Bindung sieht wie folgt aus: es gibt Kinder, die sind *ängstlich* und *abhängig* von ihrer Bindungsperson. Im Test der "Fremden Situation" sind sie durch die Abwesenheit der Mutter extrem belastet. Sie können von dem anwesenden Fremden keinen Gebrauch machen. Bei Wiederkehr der Mutter ist ein deutliches Schwanken zwischen Kontaktwunsch und Widerstand gegen eine Annäherung zu beobachten. Daher wird dieses Bindungsmuster als "ambivalent" bezeichnet.

Im Erwachsenen-Bindungs-Interview sind Mütter solcher Kinder von Erinnerungen geradezu überflutet. Im Gegensatz zu den Müttern beziehungsvermeidender Kinder, die kaum Erinnerungen an die Kindheit hatten, sind sie , wie man sagt, *beziehungsüberbewertend* und sind in ihre problematische Kindheitsgeschichte verstrickt. Idealisierung, Wut und Abhängigkeitsgefühle bestehen nebeneinander. Noch immer kämpfen sie darum, ihren Eltern zu Gefallen zu sein oder von ihnen Gerechtigkeit zu erfahren. Sie hatten ihrerseits Mütter, deren Verhalten in unvorhersehbarer Weise mal angemessen war und mal nicht. Oft waren ihre Mütter ängstlich, schwach und inkompetent und vermochten keinen Schutz zu bieten. Wenn die Angst des Kindes nicht besänftigt wird, verstärkt sich das Bindungsverhalten, es klammert. Aber eine Mutter, die in Notfällen selbst in Panik gerät, klammert sich unter Umständen ihrerseits an das Kind. Sie braucht es, um ihr eigenes Gleichgewicht aufrechtzuerhalten. Wenn die Mutter das Kind parentifiziert, es an sich bindet, so ist dem Kind der Ausweg der beziehungsvermeidenden Kinder, nämlich sich von der Mutter abzuwenden, versperrt. Das erklärt das oft schwer verständliche Verhalten der unsicher-ambivalent gebundenen Kinder im Fremdentest, wenn sie ängstlich die Nähe der Mutter suchen, dann aber zornig sind und sich nicht trösten lassen. Solche Mütter oder Eltern benötigen Harmonie um jeden Preis, sie unterbinden Aggression, Trotzverhalten und Unabhängigkeitsstreben, sie entmutigen Erkundungsverhalten und Eigeninitiativen: ein Verhalten, das oft als "Überverwöhnung" bezeichnet wird. Oft werden dem Kind Schuldgefühle gemacht, damit es sich ganz auf sie einstellt. Diesem Druck fügten sich in der Tat die befragten Personen als Kinder, mochten sie innerlich auch voller Vorwürfe sein. Die Ablösung von einer inkompetenten Mutter ist sehr schwer. Solche Kinder lernen von früh auf, sich mehr auf den inneren Zustand der Mutter einzustellen als auf ihren eigenen. Das Gefühl einer eigenständigen Identität kann sich unter solchen Bedingungen nur schwer entwickeln, weil als Kompaß nicht die eigene Gefühls- und Motivationslage dienen kann, sondern stattdessen die schwankenden Stimmungen der Mutter. Die Kausalitätskette lautet nicht: wenn ich das tue, reagiert Mutter so, sondern wenn Mutter das tut, muß ich so und so reagieren. Das kann dann durchaus in eine masochistische Unterwerfung münden. Insofern ist das unsicher-ambivalente Bindungsmuster nicht adaptiv.

Wenn die Mutter sich mal angemessen und feinfühlig verhält und dann wieder nicht, dann ist ihr Verhalten weder vorhersagbar noch angemessen. Da das Kind aber darauf angewiesen ist, soviel Schutz als möglich zu erhalten, entwickelt es eine Strategie der *Hypervigilanz*. Solche Menschen entwickeln höchst empfindliche Antennen, um herauszufinden, wie der andere gerade drauf ist, was er will, was er braucht, um sich dem anzupassen. Diese Strategie kann unter bestimmten Bedingungen adaptiv sein. Wenn Menschen unter sehr beengten Verhältnissen zusammenleben müssen, können diese Antennen für die innere Befindlichkeit des anderen überlebensfördernd sein. Das könnte auch für Dienstboten in früheren Zeiten gelten oder für die Sekretärin eines launischen Chefs. Aber auch unser eigener Berufsstand mag von dieser Strategie profitieren, das Innere des anderen zu erspüren, allerdings mit der Maßgabe, daß die eigene Identität darüber nicht zu kurz kommt.

Bei einem Patienten mit unsicher-ambivalentem Bindungsmuster wird man, im Gegensatz zu den Idealisierungen beim vermeidenden Patienten, die Vorwürfe und Klagen über die frühen Bezugspersonen zu hören kriegen. Man wird aber auch spüren, wie stark der Patient versucht, herauszufinden, wie er sich verhalten muß, damit er "lieb Kind" beim Therapeuten wird.

Patienten mit diesem Muster sehen wir häufig. Es sind Patienten, die in der Hoffnung kommen, daß ihnen doch nun endlich Gerechtigkeit von ihren Bezugspersonen zuteil werden möge, daß ihre großen Bemühungen anerkannt werden. Es sind Patienten, die, wie das Erwachsenen-Bindungs-Interview sagt, in Beziehungen verstrickt sind und zwar in ihre früheren, wie in ihre gegenwärtigen. Empfindlich, leicht kränkbar, unter Umständen von einer unsicheren Mutter parentifiziert, was die Ablösung von dieser Mutter erschwert. Solche Patienten schaffen eine Ablösung nur schwer. Für sie hieße das nämlich, ihre Bindung aufzugeben. Man muß sich vor Augen halten, daß ein Kind eine Bindung aufbaut, auch wenn die Bindungsperson das Kind ausbeutet. Man denkt, solche Menschen müßten erleichtert und befreit sein, wenn sie eine Trennung schaffen. Aber nein, sie werden depressiv oder kriegen Schuldgefühle oder bestrafen sich durch Symptome.

Ich will damit sagen, daß das, was oft mit dem Begriff des "bösen Introjekts" beschrieben wird, sich vielleicht auch als Folge einer pathologischen Bindung erklären ließe. Das gleiche gilt für die sog. "Klebrigkeit der Libido", und den Wiederholungszwang, die in der Tat auch bindungstheoretisch verstanden werden können.

Das desorganisierte/desorientierte Bindungsmuster

Ich komme nun zur letzten Gruppe, einer, die klinisch wahrscheinlich recht häufig auftaucht, die Gruppe, die im Verhalten während der "Fremden Situation" Einsprengsel von *desorgansiertem/desorientiertem* Verhalten aufweist. Da findet man im Test Kinder, deren Verhalten nicht klassifizierbar ist, oder in deren Verhalten merkwürdige Sequenzen eingestreut sind, z.B. nimmt das Kind einen tranceartigen Ausdruck an, während seine Bewegungen quasi einfrieren. Oder das Kind krabbelt auf die Mutter zu, stoppt und beginnt in Knie-Ellenbogenlage zu schaukeln. Oder: das Kind wendet sich, wenn es Furcht vor dem anwesenden Fremden hat, nicht den Eltern zu, sondern von ihnen ab und legt stattdessen den Kopf an die Wand. Andere Verhaltensweisen sind schwer erklärbar, z.B. ein Kind sitzt gemütlich auf dem Schoß seiner Mutter. Plötzlich frieren seine Bewegungen ein, während es in unnatürlicher Weise einen Arm hochhält. Es finden sich unerwartete Verhaltensweisen, Stereotypien, ungerichtete, unvollständige oder unterbrochene Bewegungen. Wohlgemerkt: es handelt sich bei diesen Verhaltensweisen um Einsprengsel. Daher wird die Klassifizierung desorgansiert/ desorientiert immer zusammen mit der Kategorie vergeben, die das überwiegende Verhalten charakterisiert, also sicher desorganisiert, oder vermeidend desorganisiert oder ambivalent desorganisiert.

Aber auch das Verhalten der Eltern in der "Fremden Situation" schien merkwürdig: Sie schienen beim Kind um Zeichen der Zuneigung zu betteln und wurden dann oft vom Kind zurückgewiesen. Manchmal schien es so, als sähen sie in dem Kind ein angsterregendes Wesen. Umgekehrt verhielten sie sich ihrerseits gelegentlich bedrohlich und furchterregend: Sie machten z. B. plötzliche Bewegungen, oder gaben ominöse Töne von sich, während sie sprachen. Vor allem aber waren in ihrem Verhalten Einsprengsel tranceartiger Zustände zu beobachten.

Mit 6 Jahren haben die meisten dieser Kinder doch eine Strategie gefunden: sie sind bevormundend-kontrollierend und zwar entweder strafend oder überbesorgt. Beim Puppenspiel solcher Kinder ereignen sich allerdings die fürchterlichsten, apokalyptischen Katastrophen, für die es keine Lösung gibt. Das heißt, unter einer dünnen Decke von geordnetem Funktionieren steckt geballte Angst. (An einen derartigen Kausalzusammenhang sollte man auch bei kontrollierenden Patienten denken.)

Main u. Solomon (1986) berichten auch, daß in Familienbildern, die solche Kinder im Alter von sechs Jahren zeichneten, Hinweise auf Desorganisation zu finden waren, z.B. ein Bein für sich oder ein Kopf, der über den anderen Figuren schwebt. Es konnte auch vorkommen, daß ein Bild angefangen wurde, unvollständig blieb und ein neues angefangen wurde. Manchmal fanden sich merkwürdige Elemente in ihren Zeichnungen, z. B. ein durchgestrichenes Herz, ein durchgestrichener Kopf oder Ohr, eine Figur, die über einem kleinen Boot auf dem Meer schwebt und dgl. Andere Kinder malten Bilder, die man als zu strahlend bezeichnen könnte, mit Betonung auf Herzen, Sonnen, gelben Lichtern und Blumen. Ein Kind malte die ganze Familie, wobei jeder auf einem blauen Herz stand und eine kleine Sonne in kleinem Abstand über dem Kopf der Mutter schien.

Main u. Hesse (1990) fanden, daß 56% der Eltern von desorganisiert gebundenen Kindern einen Elternverlust vor Beendigung der Highschool erlitten hatten. Auch traumatische Verluste, die die Eltern im Zeitraum von zwei Jahren vor und zwei Jahren nach der Geburt eines Kindes erlitten, machen dieses Kind für ein desorganisiertes Muster anfällig (Liotti 1992). Gleiches gilt für in der Kindheit erfahrene schwere Traumatisierung, etwa Mißhandlungen oder Sexualmißbrauch der Mutter, bzw. Eltern, wenn diese psychisch, etwa im Sinne von Trauerarbeit, nicht hatten verarbeitet werden können. Insgesamt kann man sagen, daß solche Eltern an unverarbeiteten Bindungs-Traumatisierungen leiden. Aber warum führt das zu desorganisiertem Verhalten beim Kind?

Um den Zusammenhang zu verstehen, muß man sich noch einmal an eines der Grundprinzipien der Bindungstheorie erinnern: die Tatsache nämlich, daß das Kind auf jeden Fall eine Bindung eingeht, auch an ein höchst pathologisches Objekt. Ist das Kind dann an eine Bindungsperson gebunden, muß es sich demgemäß in Situationen, in denen das Bindungssystem aktiviert wird, an diese wenden. Wenn nun aber diese Person kein Hort des Schutzes ist, sondern ihrerseits furchterregend ist, z. B. weil sie das Kind mißhandelt, gerät das Kind in eine paradoxe Lage, aus der es keinen Ausweg gibt. Es gibt aber noch eine weitere wichtige Möglichkeit, wie das zustande kommen kann: wenn nämlich die Bindungsperson selbst von Furcht besessen erscheint und zwar von einer Furcht, für deren Auslösung das Kind weder in der augenblicklichen Interaktion noch in der Umgebung einen Anhaltspunkt finden kann.

Angenommen, die Mutter hat ein Trauma erlitten. Angenommen, sie wurde als Kind sexuell mißbraucht. Sie ist in einer freundlichen Interaktion mit dem Kind. Irgendeine Assoziation läßt plötzlich eine Erinnerung an die Vergewaltigung während der Kindheit bei ihr auftauchen, auf ihrem Gesicht erscheint ein Schrecken. Dieser Schrecken ist für das Kind ein Gefahrensignal, das sein Bindungsverhalten aktiviert. Aber die Mutter, der Hort der Sicherheit, ist mit ihren Gedanken ganz woanders. Möglicherweise ist sie gar in Trance, möglicherweise hat das Kind für sie das Gesicht ihres Quälers angenommen, sie verhält sich feindselig-ablehnend gegenüber dem Kind. Das wiederum steigert die Schutz- und Bindungsbedürfnisse des Kindes, intensiver wendet es sich an die Mutter, die mit ihren Gedanken ganz woanders ist und keinen Schutz gewährt. Die Bindungsperson, die beschützen sollte, scheint in einem solchen Fall ihrerseits von Angst erfüllt und zwar einer Angst, deren Ursache dem Kind nicht erfindlich ist. Sie rührt aus einer wiederbelebten Erinnerung oder Phantasie der Bindungsperson her, zu der das Kind keinerlei Zugang hat. Es kann also keine Verhaltensstrategie entwickeln. Wiederholen sich solche Abläufe, bei denen die Bindungsperson selbst zum furchterregenden Auslöser des Bindungsverhaltens wird, und zwar aus Gründen, für die das Kind keinen Auslöser in der Umgebung feststellen kann, dann führt der beschriebene paradoxe circulus vitiosus schließlich, wie Main (1995b) vermutet, zu einem Zusammenbruch der Verhaltensorganisation, der dann den Eindruck erweckt, als seien einander widersprechende Handlungspläne aktiviert.

Das Bindungssystem versagt in diesem Falle, und man muß derartige Vorgänge als ausgesprochen maladaptiv ansehen. Für uns Therapeuten ist wichtig, daß "*das Verhalten des Kindes hier Folge von elterlicher Traumatisierung in der zweiten Generation zu sein scheint und nicht direkte Folge von selbsterlebter Mißhandlung oder sexuellem Mißbrauch*" (Main 1995, S. 222; Hervorhebung im Originaltext.)

Wenn man sich einmal überlegt, wie häufig in früheren Generationen derartige Traumatisierungen durch Krieg, Feuersbrunst, Seuchen, hohe Sterblichkeitsrate waren, muß man vermuten, daß eine viel höhere Rate an Traumata auf diese Weise von einer Generation zur nächsten weitergegeben wurde und daß Kinder in sehr viel größerem Umfang als heute Träger von Traumata und Ängsten waren, die nicht ihre eigenen, sondern die ihrer Eltern waren. Immerhin haben wir seit über 50 Jahren Frieden, und die medizinische Versorgung heute läßt sich mit der von noch vor 100 Jahren nicht vergleichen. Trotzdem werden wir mit Folgen der Traumatisierung in der zweiten Generation auch heute nicht selten konfrontiert. Man denke an die Probleme von Kindern holocaustüberlebender Eltern. Die Bindungstheorie hat Erklärungsmöglichkeiten der intergenerationalen Transmission zu bieten, die für Therapien sehr nützlich sein können. Daher sollte man bei Patienten, die beispielsweise an Ängsten oder Beziehungsstörungen leiden, für die man in ihrer Anamnese keine Ursachen finden kann, daran denken, daß sie in der dargestellten Weise unbemerkt durch ein elterliches Trauma geschädigt sein können, an dem sie nicht selbst teilgenommen haben und das ihnen völlig unbewußt ist.

Als Erwachsene können Personen mit desorganisierten Anteilen im Beziehungsmuster in einigen Bereichen durchaus gut funktionieren, ein Studium abschließen, hochqualifizierte Aufgaben durchführen, aber sie haben mehr oder weniger große Bereiche des Erlebens, in denen unvorstellbares Grauen herrscht. Ich verwende das Wort "unvorstellbar" absichtlich, weil der betreffende Mensch oder Patient der Träger eines Grauens ist, das nicht er selbst, sondern seine Eltern erlebt haben. Das könnte möglicherweise auch auf solche Patienten zutreffen, die gelegentlich einen psychotischen Schub haben, dann aber wieder normal funktionieren. Wenn daher in einem Erstgespräch oder auch in einer Behandlung bizarr, psychotisch oder chaotisch wirkend *Einsprengsel* auftauchen, dann muß das nicht gleich ein Hinweis auf einen psychotischen Kern sein. Vielmehr sollte man auch an eine Desorganisierungsproblematik denken.

Die Bindungstheorie geht nicht von einer Entwicklung aus, wie M. Klein sie beschreibt, wonach sich aus einem paranoiden Kern eine depressive Position entwickelt, sondern sie geht davon aus, daß ein Neugeborenes das, was es braucht, da sucht, wo es zu bekommen ist, bei Mutter, Vater, Oma etc. und daß die pathologischen Personen seiner Umgebung Spuren und Einsprengsel hinterlassen. Solche Personen können in vielen Lebensbereichen sehr gut und begabt funktionieren, ohne daß dies auf ein "falsches Selbst" zurückgeführt werden müßte. Man sollte in einem Erstgespräch auch immer erfragen, ob die Eltern des Klienten in ihrer Kindheit, d. h. vor Vollendung des 14. Lebensjahres eine wichtige Bezugsperson verloren haben, oder im Zeitraum von zwei Jahren vor und zwei Jahren nach der Geburt des Patienten. Zutreffenden Falles wird man an die Möglichkeit denken, daß der Klient ein desorganisiert/desorientiertes Bindungsmuster hat und das kann u. U. Jahre therapeutischer Irrwege ersparen.

An eine Vorgeschichte, wie ich sie für die Entstehung eines desorganisierten Bindungsmusters dargestellt habe, sollte man auch immer bei Patienten mit Dissoziationssymptomen, d. h. kurzfristig veränderten Bewußtseins- oder Trancezuständen, oder auch Multiplen Persönlichkeiten denken. Anna O. übrigens, die auf der Höhe ihrer hysterischen Erkrankung zwei alternierende Bewußtseinszustände hatte, erfüllt eine der Voraussetzungen für desorganisierte Bindung: Ihre Mutter hatte ihre Mutter, d. h. Anna O.'s Großmutter im Alter von 10 Jahren verloren.

Nach dieser Beschreibung der vier verschiedenen Grundformen von Bindungsmustern läßt sich zusammenfassend sagen, daß lediglich desorganisierte Anteile keinerlei Adaptionswert haben, daß aber in unserer heutigen Gesellschaft ein sicheres Bindungsmuster wohl bessere Chancen bietet als ein unsicheres. Ein kleines Beispiel mag dies abschließend verdeutlichen:

Nehmen wir an, ein sicher gebundener Patient wird mit einem Beinbruch zum Arzt gebracht. Obwohl er möglicherweise noch unter dem Schock des Unfalles steht, wird sich er sich trotzdem vertrauensvoll der Behandlung hingeben. Ist er vermeidend gebunden, wird er vielleicht erst einmal meinen, es ginge ohne Arzt und ohne Behandlung. Läßt sich diese aber nicht umgehen, wird er die Zähne zusammenbeißen und sich nach Möglichkeit keine Schwäche anmerken lassen. Er wird herauszufinden suchen, wie er selbst in dieser Situation am ehesten allein und ohne Hilfe zurechtkommt. Er wird nur beschränkt kooperativ sein. Ein unsicher-ambivalent gebundener Patient wird lamentieren, ausgerechnet ihm muß das passieren, möglicherweise macht er andere für den Unfall verantwortlich. Er wird versuchen, herauszukriegen, was der Arzt über ihn denkt, was der Arzt für ein Mensch ist und was er von ihm erwarten könnte. Er wird etwas unberechenbar sein in seinen Versuchen, es dem Arzt recht zu machen, sein bester Patient zu sein und sich gekränkt oder wütend zurückziehen, wenn der Arzt diese Bemühungen nicht honoriert. Ein desorganisiert gebundener Patient verhält sich je nach seiner sicher, vermeidenden oder ambivalenten Zweitkategorie, oder aber er gerät völlig aus den Fugen, der Schock scheint ihn in ein totales Chaos versetzt zu haben, aus dem er sich möglicherweise überraschend schnell erholt.

Schlußbemerkung

Ich habe zu zeigen versucht, daß ein sicheres Bindungsmuster einen wichtigen Faktor für seelische Gesundheit und Widerstandskraft darstellt, daß aber in der Vergangenheit gewachsene in unserer heutigen Gesellschaft maladaptive vermeidende, ambivalente Bindungsmuster, oder solche mit desorganisierten Einsprengseln der Ausbildung oder Aufrechterhaltung guter menschlicher Beziehungen in der Gegenwart im Wege stehen. Realistisches Ziel einer Psychotherapie könnte es sein, bei Vorliegen eines desorganisierten Musters die Gründe der Desorganisierung zu erforschen, die oft in Beziehungstraumatisierungen der Generation der Eltern zu suchen sind. Beziehungsüber- oder entwertenden Patienten könnte man durch Durcharbeiten in der Übertragung zu einer veränderten Einstellung verhelfen. Möglicherweise werden dabei auch rezessiv gebliebene Bindungsmuster zu anderen Personen als der Hauptbindungsperson reaktiviert. Mit Hilfe der Übertragungserfahrung und ihrer Interpretation könnten solche Patienten zu einer vollständigeren narrativen Wahrheit ihrer Lebensgeschichte gelangen, zu einer, bei der sich Verdrängung, Spaltung, Diffusion und Idealisierung erübrigen und die ihnen zudem einen empathischen Zugang zu ihren Mitmenschen eröffnet.

Freuds Ziel einer Therapie war: "Wo Es war, soll Ich werden." Heute könnte man das erweitern und sagen, "aus unsicheren Bindungsmustern sollen sichere werden".

Literatur

Ainsworth M, Blehar M, Waters E, Wall S (1978) Patterns of Attachment: A Psychological Study of the Strange Situation. Lawrence Erlbaum, Hillsdale, NJ

Beebe B, Stern D (1977) Engagement-disengagement and early object experiences. In: Freedman N, Grand S (eds) Communicative Structures and Psychic Structures. Plenum, New York

Bowlby J (1969) Attachment and Loss, Vol I: Attachment. Hogarth Press, London. Dt.: (1975) Bindung. Kindler, München

Bowlby J (1973) Separation, Vol II: Hogarth Press, London. Dt.: (1976) Trennung. Kindler, München

Bowlby J (1980) Loss; Sadness and Depression, Vol. III, Hogarth Press, London. Dt.: (1983) Verlust; Trauer und Depression. Kindler, München

Bowlby J (1988) A secure Base. Routledge, London. Dt.: (1995) Elternbindung und Persönlichkeitsentwicklung. Dexter, Heidelberg

Bowlby J (1989) Attachment and personality development. In: Greenspan St, Pollock G (eds) The course of life, Vol. I. Int Univ Press, Madison Conn, pp 229-270

Eissler K (1963) die Ermordung von wievielen seiner Kinder muß ein Mensch symptomfrei ertragen können, um eine normale Konstitution zu haben? Psyche 17: 241-291

Freud S (1930) Das Unbehagen in der Kultur. GW Bd 14, S. 419-506

George C, Kaplan N, Main M (1985) The Adult-Attachment-Interview. Unveröff. Manuskript, University of California, Berkeley

Grossmann K, Fremmer-Bombik E, Rudolph J, Grossmann KE (1988) Maternal attachment representations as related to child-mother attachment patterns and maternal sensitivity and acceptance of her infant. In: Hinde RA, Stevenson- Hinde J (eds) Relations within families. Oxford Univ Press, Oxford, pp 241-260

Köhler L (1992) Formen und Folgen früher Bindungserfahrungen. Forum Psychoanal 8: 263-280

Köhler L (1998) Anwendung der Bindungstheorie in der psychoanalytischen Praxis. Einschränkende Vorbehalte, Nutzen, Fallbeispiele. Psyche 52: 369-397

Liotti G (1992) Disorganized/disoriented attachment in the etiology of the dissociative disorders. Dissociation 6: 196-204

Main M (1995a) Recent studies in attachment: Overview, with selected implications for clinical work. In: Goldberg S, Muir R, Kerr J (eds) Attachment theory: Social, developmental, and clinical perspectives. Analytic Press, Hilldale NJ, pp 407-474

Main M (1995 b) Discourse, prediction and recent studies in attachment: Implications for psychoanalysis. In: Shapiro T, Emde R (eds) Research in Psychoanalysis. Int Univ Press, Madison, pp 209-244

Main M, Hesse E (1990) Parents' unresolved traumatic experiences are related to infant disorganized attachment status: Is frightened and/or frightening parental behaviour the linking mechanism? In: Greenberg M, Cicchetti D, Cummings M (eds) Attachment in the preschool years. Univ Chicago Press, Chicago, pp 161-182

Main M, Solomon J (1986) Discovery of an insecure-Disorganized/Disoriented Attachmnet Pattern. In: Brazelton B, Yogman M (eds) Affective development in infancy. Ablex, Norwood NJ, pp 95-124

Ornstein A (1974) The dread to repeat and the new beginning: A contribution to the psychoanalysis of the narcissistic personality disorders. Ann Psychoanal 2: 231-249

Spangler G, Grossmann KE (1993) Biobehavioral organization in securely and insecurely attached infants. Child Develop 64: 1439-1450

Spangler G, Schieche M (1995) Psychobiologie der Bindung. In: Spangler G, Zimmermann P (Hrsg) Die Bindungstheorie. Grundlagen, Forschung und Anwendung. Klett-Cotta, Stuttgart

Stern D (1985/92) The interpersonal world of the infant. Basic Books, New York. Dt: Die Lebenserfahrung des Säuglings. Klett-Cotta, Stuttgart

Stern D (1992) The "pre-narrative envelope": An alternative view of "unconscious phantasy" in infancy. Bull Anna Freud Centre 15: 291-318

Stern D (1998) "Now-Moments", implizites Wissen und Vitalitätskonturen als neue Basis für psychotherapeutische Modellbildungen. In: Trautmann-Voigt S, Voigt B (Hrsg) Bewegung ins Unbewußte. Beiträge zur Säuglingsforschung und analytischen Körpertherapie. Brandes & Apsel, Frankfurt aM, S 82-96

Tronick E, Cohn J, Shea E (1986) The transfer of affect between mothers and infants. In: Brazelton BT, Yogman M (eds) Affective Development in Infancy. Ablex, Norwood NJ, pp 11-26

The healing energy of the psychotherapist

David Orlinsky

In a classic novel of late 19th century Sicily (Lampedusa 1960), the author tells of a priest named Father Pirrone who returned from the elite world of Palermo nobility to visit some family members in the simple peasant village where he had been born. There, talking to a boyhood friend who had become the village herbalist, the priest lost himself in erudite conversation. It was late at night, and "The death of Socrates (which the priest had just mentioned) was too much for the herbalist; he had given up and was fast asleep. Father Pirrone noticed this and was pleased, for now he would be able to talk freely without fear of being misunderstood; and he felt a need of talking, so as to fix into a pattern of phrases some ideas obscurely milling in his head." I too have some ideas obscurely milling in my head and feel a need to fix them into a pattern of phrases. I hope I won't put you to sleep in the process, like the poor herbalist in the novel, but if that happens at least I have the thought that I can talk freely without fear of being misunderstood.

The problem

As to the ideas obscurely milling in my head, they mainly concern the relative contributions of psychotherapeutic treatments *as methods* and of psychotherapists *as persons* in the formation of therapeutic impact on patients. There are two views of this. In the dominant view, therapeutic efficacy is attributed to the treatment methods or procedures that are applied to patients. The therapist's task is to administer the correct treatment in the correct way, and therefore therapists are viewed implicitly as functionaries who have been trained to administer the right treatment method at the right time to the right patient. Most psychotherapy researchers act as if they believed this, even if they hesitate to say so directly.

An alternative view, held (I think) mainly by patients, attributes the therapeutic benefits that patients experience to special qualities that are embodied in the therapist and that are made available to patients by contact with the therapist. This implies that the patient's experience of involvement with the therapist, rather than the treatment methods themselves, determines the effectiveness of therapy. It presents psychotherapy, not so much as a technical procedure in which treatment methods are applied to psychiatric disorders, but as an inter-human process in which something personal is exchanged.

What do the accumulated results of psychotherapy research over the past 50 years imply about these two alternative views? The generally successful demonstration of therapeutic efficacy for a wide variety of treatment systems (Lambert & Bergin 1994; Lipsey & Wilson 1993), and the generally unsuccessful effort to demonstrate major differences between treatments — despite extraordinary efforts to do so — strongly implies that the effectiveness of psychotherapy does not stem primarily from the correct application of treatment procedures or methods. By contrast, the generally consistent demonstration that patients improve when certain modes of patient and therapist relating are observed during sessions (Orlinsky et al. 1994), strongly implies that the effectiveness of psychotherapy has much to do with the patient's involvement with the therapist, and with experiences that are evoked by their involvement.

Still, the former view remains dominant, despite the accumulated evidence that suggests the second view is more nearly correct. This discrepancy persists partly, I think, because the culture of modern technologically-oriented societies values standardized impersonal *methods* so much more than unstandardized personal *experiences*. Explanations of natural phenomena seem more scientific when attributed to "mechanisms" of some sort. Recently, however, it occurred to me that it is probably not just this general cultural influence but also a specific lack of theoretical models that makes it difficult for psychotherapy researchers to recognize the implications of these accumulated findings. It is much easier to conceive of something as plausible if there is a credible conceptual framework into which it fits. Thus, a more specific challenge to be met is that of elaborating a conceptual framework which will make it plausible to think that personal involvement with a therapist who is perceived to have certain special qualities is, in fact, a major source of therapeutic benefit. That is the challenge I shall try to meet in this talk.

The starting point for this conceptual framework was the discussion section for a paper I have just written describing the ways that psychotherapists experience their professional growth and development (Orlinsky et al. 1999). The study involves an in-depth survey of nearly 4.000 psychotherapists of different professions, theoretical orientations, and career levels in many different countries (especially Germany). Data for this study have been gathered since 1991 by the SPR Collaborative Research Network, an international group of researchers of which I am part and which I serve as coordinator. Through our questionnaire, we obtained both direct and indirect measures of therapists' *currently experienced development* as well as their *perceived overall career development.* Two observations stood out.

First, the various measures of *overall career development* were positively intercorrelated and loaded the same factor, but the levels of scores on these measures presented alternately enthusiastic and restrained estimates of their career development. When asked directly to estimate their overall development, almost all therapists felt they had developed greatly, yet many fewer claimed to have attained high levels of mastery and expertise. Second, a strong echo of our therapists' enthusiasm about their overall development was also found in the high level of *currently experienced development* reported by most therapists, and surprisingly this sense of continuous professional growth did not diminish even among therapists who had been in practice for 25 to 40 years. However, while enjoying high levels of felt growth in their therapeutic work, nearly 80 % of the 4,000 therapists also reported experiencing a sense of stress and loss in professional capacity (usually only slight, but sometimes more).

My interpretation of these findings proposed that our psychotherapists experienced "professional growth" in two ways: first, as a *long-term process of development* by which they gradually refine their natural talents, acquire technical mastery of their craft, and overcome personal limitations in their ability to deal effectively with particular types of problematic condition and patients; and second, as a *short-term process of renewal*, which they need in order to compensate for the constant stresses that therapeutic work imposes on them as therapists, involving a continual restoration of the therapists' *energy and work morale*, and constant honing of the "sharpness" (i.e., alertness, responsiveness, and specificity) with which therapists must apply their skills.

The need for a process of constant renewal seems plausible if one reflects on how unlikely it is that any therapy — done in a routine, halfhearted fashion by a therapist who lacks optimism and may feel 'burnt out' — could evoke the *perceptions of competence and caring* in the patient that research has consistently shown to be associated with positive outcomes (Orlinsky et al. 1994). To elicit such perceptions, therapists probably need to approach each patient and each session with fresh interest, a readiness for engagement and an open, non-defensive attitude. If the therapist's "sharpness" is continuously dulled, and his or her energy is depleted by on-going clinical work, then there also must be a source for the restoration of energy, interest and openness in order for practice to be tolerable for therapists, session after session and year after year.

Basic concepts

Having recently offered an interpretation of our research findings in terms of the *energy* that therapists bring to their therapeutic work, it was natural to answer my question about the sources of therapeutic impact in terms of the energy that therapists and patients invest in their therapeutic work. I came to form a concept of therapy (one that no doubt has many antecedents and is not very original with me) as an exchange of energies between the therapist and patient. These energies are expressed, in part, through the interactive activities we call treatment methods; but, in this view, it is therapist's healing energy, and the patient's constructive energies catalyzed by it, that constitute the main source of therapeutic effectiveness.

If most of you have fallen asleep by now, I could go on (like the priest in the novel) without fear of being misunderstood. However, since some may still be awake, I think I will need to define my terms very clearly so that you don't think I have abandoned scientific theory and taken up a quasi-mystical view. By the term *energy*, I refer to the biopsychological energies which *activate* us; that is, which give us life, motion, emotion, and symbolic activities such as thinking, remembering, and imagining. A body without energy is a corpse. A body with barely enough energy to stay alive is a person in a coma. A sick or seriously malnourished person has little energy to move, feel or think. A living, healthy, adequately nourished person alternates between periods of high energy use called "wakefulness" and periods of energy conservation called "sleep." There is nothing esoteric or mystical in this concept of energy.

Indeed, biopsychological *energy* can be observed directly in the behavior of others and is experienced directly in one's subjective awareness. Objectively, we attribute energy to others in proportion to the persistence, recurrence, and amplitude of their actions, and the persistence, recurrence, and intensity of their expressions. Subjectively, energy is a directly sensed, primary feature of one's phenomenal world. Our energies operate and are felt at a sensorimotor level of experience. This energy experience is inherent in the sensorimotor ground of awareness (the phrase "felt impulse" is an exact equivalent of "sensorimotor"), and it operates primarily at a preverbal, preconscious sensorimotor level. We become directly conscious of our energy experiences when they are sufficiently intense to draw our attention. We also become conscious of our energy experiences when they become symbolized, and the specific energy that we call "attention" either is drawn or directed to its symbolic forms.

The *symbolization* of energy occurs either through the investment of energy in specific ideational forms or through the assignment of a symbol to represent a felt energy. To the extent that energy is spontaneously invested *in* certain symbols, it can be expressed through them. To the extent that energy is intentionally represented *by* certain symbols, it can be referred to through them. The symbols involved can be concrete or abstract forms of ideation, i.e., imagery or ideas. Networks of associated images and of logically related ideas can be invested with energy, and the same symbol or network of symbols can be invested with different types and degrees of energy.

Psychobiological energies activate us in three respects, making it convenient for some purposes to speak of energy in three forms: *vitality*, *motivation*, and *concentration*. By *vitality*, I mean the immediate bodily experience of energy as a felt readiness for active involvement. If one is sick, malnourished, fatigued, grossly unfit, or decrepit with age, one feels little vitality. If one is healthy, well nourished, well rested, reasonably fit, and actively growing, one feels an abundance of vitality. *Motives*, on the other hand, refer to the impulses activated when one is engaged with a specific aspect of one's world, and are based on the anticipations, derived from past experiences, of pleasure-unpleasure, i.e., of positively and negatively reinforcing consequences. The basic directions of movement, in action and ideation, are *toward* things or persons that are pleasing (i.e., "libido" in the broadest sense), *against* things or persons that irritate or anger us (i.e., aggression), and *away from* things or persons that frighten us (i.e., anxiety). This basic directional schema of motives as incipient movement towards, against, and away from things or persons around us, and towards, against, and away from ideas and images, is commonplace in psychological theory, and needs no elaboration for this audience. Finally, the third form of energy we experience is *concentration*. We speak of "concentrating" when we direct or focus the surplus vitality we experience when awake either perceptually in the form of *attention* or motorically in the form of *intention*. When able to concentrate effectively, we feel alert, attuned, responsively tracking and effectively reactive to inner or outer targets. When unable to concentrate, we feel unfocused, distracted, or drained of energy.

These energy concepts allow us to define the *psychotherapist's "healing" energy* simply as the *vitality*, *motivation*, and *concentration* that psychotherapists bring to their therapeutic work with patients. The theories of psychotherapy that I know do not give sufficient consideration to the psychotherapist's "healing" energy and its function in generating therapeutic benefit for the patient. The sources of the therapist's healing energy and the ways it functions in psychotherapy need to be explicated in order to frame a concept of therapy as an exchange of energies between the therapist and patient.

However, the concept of energy is not the only one needed to construct a plausible alternative theory of psychotherapy as an inter-human process rather than a psychological or psychiatric technology. Therapists and patients are persons whose lives and personalities encompass far more than the fact that they occupy reciprocal roles in psychotherapy. Their lives and personalities outside of therapy sessions are vitally linked to their interactions during therapy sessions. The process of psychotherapy is one that occurs at the intersection of their lives, through the interaction of their personalities, and to understand that we need a concept of *persons* as members of a community, who live in specific social milieus within that community, and who embody specific social identities within those milieus.

Individuals live in communities, and survive only because they are born and raised in functioning communities. Communities are as integral to human biology as individual organisms. At a purely physical level, each person is a specific living organism, but as a total organism each person is also an active node in a complex network of relationships — part of the society which extends beyond the individual, precedes and shapes the individual, and outlives the individual (Durkheim 1964/1893). As active and responsive nodes in the web of relationship that constitutes a community, persons' lives are filled with, energized by, and directed towards the larger system of which their lives are part. People are stimulated by contact with one another, positively or negatively. By interacting closely, they arouse and amplify the psychobiological energies generated through physiological processes. Through its members, the community as a whole is an energized, living structure. It is a differentiated, organized, interconnected configuration of elements that (like a sentence or an equation) embodies syntactic meaning. Those elements are the lives of community members, and those lives are "meaningful" – literally, infused with meaning — insofar as persons are actively involved in relationships with others.

This sociocultural perspective leads us to view psychotherapists as members and representatives of the mental health profession, an occupational grouping that is part of the larger community. It leads us to view psychotherapy as the use of a community's energy, through its cadre of professional psychotherapists, to repair those of its members whose lives have been disrupted either because they were subjected to abnormal stress or because they were vulnerable to normal stress. The psychotherapist acts as a conduit or conductor of a healing energy that has its origin in the community, and that is generated in part through interactions with professional colleagues in informal exchanges, formal courses and supervision, and professional workshops and conferences — with the basic sanction and essential support of the community at large.

Another necessary broadening of the concept of persons requires viewing individuals not just as at a particular point in time, when we happen to meet them, but as beings who are extended in time, who negotiate a particular *lifecourse trajectory* within the framework of life cycle stages and norms that are culturally marked in their community. This developmental concept of *person-in-a-lifecourse* includes, as integral elements, what a person has been, is now, and still has the potential to become. Viewed from this developmental perspective, patients can be viewed as persons whose lifecourse trajectories have become distressing or problematic to themselves or to other persons whose lifecourses intersect with theirs. Psychotherapy can be viewed as an intersection between the therapist's lifecourse and the patient's lifecourse, creating an opportunity for involvement that is intended to modify or redirect the patient's lifecourse trajectory toward a more meaningful, more viable future.

Having extended the concept of person outward to the community, and back and forward through time, we can look inward briefly at the organization of *personality* and *subjectivity*. Participation in social relations from birth onwards has a formative influence on personality through habit and through the emotionally charged memories that individuals retain of themselves and others. These initially sensorimotor schemata, plus later imaginal, intuitive, and conceptual schemata of *self vis-a-vis others*, form a developmental series of differentiated *personas* or "role-identity clusters" which are organized — insofar as they are mutually compatible — into a *core self-system* that brings inner coherence to the individual's self-experience, and adequate consistency to the individual's social behavior. These role-identity clusters or constituent self-personas are more or less salient in different social contexts. I experience and act in my professional persona in clinical and academic situations; in my persona as a family man at home; in my persona as friend when joining with old friends at the *bierhaus*; and so forth. The behavior flowing from each persona expresses the motives invested in it, with degrees of vitality and concentration that vary from one occasion to another. From this structural and dynamic perspective, *personality* may be viewed as the total set of organized and energized self-personas, along with the images and ideas of other persons and situations in the external world that are associated with each persona.

This view also has implications about the structure of subjectivity. Individuals are bound to assimilate current life experiences into the schemata of *self-and-other* derived from those past experiences that have been formative influences in development. This inevitable and generally adaptive effect leads to the creation of a *bounded and partially closed subjective world* — a partially open, partially sealed "envelope" of personal experience into which present events are experienced in terms of past meanings, and which therefore acts as a barrier to learning something basically new about oneself or the world. An energetic impression is required to attract and focus the individual's attention for something really new to penetrate the individual's subjective world. Psychotherapy requires such new learning, and hence must make an energetic impression on the patient.

Psychotherapy as inter-human involvement

These concepts of energy, community, lifecourse trajectory, personality and subjectivity provide the tools for constructing a theory of psychotherapy as an inter-human process. To recapitulate: Psychotherapy is one way that a community tries to repair those of its members whose lives have become disrupted or disorientated. The professional mental health community acts in this respect on behalf of the community-at-large, according to community ideals for caring or helping relationships. Psychologically distressed individuals avail themselves of this care by seeking to connect their lives with the life of an authorized representative of the psychotherapeutic community. Patients do this in the hope that involvement with a therapist will enable them to attain a better quality of life, and a greater sense of meaningfulness, in a new or modified lifecourse trajectory. The process of psychotherapy that ensues is an exchange of energies between the therapist and patient, in which the therapist's healing energy catalyzes the patient's energies for personal development. The therapist's treatment methods or procedures are important, but not primarily as techniques with inherent efficacy. The therapist's healing energy, interpersonal skills, and personal wisdom are the primary sources of therapeutic impact. To make this conception of therapy plausible, we will need to give detailed answers to some basic questions, such as: what is the therapist's *healing energy*, how is it expressed in therapy, where does it come from, and how does it have a helpful impact on patients?

The psychotherapist's *healing energy* is that combination of personal vitality, motivation to be helpful, and open concentration which psychotherapists bring to their therapeutic work with patients, organized and disciplined by investment in the therapist's professional persona. The talent that therapists bring to their therapeutic work includes a high level of basic interpersonal skill, which is also organized and refined through professional training and practice.

This energy, and the skills that it activates, are observable in qualitative and quantitative aspects of the therapist's *personal presence* and *manner of expression*, as well as in what the therapist says and does. Through this, energy is sensed or felt by therapists and patients subjectively, so there should be no problem in assessing it both from nonparticipant or participant observational perspectives in research.

Healing energy has *three sources* beyond the general vitality which is rooted in the physical and psychological wellbeing that therapists experience in their personal lives. One source is an enduring reservoir of *personal motivation to be a helpful influence on others*, derived from early relationships within the therapist's family-of-origin. The second source is regular interaction with other members of the professional therapeutic community. The third source is direct contact with patients, in which therapists are able to meet challenges to their therapeutic skills posed by the problems that patients present during sessions.

The therapist's childhood motivation to assuage or liberate or otherwise be helpful could be based on a desire to be like parents and others who provided effective care, or it could be the result of a commitment to provide care to others that was sorely lacking in their own experience, or it could be a combination of these or other influences. Whatever its individual derivation, this motivation has become channeled in the therapist's lifecourse by vocational choice and professional training into an *adult therapist-persona* which has become part of the therapist's personal identity. Yet even in this adult form, the therapist's personal motives to provide care and help to others must be reinforced and renewed periodically through positively stimulating interactions with professional colleagues, especially to sustain the therapist's motivation when dealing with patients whose negative motivation and seeming lack of resources for change persistently frustrate the therapist's efforts. However, when it does take place, the effective application of healing energy at the point of contact between with patients in therapy sessions serves to refresh the therapist's concentration and sustain high levels of empathetic resonance and openness, even to what may seem alien or repellent in the patient's life history.

The therapeutic process operates in two locations, the encounter and dialogue between therapist and patient that occurs overtly during therapy sessions, and the internal dialogue that patients carry on with their therapists imaginatively as an extension of therapy sessions. The therapist's healing energy has its primary impact at the point of contact with patients during therapy sessions. Therapists use their energy during sessions to *locate*, *catalyze*, and *channel* positive, potentially growthful energies in the patient, and to neutralize or transform negative or regressive energies.

Therapists *locate* the patient's energy during therapy sessions objectively, by noticing the patient's immediate affect (expressed nonverbally through bodily channels), vivid and recurrent imagery and ideas, ample and persistent goal-directed behavior; and subjectively, through their greater-than-average ability to resonate freely and clearly as an "emotional tuning fork".

Therapists *catalyze* the patient's energy by helping to give it symbolic form, either by drawing upon the symbolism emergent in the patient's metaphoric language, by using the metaphoric symbolism that is part of the technical language of a professional treatment model, or by supplying appropriate metaphoric expressions from their own empathic responsiveness to the quality and intensity of the patient's energies.

Therapists help to *channel* the patient's reparative and growth-oriented energies by drawing compassionate attention to those energies, and by suggesting and facilitating ways in which the patient can build invest those energies in involvements that seem likely to set the patient on a more viable lifecourse trajectory.

What, then, is the process by which the therapist's healing energies, interpersonal skills, and professional expertise become therapeutically effective for the patient? To answer correctly requires recognition that the effect of therapy lies in the patient's experience, and is determined ultimately by the patient's dynamics as a person in a particular social milieu and lifecourse trajectory. The therapist can locate, catalyze, and help to channel the patient's energy for new growth, but that energy (and other resources) are the patient's. Thus it is necessary to examine the therapeutic process as it takes place within the patient, and then ask what therapists can do to affect its progress. I will use the three phase model of therapeutic effect (described by Howard et al. 1993) for this purpose. The model presents therapeutic change as a cycle of *remoralization*, *remediation*, and *reformation*.

The therapist's contribution to *remoralization* involves locating, catalyzing, and channeling the patient's positive motivation for change, and neutralizing the patient's negative motivation or resistance. The therapist's personal presence and manner of expression must make a strong enough, positive enough impression to penetrate the patient's subjective world, and to allow their communications to be experienced in a personally meaningful way. The therapist's personal presence and manner of expression must also create a strong enough and positive enough impression to inspire hope for a better future in the patient — in part by evoking the patient's personal and cultural healer-images and the energies latent in them.

This immediate, experiential connection with the therapist — the "therapeutic bond" as described in the Generic Model of Psychotherapy (Orlinsky & Howard 1987) — creates a link for the patient to the energizing community of healers to which the therapist belongs; and, through that in turn, an energized connection to the community-at-large. This ultimate (that is, societal) source of morale helps to counteract the sense of anomie, isolation, meaninglessness, or oppression induced by the social milieu that the patient's lifecourse likely has led to in this highly privatized, market-driven, regimented and anonymous mass society. This therapeutic bond is a precondition for further stages, and it must be repaired whenever it is weakened by the vicissitudes of therapy or the course of events in the patient's life.

With an effective therapeutic bond, *remediation* becomes the dominant aspect of therapeutic process. In this phase, patient and therapist work together to enhance the patient's problem-solving skills and to resolve conflictual or problematic situations in the patient's current life. The basic contribution made by therapists in this phase involves problem-detection and diagnostic reframing, and the use of their own problem-solving energies and skills on the patient's behalf, by influencing the patient's ideation, affect, motivation and behavior through technical treatment procedures, and by teaching procedures to patients (through modeling and/or through identification, or instruction and practice), so that the patients can use them when dealing with problematic life situations. The therapist's resources for effective problem-recognition and problem-solving include, but are not limited to, the intervention procedures that are part of the therapist's treatment model; the therapist's general intelligence, ingenuity, and common sense contribute more to this than they are often given credit for.

Finally, the long therapeutic phase of *reformation* (when it is attempted) involves both a rehabilitation or reconstruction of poorly developed personas in the patient, and a reorganization of personas in the patient's core self-system. This occurs through two stages of internalization of the therapist by the patient (Orlinsky & Geller 1993). First, the patient's perceptions of the therapist as a real external person become established in the patient's imagination. Through this, the patient can interact with the therapist in imagination, outside the therapist's actual presence. The healing energy manifested by therapists during sessions vivifies and sustains the images of the therapist that their patients construct, and through which the therapist's understanding and compassionate presence become part of the patient's internal dialogue.

Subsequently, the patient's active (energized) image of the therapist, which represents the therapist's healing energy lodged within the patient, becomes recognized and accepted by the patient as a new self-component in its own right, and is integrated into the patient's core self-system as a source of wisdom and compassion. In this advanced stage, patients no longer rely so much on the therapist's image as a source of guidance and support, but are now able to feel an energized component of their core self that "knows better" and can "be better" — especially when confronting a recurrence of old conflicts and compensations, or when a difficult choice points in their lifecourse trajectories.

Having emphasized the view of therapy as an inter-human involvement, I want in closing also to recognize the value of the treatment models and methods that therapists hold dear. The psychotherapist's treatment model connects the therapist to a supportive professional community which shares and promotes that treatment model. It helps the therapist become personally invested in relationships with patients while keeping within appropriate professional limits. It contains a metaphor-rich "expert language" with which to symbolically capture, contain, and transform the patient's psychological distress. It defines a repertory of intervention procedures and guides the therapist in their use. These techniques codify "useful tricks" for influencing ideation, affect, motivation, and behavior that are indeed good to know, because they can be applied with and by patients to enhance self-management and interpersonal skills, and to reset themselves energetically on more meaningful and more favorable lifecourse trajectories.

Envoi

That is all I can say for now. If I put you to sleep, I can at least console myself that I haven't been misunderstood. If I kept you awake, I hope that the ideas which were obscurely milling in [my] head came out in phrases that finally seemed familiar and close to experience. I hope these ideas make it more plausible and easier to think of psychotherapy as an *inter-human involvement*. The test still to come is whether these ideas will open new avenues for psychotherapy researchers.

Literature

Durkheim E (1964) The rules of sociological method. Free Press, New York

Howard KI, Lueger RJ, Maling MS, Martinovich Z (1993) A phase model of psychotherapy outcome: Causal mediation of change. J Consult Clin Psychol 61: 678-685

Lambert MJ, Bergin AE (1994) The effectiveness of psychotherapy. In: Bergin A, Garfield S (eds) Handbook of psychotherapy and behavior change, 4th edn. Wiley, New York

Lampedusa G di (1960) The Leopard. Pantheon, New York

Lipsey MW, Wilson DB (1993) The efficacy of psychological, educational, and behavioral treatment: Confirmations from meta-analysis. Am Psychol 48: 1181-1209

Orlinsky DE, Geller J (1993) Patients' representations of their therapists and therapy: A new research focus. In: Miller N, Luborsky L, Barber J, Docherty J (eds) Psychodynamic treatment research. Basic Books, New York

Orlinsky DE, Grawe K, Parks B (1994) Process and outcome in psychotherapy. In: Bergin A, Garfield S (eds) Handbook of psychotherapy and behavior change, 4th edn. Wiley, New York

Orlinsky DE, Howard KI (1987) A generic model of psychotherapy. J Integrative Eclectic Psychother 6: 6-27

Orlinsky D, Rønnestad MH, Ambühl H, Willutzki U, Botermans JF, Cierpka M, Davis J, Davis M (1999) Psychotherapists' assessments of their professional development. Unpublished manuscript. Committee on Human Development, University of Chicago

Aspekte der Wirklichkeit: Wissenschaftlichkeit

Peter Hahn

Wir haben zwei Themen: "Wirklichkeit" und "Wissenschaftlichkeit". Das eine Thema wird uns die ganze Woche über begleiten und uns immer wieder zum Überdenken unserer Vor-Meinungen anregen. Ich möchte jetzt nicht viel dazu sagen, außer dem, daß es uns allen - als Mitgestaltern dieser Vortragsreihe - bewußt war, in welcher Weise wir damit ein ur-alt abendländisches Thema aufgegriffen und in den Rahmen unserer psychotherapeutischen Profession gesetzt haben.

Das andere Thema "Wissenschaftlichkeit" soll heute im Mittelpunkt stehen. Es hat einen langen Streit darum gegeben, ob ein einziger Begriff geeignet ist, unser Problem, vor dem wir heute mehr denn je stehen, deutlich zu machen. Die rationalen und irrationalen Werte, die mit dem Begriff "Wissenschaft" verbunden werden, steuern weite Bereiche unserer Tätigkeit. Sie sind so viellastig, auch im Streit mit allem, was in der Medizin als Nicht-Wissenschaft bezeichnet wird, daß ein Vortrag, etwa im Stile von Köbberling (1997), nicht mehr ausreichend ist, um das Problem wirklich zu umreißen.

Wir wollen daher versuchen, einen Schritt aus dem Teufelskreis der Werturteile herauszutun, und uns - vielleicht etwas einfacher strukturiert, vielleicht aber auch tiefergehender - in dem Sinne, der unserer Profession näher liegt, zu fragen: Was ist "Wissenschaftlichkeit"?

Welches sind die Motive, Merkmale und "impliziten Axiome" (Ritschl 1984), die die Handlungen eines Menschen bedingen, der sich einer wissenschaftlichen Grundeinstellung, vielleicht "Haltung", verpflichtet weiß? Und: wieweit reicht diese Einstellung in unser therapeutisches und forschendes Berufsfeld hinein?

Zunächst also: Was unterscheidet "Wissenschaft" und "Wissenschaftlichkeit"? Wir können festhalten: Wissenschaften sind zu beschreiben durch ihre Gegenstände, Methoden und Ergebnisse. Wissenschaftlichkeit ist zu beschreiben durch eine "Einstellung" zu den Methoden und eine "Einstellung" ihrer Anwender.

Die Medizin als Wissenschaft hätte demnach ihren Gegenstand, ihre Methoden und ihre Ergebnisse. Wir könnten definieren: Gegenstand der Medizin ist die Erkennung, Beurteilung und Behandlung kranker Menschen sowie die Vorbeugung und Verhütung von Störungen und Krankheiten und weiterhin (nach Hartmann 1973): Medizin ist der wissenschaftliche Anteil der Gesamtheilkunde.

Ob wir unser Fach, die *Psychotherapie*, dann unter die Medizin oder unter die Gesamtheilkunde einordnen wollen, soll hier zunächst einmal eine offene Frage bleiben.

Für die Bestimmung von *Wissenschaftlichkeit* ist es aber deutlich, daß ihr Schwerpunkt auf den *Methoden* und ihren *Anwendern* liegen muß. Gegenstände und Ergebnisse entfallen.

Wenn wir nach Watzlawick et al. (1972) nun weiterhin den Unterschied zwischen *Inhalts- und Beziehungsebene* vornehmen, so zeigt sich, daß die große Ansammlung der erprobten Methodenarsenale noch zum inhaltlichen Bestand der Wissenschaft gerechnet werden müssen, während die Beschreibung der Einstellungs- und Haltungsmerkmale Bestandteile der Beziehungsebene sind. Wissenschaftlichkeit läßt sich demnach erfassen als ein Einstellungsmerkmal.

Was sind "Einstellungen"?

Im Alltagssprachgebrauch sind wir uns unmittelbar einig, wenn wir z. B. von einer politischen, wissenschaftlichen, künstlerischen, ethischen oder ökonomischen Einstellung sprechen. Es sind damit Ausrichtungen der Aufmerksamkeit, umschriebene Zielrichtungen und bestimmte Denk- und Handlungsvollzüge gemeint. Die Nähe zu Persönlichkeitszügen und zu Wert- und Urteilsbildungen ist unmittelbar evident.

Dementsprechend hat sich auch die seit etwa der Jahrhundertwende bestehende *Einstellungsforschung* im Fachgebiet der Psychologie (nicht zu verwechseln mit der Erforschung von Problemen in Verbindung mit der beruflichen Einstellung von Mitarbeitern usw.) ausgiebig mit der Beziehung dieser Merkmale zur Kennzeichnung menschlicher Motivationen und Haltungen beschäftigt. Ein Überblick findet sich in den Arbeiten von Roth u. Gachowetz (1977) sowie bei Mummendey et al. (1979) und in neuerer Zeit bei Six u. Eckes (1994), die eine Metaanalyse der Einstellungs-Verhaltensforschung vorgelegt haben.

Ohne auf Einzelheiten dieser Forschung, die auch zur Entwicklung vielfältiger Meßinstrumente geführt hat, eingehen zu können, läßt sich für unsere Orientierungssuche doch festhalten, daß im Sprachgebrauch kurzfristige, leicht wechselnde Meinungen und Überzeugungen *(mental sets)* unterschieden werden von längerfristig wirksamen, tiefergehenden Haltungen *(attitudes)*. Allerdings - und das ist als großer Vorteil gegenüber den Merkmalen von Persönlichkeitstheorien gesehen worden - gelten Einstellungen nicht so sehr als genetisch oder strukturell fixierte Persönlichkeitszüge, sondern mehr als prinzipiell variable, eher erziehungs- und interessenbedingte Determinanten des Verhaltens.

Hier kann unsere Suche nach den Merkmalen der Wissenschaftlichkeit ansetzen. Es bieten sich dazu sehr verschiedene Zugangswege an. Mir scheinen aus wissenschaftstheoretischer Sicht z. Z. Methoden mit den folgenden vier Schwerpunkten für unsere medizinische und therapeutische Sicht am wichtigsten:

1. die phänomenologische Methode
2. die empirisch-analytische Methode
3. die hermeneutische Methode
4. die dialektische Methode

Die phänomenologischen Methoden stützen sich im wesentlichen auf die Sensibilisierung der sinnlichen Wahrnehmung und die Beschreibung der Beobachtung, die empirisch-analytischen sind der Objektivität und Beobachterunabhängigkeit verpflichtet, die hermeneutischen Prinzipien begründen die verschiedenen Formen der Verstehenslehren und die dialektischen enthalten die systematische Anleitung zur Kritik und zum Übergang zu neuen Interpretationen. Alle vier Methodenansätze gehen dabei aus oder führen hin zum *praktischen Handlungsfeld.* Alle sind bedingt oder werden geformt durch die *kulturelle Überlieferung* (s. a. Hahn 1988, 1998). Man kann diese Zugangsweisen weiter nach der Angemessenheit in der Anwendung auf ihren Gegenstand und der Leistungs- (= Indikations-)breite ihrer Kriterien darstellen; man kann sie aber auch, z. B. durch kybernetische Kopplungs- und Rückkopplungsbewegungen miteinander in Beziehung setzen oder durch die Darstellung in Kreisform zum "Durchlauf" anregen ("*Methodenkreis*", Abb. 1). C. F. v. Weizsäcker hat immer wieder auf solche Möglichkeiten hingewiesen und H. P. Dürr wird uns sicher aus seiner Sicht als Physiker und Philosoph zu dieser Thematik mehr und Genaueres berichten. Ich möchte hier an dieser Stelle auf Einzelheiten verzichten und lediglich andeuten, daß wir versuchen wollen, unser Problem der Bestimmung von "Wissenschaftlichkeit" mit Hilfe dieser vier Zugangsweisen zu umreißen.

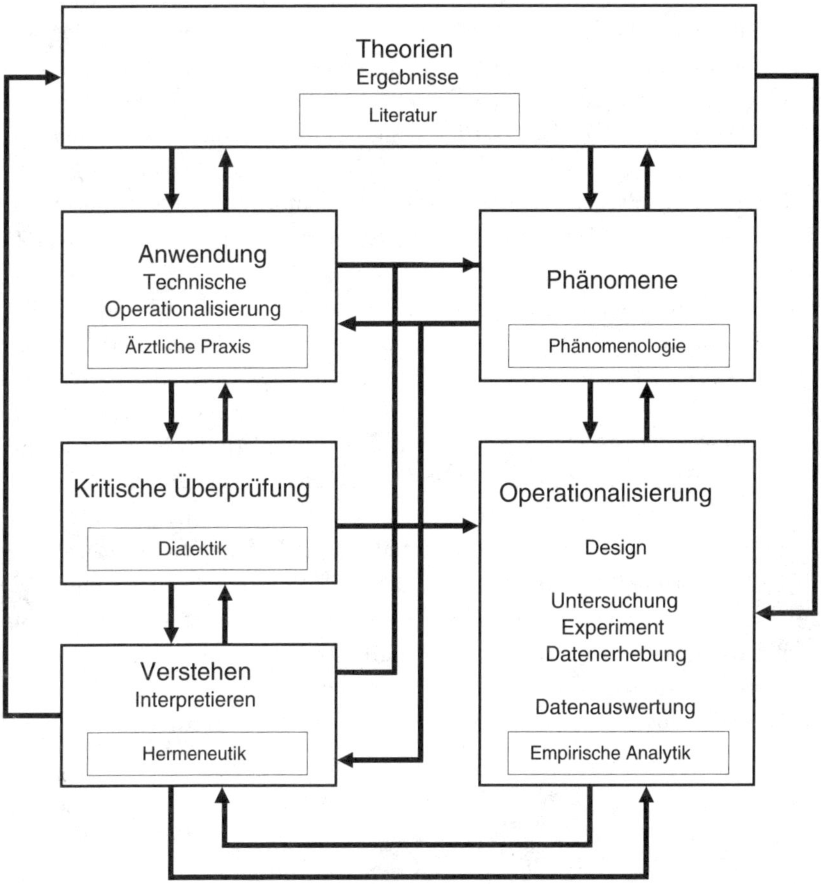

Abb. 1. Methodenkreis - Methodenlehren und ihre Interdependenzen (Hahn 1988)

Das phänomenologische Beobachtungsfeld

Die Ausgangssituation

Die Eindrücke aus dem eigenen Tätigkeitsfeld haben, neben den "Alltagserfahrungen" am ehesten einen Bezug zum phänomenologischen Beobachtungsfeld. Was empfinden wir am ehesten als "wissenschaftlich" in unserem Tun? Ist es die Aneignung der Lern- und Lehrinhalte? Ist es die Aufmerksamkeit auf eine neue

Beobachtung? Die Neugier, etwas Neues erfahren zu wollen? Der Drang zur Verläßlichkeit, die kritische Überprüfung? Ist es die Suche nach dem Vergleich des Ähnlichen mit dem Ähnlichen, des Verschiedenen mit dem Verschiedenen, dem Unverstandenen mit dem Gewußten? Oder ist es die Zunahme an Sicherheit und Machtgefühl, das mit der Befriedigung des Wissensdurstes verbunden ist? Erkenntnisdrang oder "Wahrheitssuche"? Etwas Systematisches, Regelhaftes muß diese Erkenntnissuche anleiten, etwas, das nicht dem Zufall oder der Willkür des Einzelnen ausgeliefert ist: Könnte die Erkenntnis von Wirklichkeit das Ziel sein?

Dieser Erkenntnisdrang bekommt eine starke Wende, wenn wir ihn in unserer ärztlichen Tätigkeit aufsuchen. Nicht grenzenloses Erkennen, sondern angemessenes Verstehen ist jetzt gefragt. Die jeweils wirkungsvollste Behandlung muß gefunden werden. Kann sie "wissenschaftlich" garantiert sein? Was heißt das dann plötzlich, "wissenschaftlich"? Sind es die Ergebnisse der letzten Studie, ist es das "gesicherte Wissen", die "Leitlinien zur Behandlung" oder ist es das möglichst angemessene Wissen um die Umstände dieses je einmaligen Krankseins, das mit vorurteilsfreier Offenheit erkannt und unter Umständen gegen die Regel der "ärztlichen Kunst" berücksichtigt werden muß? Solche Fragen bestimmen den ärztlichen und therapeutischen Alltag, wenn er sich aus der Routine löst und Anlaß zum Überdenken des Wissenschaftsverständnisses gibt. Suchen wir zunächst weitere Klärungen - aus den Meinungen unserer Lehrer, aus der *Überlieferung*, aus den Äußerungen zu den *Theorien*, aus der *Literatur*.

Exkurs: Aus der Literatur und den Theorien

Wie stellt sich Wissenschaftlichkeit in der Tradition unserer Überlieferungen dar? Wir sehen ein unerschöpfliches Feld von Meinungen und Darlegungen, von der Antike über das Mittelalter bis zur Gegenwart. Wissenschaftlichkeit und Erkenntnistheorie waren und sind die Kernstücke der Philosophie; in der Medizin stehen sie eher am Rande. Die Medizin befindet sich eher in der Gefolgschaft großer Denker oder kultureller Strömungen.

Es ist also ein schwieriges Unterfangen, sich aus den "Ergebnissen" Klärungen und vielleicht sogar "Kriterien" für das uns bewegende Verständnis von Wissenschaftlichkeit abzuleiten. Hören wir aber auf die Schilderungen einiger weniger unserer "großen" Vorfahren.

S. Ramon Y Cajal, der spanische Neurologe und Nobelpreisträger chreibt im Vorwort zur deutschen Übersetzung seines berühmten Werkes "Regeln und Ratschläge zur wissenschaftlichen Forschung" (1898, 6. Aufl. 1933):

"Ich wollte der Jugend den Geist des wissenschaftlichen Wissendranges, ... Mißtrauen gegenüber den zumeist unreifen und nur eine vorübergehenden Wert besitzenden Hypothesen sowie die heiße Begeisterung für die persönliche Erforschung objektiver Tatsachen einflößen" Gleichzeitig beklagt er die Einstellung der spanischen Biologen," unter denen - mit wenigen Ausnahmen - eine fanatische Verehrung der Autoritäten und eine übertriebene Unterwürfigkeit gegenüber der Alleinherrschaft der Büchertexte herrsche". Er verteidigt eine "lebendige Logik", und fordert dazu auf, daß die "menschliche Wissenschaft die nutzlose Jagd nach Hirngespinsten aufgeben muß, um zu den in den Erscheinungsformen des Weltalls verborgen liegenden ersten und letzten Ursachen zu gelangen". Er attackiert die "sonderbare Denkweise der Pythagoräer und Platoniker, welche den menschlichen Verstand zu erforschen suchten, um in ihm die Gesetze des Weltalls und die Lösung der großen Welträtsel zu entdecken". "Der Forscher nehme seine Inspiration aus der Natur." (S. 62)

Als unerläßliche Charaktereigenschaften des Forschers führt er an: "geistige Unabhängigkeit, urteilsfähiger Wissensdurst, unermüdliche Arbeitslust" sowie "Liebe zum Vaterland und Sehnsucht zum Ruhm." Er zitiert Karl Richet, der behauptet habe, "im begabten Menschen müsse sich Don Quichottes Hochflug mit dem gesunden Menschenverstand Sancho Pansas vereinigen". Aber der Forscher "soll auch künstlerisches Blut besitzen, das ihn zum Suchen und Betrachten der Zahl, der Schönheit und des Ebenmaßes der Dinge treibt und eine gesunde Urteilsfähigkeit, welche die Einbildungskraft vor vorschnellen und kühnen Entschlüssen zu hüten weiß". So weit der grosse spanische Naturforscher.

Ganz anders die mahnenden Worte des Schweizer Psychiaters Bleuler (1919, 1975). In seinem ebenfalls berühmt gewordenen und mit lebendigen autobiographischen Seitenbemerkungen durchsetzen Werk "Das autistisch-undisziplinierte Denken in der Medizin und seine Überwindung" strotzt es - "bei aller Anerkennung dem wirklichen Wissen und Können der Medizin gegenüber und den großen Fortschritten" von Warnungen, Vorsichtsbedenken und empörten Äußerungen über "nachlässiges Denken" und naive Fehleinschätzungen von Wissenschaftlichkeit. Er wendet sich gegen "das autistisch-undisziplinierte Denken, das keine Rücksicht nimmt auf die Grenzen der Erfahrung und das auf eine Kontrolle der Resultate an der Wirklichkeit und eine logische Kritik verzichtet". Dieses autistische Denken "hat seine besonderen, von der (realistischen) Logik abweichenden Gesetze, es sucht nicht Wahrheit, sondern Erfüllung von Wünschen; zufällige Ideenverbindungen, vage Analogien, vor allem aber affektive Bedürfnisse ersetzen ihm an vielen Orten die im strengen realistisch-logischen Denken zu verwendenden Erfahrungsassoziationen."

Er bestätigt zwar, daß man "... mit dem besten Willen eine strenge Denkdisziplin, wie sie in manchen anderen Wissenschaften selbstverständlich ist, in der Medizin nicht konsequent durchführen" könne. Die unausbleibliche Folge aber sei, "daß nicht nur autistisches Denken sich dem wissenschaftlichen beimengt, sondern auch nachlässige Denkformen überhaupt" (S. 5) und daß damit dem Kurpfuschertum Tür und Tor geöffnet sei.

Etwas entschuldigend für seine harsche theoretische Kritik meint er dann in dem Vorwort zur 4. Auflage (1927), daß das "unter anderm gleiche Ziele verfolgende Buch von Liek (1924) … meine ausschließlich den logischen Schwächen zugewandte Arbeit glücklich ergänzt, indem es mutig auch die (praktischen und) ethischen Beziehungen beleuchtet."

Zwei weitere Stellungnahmen: Erfahrungen, Ansporn und Kritik

Die Zahl der Äußerungen , gerade auch aus biographischen Rückblicken, wäre ins Unüberschaubare zu erweitern. Deutlich geworden ist vielleicht aus der Beschreibung dieser Erfahrungen die Begeisterung des Forschers, der an der Schwelle dieses Jahrhunderts mit neuen technischen Möglichkeiten und neuen Gedanken an die Grenzen des bisherigen Wissens stößt und die zurückhaltende Vorsicht des Arztes und Wissenschaftlers in der Zeit nach dem 1. Weltkrieg, der einer der ersten war, die sich mit forscherischer Offenheit auch dem scheinbar "undisziplinierten" Denken der Psychoanalyse zugewandt hatte.

Wir könnten zum Vergleich jetzt die Äußerungen von Jaspers heranziehen, der ebenfalls bereits 1913 eine wissenschaftlich begründete Verstehenslehre entworfen hatte und in den Jahren nach dem 1. Weltkrieg philosophisch vertiefte, zur gleichen Zeit, als Krehl und v. Weizsäcker in die heimatliche Klinik zurückgekehrt waren und Max Weber seine berühmte Antrittsrede über die "Wissenschaft als Beruf" gehalten hatte (1919). Jaspers war zwar zu wesentlich anderen Urteilen über die Wissenschaftlichkeit z. B. der Psychoanalyse gelangt, aber "grenzenlose Offenheit" und "ideologiefreie" Bereitschaft zur Überprüfung der Vorläufigkeit alles Wissens waren und blieben für ihn Kriterien, die er vor allem auch nach dem Ende des 2. Weltkriegs immer wieder vertreten hat. Die Verwandtschaft mit Poppers "Kritischem Rationalismus" ist mit dieser Einstellung am deutlichsten. In neuester Zeit hat sich auch Jonas (1987) zur Wissenschaftlichkeit geäußert, indem er das Thema "Wissenschaft als persönliches Erlebnis" für die Eröffnungsrede der 600-Jahrfeier der Universität Heidelberg im Jahre 1986 akzeptierte.

Wir haben jetzt also eine ganze Reihe von Äußerungen aus dem persönlichen und wissenschaftlichen Erleben und möchten jetzt mit unserem Klärungsbedürfnis einen Schritt weiter kommen. Dazu durchlaufen wir einein weiteres Feld des *Methodenkreises*:

Das empirisch-analytische Forschungsfeld

Wie lassen sich in diesem Feld die Beziehungen zur Wissenschaftlichkeit herstellen? Dieses methodisch klar umschriebene Forschungsfeld wird noch heute oftmals gleichgesetzt mit dem eigentlich-wisssenschaftlichen, sich um Beobachterunabhängigkeit und Objektivität bemühenden Wissenschaftsbereich - und dies nicht nur für die experimentell arbeitenden Naturwissenschaften, sondern auch für die sich auf Wahrscheinlichkeitstheoreme stützenden Sozialwissenschaften. Die Kriterien, die dieses Forschungsfeld bestimmen, sind allgemein bekannt: *Objektivität* und *Reliabilität, Formalisierbarkeit* und *Quantifizierbarkeit* sowie *Validität* und *Wiederholbarkeit.*

Der erste Schritt wäre also die Zusammenfassung der bisher gesammelten Meinungen zur *Formalisierung* im Sinne einer abstrahierenden, möglichst breit und umfassend angelegten Definition von "Wissenschaftlichkeit", also den Merkmalen, die wir zur Kennzeichnung einer *wissenschaftliche Einstellung* für bedeutsam halten. Wir können dazu auf einen früheren Versuch (Hahn 1988) zurückgreifen:

Als *wissenschaftlich* läßt sich - den Definitionen z. B. von Jaspers (1948) und Popper (1975) folgend - eine nur dem Menschen mögliche Denk- und Handlungsweise bezeichnen, die in der prinzipiellen Bereitschaft zur Offenheit und Fähigkeit zur Kritik, zur permanenten gefühlsmäßigen und rationalen Überprüfung, Korrektur und Veränderung des Erkannten besteht und die auch die Festlegung auf das "Erkannte und Bewiesene" nur im Sinne einer bestimmten Form von Vorläufigkeit akzeptiert.

Aus dieser Definition folgt die Möglichkeit zu qualitativen und quantitativen Abstufungen. Die qualitative Abstufung könnte in der Formulierung zusätzlich ergänzender Definitionen bestehen, z. B.:

Unwissenschaftlich ist eine Denk- und Handlungsweise (Einstellung) des Menschen, die - im wesentlichen durch die Zufälle der Lebensumstände bestimmt - reaktiv auf die vorgegebene Umgebung, ohne Zielrichtung auf eine allgemeinere, gesetzmäßige oder systematische Erkenntnis der Wirklichkeit, eher einem unbewußten, triebhaften oder durch die vorgegebenen Konventionen bestimmten Verhaltensmuster folgt als einer rationalen und kritischen Klärung.

Vorwissenschaftlich wäre eine Einstellung zu nennen, die zwar durch ähnliche reaktive oder punktuelle Interessenbildungen gekennzeichnet ist und eher triebhaften oder nur teilweise rational geklärten Verhaltensweisen folgt, die aber ihre eigene Denk- und Handlungsweise in Beziehung zu einer möglichen wissenschaftlichen Klärung sehen kann, und sich daher als im "Vorfeld" systematisch begründender oder erklärender Untersuchungen versteht (auch wenn diese Untersuchungen nicht unternommen werden oder nicht unternommen werden können).

Aus solchen Bestimmungen können Items auf Fragebogenebene - zur Selbst- oder Fremdbeurteilung - abgeleitet werden. Sie können in ein testpsychologisches Konstrukt gebracht und mit anderen bewährten psychometrischen Verfahren kombiniert oder verglichen werden. Die "Messung" der Merkmalsgruppen wäre denkbar.

Eine andere quantitative Abstufung ließe sich durch die Aufstellung von Skalierungen mit Schätzwerten vornehmen, wieder andere durch multiple-choice-Verfahren.

Denkbar wäre aber auch die Benennung eines "Indikators" für das Maß an Wissenschaftlichkeit. Wenn nämlich die Formulierungen der ersten Definition zutreffend sind, müßte z. B. der Merkmalsträger hocherfreut sein, wenn eine seiner Hypothesen falsifiziert und durch eine bessere ersetzt werden kann. Lorenz (1963) hat das einmal sehr drastisch dadurch ausgedrückt, daß er meinte, es sei "für den Forscher ein guter Morgensport, täglich vor dem Frühstück eine Lieblingshypothese einzustampfen" - das erhalte jung. Ähnliche Äußerungen finden sich auch bei Ramon Y Cajal 1898 ("Wenn eine Hypothese sich mit den Tatsachen nicht deckt, so muß man sie erbarmungslos verwerfen." Oder: "Vor allem muß man sich hüten, sich in den eigenen Gedanken zu verlieben", S. 111). Nun, sich von einem Liebling zu trennen, macht Kummer oder kränkt. Wen es nicht kränkt, sich von einem falschen Liebling zu trennen, der hätte also nach Lorenz und Ramon Y Cajal eine gute Chance, zur echten Wissenschaftlichkeit befähigt zu sein. So könnte man vielleicht die Kränkbarkeit bzw. die Nichtkränkbarkeit (an der "Sache", versteht sich) psychometrisch zum Maße der Wissenschaftlichkeit erheben?

Es ist deutlich: der Katalog an "Meßmethoden" ist unerschöpflich. Er reicht von der Psychometrie über das Experiment in der simulierten Situation bis zur Analyse von videoaufgezeichneten Lifesituationen. Immer aber sind definierte Bezugsmerkmale erforderlich. Von ihrer Qualität hängt die Beziehung des "Gemessenen" zur Wirklichkeit, der Evidenz des Erlebten, ab.

Nachdem wir beobachtet, beschrieben, verglichen und gemessen haben - haben wir auch verstanden? Wir bewegen uns weiter im *Methodenkreis*.

Wissenschaftlichkeit im hermeneutischen Feld

Erklären und *Verstehen* - das sind Begriffe, die lange zur Unterscheidung der nomothetischen und ideographischen Wissenschaften (Dilthey 1894; Windelband 1904) gedient haben. Ihre Bedeutungsantinomie wird heute nicht mehr akzeptiert (v. Engelhardt 1993). Aber es ist ganz nützlich, sich nach diesem alten Prinzip zu fragen, ob man "Wissenschaftlichkeit" besser erklären oder verstehen kann. Zur Erklärung müßte man auf weitreichende Hypothesen aus der Phylogenie und Ontogenie des Menschen zurückgreifen, vielleicht entwicklungspsychologische oder auch psychoanalytische Konstrukte zur Hilfe nehmen - ein schwieriges und sicher hochhypothesengeladenes Unterfangen. Im Einzelfall mag es gelingen - je nach Gründlichkeit der Vorbereitung - eine gewisse Plausibilität und Evidenz darüber zu erlangen, warum z. B. der so begabte Forscher XY eine so unglückliche Beziehung zur Wissenschaftlichkeit hat. Wir können die Umstände nicht erklären, aber vielleicht doch verstehen?

Damit wären wir auf dem Gebiet der "Verstehenslehre", der *Hermeneutik*. Ihre Methodik hat ein ebenso breites Arsenal an Techniken der Erforschung, Aufklärung und Vergleichung wie die empirische Analytik. Lay (1973) zählt in seiner "Komplexen Wissenschaftstheorie" allein 13 verschiedene Typen von Hermeneutik auf. Allerdings wird diesen der Gewißheitscharakter immer wieder streitig gemacht und damit auch der wissenschaftliche Rang. Die ganze abendländische Wissenschaftsgeschichte ist von diesem Streit durchzogen. Er wurde durch die Grenzerfahrungen der modernen Physik zwar relativiert, aber lastet auch auf der heutigen Wissenschaftstheorie immer noch wie ein hartnäckiges Menetekel.

Für die Medizin als "Humanwissenschaft" ist es allerdings verwunderlich, daß einem auch wissenschaftstheoretisch so gebildeten Nestor seines Faches wie Gross und dem Mitautor Löffler in ihrem über 400seitigen mit 2198 Literaturzitaten ausgestatteten Überblick über die "Prinzipien der Medizin" (1997) nur vier Seiten zur Hermeneutik eingefallen sind, von denen sich allein zwei Seiten mit "Einwänden" beschäftigen. Allerdings gibt es unter der Überschrift "Allgemeines zur Diagnostik" Beiträge zur Intuition, zu Erfahrung und Analogie, zum "lateralen" Denken und zu ärztlich-psychologischen Grundlagen. Im Abschnitt "Spezielle Diagnostik" findet sich endlich auch ein umfangreiches Kapitel zur Anamnese, aber alle diese Darstellungen haben keine Beziehung zu den Grundzügen der in ihnen beschriebenen Methodik. Ein Kapitel über Anamnese ohne Hermeneutik, wie soll das möglich sein?

Wir rühren damit an ein Grundproblem der *Verwissenschaftlichung* (Schulz 1972). Unter dem "impliziten Axiom" (Ritschl 1994) der Überschätzung von Objektivität und Gegenständlichkeit - d. h. "Naturwissenschaftlichkeit" gegenüber

"Geisteswissenschaftlichkeit" in der Medizin - als Erbe eines mißverstandenen Cartesianismus haben sich diese unverzichtbaren und an sich hochgeschätzen Bestandteile der ärztlich-medizinischen Wissenschaft gewissermaßen verobjektiviert und sind selber wie Gegenstände behandelt worden. "Was leistet eine gute Anamnese"? Lassen wir es nachklingen in uns, welcher Art Wertschätzung und Einstellung zum Kontakterleben, zur Gesprächsführung und zur Bemühung um Verstehen darin zum Ausdruck kommt. Dabei betonen Groß u. Löffler (1997):

> "Nur Könner und Erfahrene, die dann gewöhnlich auch die Untersuchungstechnik beherrschen, vermögen gute Anamnesen zu erheben. Wir halten sie für die größte und zugleich ärztlichste Kunst, in der man nie ausgelernt hat" (S. 219).

Als Psychotherapeuten, auch gerade wenn wir gleichzeitig Kliniker sind, haben wir diese Schwierigkeiten nicht mehr. Die Grundzüge der Gesprächsführung, die Beurteilung des szenischen Geschehens und die interpersonale Dynamik lassen sich für uns nur nach den Regeln der Hermeneutik, die einen phänomenologischen oder auch einen tiefenpsychologischen Akzent haben können, beschreiben und erlernen. Sie stellen darüber hinaus ebensowenig eine "Kunst" dar, wie die Fertigkeit eines Chirurgen, der sein Handwerk erlernt hat. Die Einzelheiten der Unterweisungen, die vielen Varianten der sprachlichen und interaktionellen Analyse, der semiotischen Bedeutungslehren, der Balint-Techniken u. a. brauche ich hier nicht zu erwähnen. Aber über die Wissenschaftlichkeit unseres Vorgehens sollten wir uns Gedanken machen, d. h. zum Beispiel: Wie unbefangen überprüfen wir unsere Vorurteile, unsere Projektionen und Gegenübertragungsreaktionen? Wenn wir darüberhinaus noch beanspruchen, dieses gründlicher zu tun als Kollegen anderer Fächergruppen - weil gerade dies zu unserer Profession gehört - hätten wir dann nicht einen besonderen Anspruch auf Wissenschaftlichkeit? Noch dazu, wenn wir darüber hinaus auch bereit sind, unsere impliziten Axiome, Ideologien und latenten Dogmatismen infrage zu stellen?

Hier schweigen wir. Eysenck (1953) soll gesagt haben "What is wrong with psychoanalysis? It's simple: Psychoanalysis is unscientific." Damit kämen wir zur Kunst des Widerspruchs.

Das Feld der Dialektik

Das Urteil von Eysenck steht in guter Reihe nicht nur mit ignoranten Abwehrern, sondern auch mit dem einiger kritischer Kenner. Für Jaspers fällt die Psychoanalyse (im übrigen bereits vor 1933) unter die nichtwissenschaftlichen Ideologien, wie auch Kommunismus und Nationalsozialismus. Er akzeptiert eine ideologiefreie, wie er meint, Psychotherapie, aber schließt die Theoriebildungen der Psychoanalyse ausdrücklich aus. Noch schärfer sind die Feststellungen von Popper (1975): Die Psychoanalyse könne keine falsifizierbaren Basissätze aufstellen und sei daher nicht widerlegbar, d. h. nicht wissenschaftsfähig. Die Verallgemeinerung irritiert: es war längst bekannt, daß es *die* Psychoanalyse nicht gibt, sondern nur eine ganze Anzahl von Richtungen mit einzelnen Theorien, Hypothesen und sehr verschiedenen Handlungsanweisungen. Aber Popper meinte wohl nicht so sehr die Psychoanalyse als einzelne Wissenschaft, sondern mehr den sie vertretenden Typus hermeneutischer Observanz, der den Kriterien des "Kritischen Rationalimus" nicht standhält.

Dennoch hat die Dialektik dieses Widerspruches ihre prägende Wirkung: Zur *These* z. B. unseres Themas "Es gibt Wissenschaftlichkeit in der Psychotherapie" läßt sich aus solchen Stellungnahmen die *Antithese* ableiten: "Es gibt keine Wissenschaftlichkeit in der Psychotherapie". Die Begründungen geben zu denken: Psychotherapie sei eine Handlungswissenschaft, die beobachterunabhängige wiederholbare Beobachtungen nicht zuläßt. Ihre Interaktionen seien so komplex, daß sie in ihren einzelnen Bestandteilen, z. B. zur Formulierung eines erforderlichen Basissatzes, nicht erfaßt werden kann. Die durch statistische und metaanalytische Verfahren gewonnenen Resultate seien daher so wenig aussagefähig, daß sie als Handlungsleitlinien für den Einzelfall oder die Behandlung ganzer Gruppen nicht angewandt werden können usw. Solche Einwände bestätigen sich in Untersuchungen, wie sie von Grawe et al. (1994) vorgelegt worden sind. Die Feststellungen z. B., daß Kurztherapien wirksam sind, Erfolge von Langzeittherapien aber weniger überzeugend belegt worden sind, können in ihrer statistischen Richtigkeit durchaus akzeptiert werden, haben aber für den Therapeuten wenig Überzeugungskraft, wenn er eine konkrete Indikationsentscheidung treffen muß. Das, wenn auch vorsichtig formulierte, Fehlurteil über das Autogene Training ist jedermann evident.

Die Antithese, der systematische und geordnet inhaltsbezogene Widerspruch ist demnach ein wichtiger Anlaß zu einer Klärung unter Einbeziehung der gegenteiligen Meinung. Es gibt neuerdings eine Kultur der "Evidence-based Medicine", die diese Tugend auch wieder systematischer einführen möchte und sich dazu der sog. Delphi-Techniken bedient. Im übrigen sollte sich - ohne den speziellen Hinweis auf diese Methodik - bereits in jeder Promotionsarbeit ein Diskussionsteil befinden, der neben dem Vergleich der Literaturergebnisse eine solche kritische Erörterung einschließt.

Das Ziel des dialektischen Prozesses, den man in Gesprächsform auch als *dialogisches* Unternehmen bezeichnen kann, liegt in der Gewinnung einer übergeordneten Erkenntnis oder einer entsprechenden Fragestellung, die dann als *Synthese* gekennzeichnet wird. Die Synthese führt zu einer neuen Qualität der

Fragestellung. In unserem Fall könnte diese heißen: Wenn die Psychotherapie nicht auf der Ebene wissenschaftlicher Kriterien zu erfassen ist, vielleicht kann sie dann als ethisch motivierte Handlungsanleitung beurteilt und gewürdigt werden. Oder als künstlerischer, religiöser, ökonomischer sozialer zwischenmenschlicher Akt? Wo z. B. benutzt sie dann und daher mißbräuchlich wissenschaftliche Attribute? Könnte sie sich - bewußt oder unbewußt - zu einer *Antiwissenschaft* entwickelt haben (so wie, s. Jaspers, sich auch der Kommunismus zu einer *Antiwissenschaft* entwickelt hatte)?

Wenn wir dabei die künstlerische Seite herausgreifen und dann auf Feyerabend stoßen, der weite Bereiche der Wissenschaft als "Kunst" bezeichnet hat? Ist die Psychotherapie eine solche "Wissenschaft als Kunst" (1984)? Ist vielleicht die ganze Medizin in ihrer kreativen Diagnostik und Therapie eine hohe Kunst?

Sie sehen, wie wir hier an Grenzen stoßen. Sie könnten uns in Versuchung führen und das edle Wort der Kunst - das ja bereits im Worte "Heilkunst" steckt, in "Kunstfehler" und "ärztlicher Kunst" - (Gross in seiner Äußerung über die Anamnese) - in der Tat für unsere helfende Aktivität zu akquirieren. Wiederum nützt uns das dialektische Prinzip. Der *These* "Die Medizin ist eine Kunst" steht die *Antithese* entgegen "Die Medizin ist keine Kunst" und die Begründung lautet, oftmals und laut auch schon von anderen Autoren zitiert: Das Ziel der Kunst ist die Schöpfung eines Gegenstandes, eines Werkes, das aus dem Gestaltungswillen und der Vorstellung des Schöpfenden entsteht, während der Arzt sich hüten muß, "den Patienten nach seinem Bilde" zu formen. Dann aber ergibt die *Synthese*: Wenn das vergegenständlichte Wort "Kunst" z. B. durch "künstlerische Fähigkeit", d. h. also wiederum eine *Einstellungskategorie*, ersetzt wird, ist es nicht mehr abzustreiten, daß künstlerische Fähigkeiten, Begabungen, Kunstfertigkeiten eine hohe und nützliche Bedeutung auch für die Medizin und die Psychotherapie haben. Dem Therapeuten, der sich der Wissenschaftlichkeit verpflichtet weiß, steht es dann frei, sich in der einzelnen Aktion mit kreativer Intuition im Interesse des Patienten auch "transwissenschaftlich" zu verhalten und neue Entwicklungsmöglichkeiten, u. U. auch gegen die Regel der Zunft, zu erproben. Wir kehren also noch einmal zur empirisch-analytischen Wissenschaftlichkeit zurück und definieren erweiternd:

Als antiwissenschaftlich müßte eine Einstellung gekennzeichnet werden, die sowohl rational als affektiv mit den Grundlagen des wissenschaftlichen Vorgehens vertraut ist, diese aber - zusammen mit dem übergeordneten Prinzip der grundsätzlichen Kritikbereitschaft - ablehnt und erkannte Sachverhalte "bewußt" oder "unbewußt-parteilich" entweder nicht zur Kenntnis nimmt oder verändert darstellt. Zu dieser Einstellung müssen bestimmte Ausprägungen weltanschaulicher, ideologischer und religiöser Haltung gerechnet werden, die aufgrund außerwissenschaftlicher Motivationen in einer selektiven Wahrnehmung der Wirklichkeit den Wahrheitsanspruch mit Macht- und Geltungsfragen verbinden.

und formulieren neu:

Als transwissenschaftlich könnte eine Einstellung gekennzeichnet werden, die sowohl rational als auch affektiv mit den Grundlagen des wissenschaftlichen Vorgehens vertraut ist, diese aber - in ausdrücklicher Verantwortung dem Patienten gegenüber - überschreitet und wissenschaftlich nicht faßbare, noch nicht geprüfte oder zu anderen Einstellungsbereichen gehörende Verfahren anwendet.

Damit schließt sich der Kreis. Auch im Methodenkreis sind wir wieder am Ausgangspunkt und damit wieder im Felde der Praxis. Wir könnten diesen Durchlauf fortsetzen und ihn mit immer neuen Gesichtspunkten anreichern - er wäre nie zu Ende. Vielleicht würde sich eine Spiralform aus dem Erkenntnisprozeß ergeben, vielleicht ein anderer Qualitätssprung - das Ziel wäre immer auf Wirklichkeit und Wahrheit gerichtet.

Schlußbemerkungen

Das Thema war Wissenschaftlichkeit. Ich habe versucht, die verschiedenen Möglichkeiten der methodischen Annäherung aufzuzeigen. Der Durchlauf erfolgte in einem Kreismodell, das wir den Methodenkreis genannt haben. Die Definitionen sollten uns die Verständigung erleichtern. Aber ebenso, wie Modelle nur einen kleinen Ausschnitt der Wirklichkeit wiedergeben können, sind auch Worte der Definitionen nur Hilfsmittel. Sie entheben uns nicht der Notwendigkeit zur Rückfrage. Es bleibt immer das Problem bestehen, ob wir mit dem, was wir mitteilen, auch das mitteilen, was wir mitteilen möchten. Anschaulichkeit ist mit Vereinfachung verbunden und so möchte ich auch mit einer Anschaulichkeit statt einer Zusammenfassung schließen.

Sie sehen hier noch einmal, wie die wissenschaftliche Medizin und mit ihr die Psychotherapie, umgeben ist von einer vor- und unwissenschaftlichen Gesamtheilkunde, und wie sich die Grenzen dynamisch verschieben lassen. Die antiwissenschaftliche Entwicklung stellt (Abb. 2, unten seitlich links) den Mißbrauch dar, die transwissenschaftliche (Abb. 2, unten seitlich rechts) den Weg zur therapeutischen Handlung.

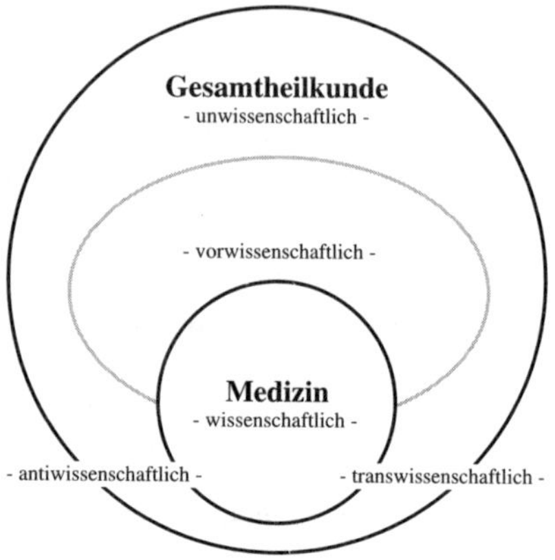

Abb. 2. Medizin als wissenschaftlicher Anteil der Gesamtheilkunde

Literatur

Bauer A (1995) Theorie der Medizin. Barth, Heidelberg Leipzig

Bleuler E (1919) Das autistisch-undisziplinierte Denken in der Medizin und seine Überwindung, 5. Aufl, Springer, Berlin Heidelberg New York (1975)

Bock KD (1993) Wissenschaftliche und alternative Medizin. Springer, Berlin Heidelberg New York

Dilthey W (1894) Ideen über eine beschreibende und zergliedernde Psychologie. In: Ges Schr, Bd 5. Vandenhoeck & Ruprecht, Göttingen, S 139-240 (1990)

Dürr HP (1988) Das Netz des Physikers. Hanser, München Wien

Dürr HP (1995) Die Zukunft ist ein unbetretener Pfad. Herder, Freiburg

Engelhardt D v (1993) Erklären und Verstehen in der Medizin. Historisch-systematische Reflexionen. In: Knölker U et al (Hrsg) Subjektivität in der kinder- und jugend-psychiatrischen Diagnostik, Therapie und Forschung. Hänsel-Hohenhausen, Egelsbach Köln New York

Eysenck HJ (1953) Uses and abuses of psychology. Harmondsworth, London

Fassheber P (1979) Einstellungstheorien. In: Heigl-Evers A (Hrsg) Lewin und die Folgen. Psychol 20. Jahrh, Bd VII. Kindler, Zürich

Feyerabend P (1984) Wissenschaft als Kunst. Edition Suhrkamp NF 231, Frankfurt aM

Getmann CF (1996) Heilen: Können und Wissen. Zu den philosophischen Grundlagen der wissenschaftlichen Medizin. In: Beckmann JP (Hrsg) Fragen und Probleme einer medizinischen Ethik. De Gruyter, Berlin New York

Gross R, Löffler M (1997) Prinzipien der Medizin. Springer, Berlin Heidelberg New York

Grawe K, Donati R, Bernauer F (1994) Psychotherapie im Wandel. Von der Konfession zur Profession. Hogrefe, Göttingen

Hahn P (1988) Ärztliche Propädeutik - Gespräch, Anamnese, Interview. Einführung in die anthropologische Medizin - wissenschaftstheoretische und praktische Grundlagen. Springer, Berlin Heidelberg New York

Hartmann F (1973) Ärztliche Anthroplogie. Schünemann, Bremen

Hartmann F (1984) Patient, Arzt und Medizin. Vandenhoeck und Ruprecht, Göttingen

Jaspers K (1913) Allgemeine Psychopathologie, 9. Aufl. Springer Berlin Heidelberg New York (1973)

Jaspers K (1948) Der philosophische Glaube. Piper, München

Jonas H (1987) Das Prinzip Verantwortung. Insel, Frankfurt aM

Köbberling J (1992) (Hrsg) Die Wissenschaft in der Medizin. Schattauer, Stuttgart

Köbberling J (1997) (Hrsg) Zeitfragen der Medizin. Springer Berlin Heidelberg New York

Krehl L (1930) Entstehung, Erkennung und Behandlung innerer Krankheiten, 13. Aufl. Barth, Leipzig

Lay R (1971/1973) Grundzüge einer komplexen Wissenschaftstheorie, Bd 1 und 2. Knecht, Frankfurt aM

Liek E (1924) Der Arzt und seine Sendung. Lehmanns, München

Lorenz K (1963) Das sogenannte Böse. Zur Naturgeschichte der Aggression. Borotha-Schoeler, Wien

Mittelstrass J (1993) Interdisziplinarität oder Transdisziplinarität? In: Hieber L (Hrsg) Utopie Wissenschaft, 17-31. Profil, München Wien

Mummendey HD (1979) Begriff und Messung von Einstellungen. In: Heigl-Evers A (Hrsg) Lewin und die Folgen. Psychol 20. Jahrh, Bd VII. Kindler, Zürich

Popper KR (1975) Die offene Gesellschaft und ihre Feinde. Franke, Bern

Popper KR (1976) Logik der Forschung, 6. Aufl. Mohr, Tübingen

Ramon Y Cajal S (1898) Regeln und Ratschläge zur wissenschaftlichen Forschung, 2. Aufl. Reinhardt, München (1938)

Ritschl D (1984) Zur Logik der Theologie. Kaiser, München

Ritschl D (1990) In: Huber W, Petzold E, Sundermeier T (Hrsg) Implizite Axiome. Kaiser, München

Roth E, Gachowetz H (1977) Die Bedeutung der Einstellungsforschung für die Persönlichkeitspsychologie. In: Strube G (Hrsg) Binet und die Folgen. Psychol 20. Jahrh, Bd V. Kindler, Zürich

Schaefer H (1994) Zur Wissenschaftlichkeit in der Medizin. In: Wessels KF et al (Hrsg) Herkunft, Krise und Wandlung der modernen Medizin. Kleine, Bielefeld

Schulz W(1972) Philosophie in der veränderten Welt. Neske, Pfullingen

Sherif CW (1979) Konstanz und Änderung von Einstellungen. In: Heigl-Evers A (Hrsg) Lewin und die Folgen. Psychol. 20. Jahrh, Bd VII. Kindler, Zürich

Six B, Eckes B. (1994) Fakten und Fiktionen in der Einstellungs-Verhaltensforschung: eine Meta-Analyse. Z Sozialpsychol

Stolze H (1967) Wege zur allgemeinen Psychotherapie. Huber, Bern Stuttgart

Uexküll Tv, Wesiack W (1988) Theorie der Humanmedizin. Urban Schwarzenberg, München Wien Baltimore

Watzlawick P, Beavin JH, Jackson DD (1972) Menschliche Kommunikation. Huber, Bern

Weber M (1919) Wissenschaft als Beruf, 9. Aufl. Duncker u. Humblot, Berlin (1991)

Weizsäcker CF (1993) Der Mensch in seiner Geschichte. dtv Hanser, München

Weizsäcker Vv (1986, 1997) Gesammelte Schriften, Bd 1-9. Suhrkamp, Frankfurt aM

Windelband W (1904) Geschichte und Naturwissenschaften. Heitz, Strassburg

Wyss D (1961) Die tiefenpsychologischen Schulen von den Anfängen bis zur Gegenwart. Vandenhoeck & Ruprecht, Göttingen

Die subjektive Beziehungswirklichkeit - eine conditio humana

Arthur Trenkel

Prolog

Ich gehe von einem Traum aus, den ich während der Vorbereitung meines Beitrages zur hiesigen Vorlesungsreihe zu Helmuth Stolzes 80. Geburtstag tatsächlich geträumt habe. Es ist dies zweifellos ein recht subjektiver Einstieg, der aber von vornherein auf die Art von Erleben verweist, die mich im folgenden beschäftigen soll.

In meinem Traum ging es in anschaulichen Bildern um den Gegensatz von "lebendig" und "abstrakt", den ich als Dilemma zwischen zwei "grundverschiedenen Welten" erlebte, welche sich mir nach dem Erwachen als Gegensätzlichkeit von lebendig-freier Erzählung und analysierender Reflexion darstellten. Das Lebendig-Erzählerische verband sich mit am Vorabend gelesenen Geschichten aus den "Tausend und ein Nächten", wo bekanntlich eine junge Frau namens Schehrezâd einen rachedürstigen, aber auch ansprechbaren König, der sie anfänglich töten wollte, bei wachem Interesse hält. Die junge Frau erzählt so nicht nur nächtelang *vom* Leben in allen Wirklichkeitsdimensionen und –aspekten, sondern gleichzeitig *um* ihr eigenes Leben, das auf dem Spiele steht, und das sie durch "verstattetes" Erzählen *retten* kann.

Diese Rahmensituation zwischen der erzählenden Schehrezâd und dem zuhörenden König soll mir als Metapher für Wesentliches dienen, das ich hier zur Sprache und zur Geltung bringen möchte. Auch mir geht es um Lebendiges, das von despotischen Mächten bedroht ist und sein "Leben" zu retten sucht, indem es auf das Interesse eines Zuhörers hofft, der seine Sprache hört. Man wird erraten, daß *meine* Erzählung auf das zentrale Geschehen der psychotherapeutischen Situation verweisen soll, letztlich jeder therapeutischen Situation und jeden zwischenmenschlichen Gesprächs. Was vom Geist ursprünglich gesagt ist, nämlich, daß "er weht, wo er will", möchte ich auch in bezug auf das Gespräch hören und verstehen. Dies würde dann etwa heißen: Das Gespräch spricht, wo es will, d. h. in vielfältigen Sprachen und nicht allein in eigens dafür zurechtgestellten "Settings", auch nicht dort, wo wir schon in allgemeinem Vorverständnis wissen, was wir hören wollen bzw. worauf es ankommt.

Freilich sage ich auch etwas darüber aus, worauf es mir ankommt, wenn ich zum Ausdruck bringe, worauf es mir nicht ankommt. Ich möchte jedoch meinen, daß hier Bedeutsames an dem kleinen Wörtchen liegt, das man als Personalpronomen bezeichnet, nämlich an dem Wörtchen "mir", das auf mich selbst als Person verweist. Wenn ich das kleine Wörtchen gebrauche, komme ich selber in meiner Aussage vor, sie spricht somit die Gedanken eines Erlebenden aus, der ich selber bin. Ein solches "Ich", das in seinem Erleben und Selbsterleben empfindet, urteilt, denkt und "spricht", nennen wir auch ein Subjekt.

Damit bin ich bei der Sache, auf die es mir wirklich ankommt, nämlich bei der Tatsache, daß sich Begegnungen und Gespräche zwischen Menschen und so auch in jeder therapeutischen Beziehung nicht in einem abstrakten Raum vollziehen, sondern im Erfahrungsraum erlebender Personen, die in spezifischer Beziehungswirklichkeit aufeinander bezogen sind.

Dialogisches Erleben - ein Potential der Praxis

Statt nun über diesen Erfahrungs- und Begegnungsraum allgemeinverbindlich zu reflektieren, was unvermeidlich in die Welt des Abstrakten und ihrer "Lebens-Gefahr" hineintragen würde, will ich versuchen, die angesprochene Wirklichkeit immer wieder vom Leben und Erleben her zu beschreiben und zu verdeutlichen. In der Sprache der gegenwärtigen Psychotherapiewoche gehört diese Wirklichkeit wohl in den Bereich dessen, was als Kontext bezeichnet und behandelt wird.

Zum Lindauer Kontext gehört für mich auch die personale Beziehungswirklichkeit, die mich mit Herrn Stolze verbindet; sie ist weder von der jetzigen Vortragsreihe noch von meinem Thema in dieser ablösbar und soll nicht übergangen werden. Zwischen Herrn Stolze und mir hat sich über mehrere Stationen und über viele Jahre ein briefliches Gespräch entwickelt, bei welchem es vorwiegend um therapeutische *Praxis* ging. Wir korrespondierten insbesondere um ein Potential der Praxis, das als konkrete Erfahrung dem allgemeinen Wissen und Können vorgelagert bleibt und nur in unmittelbarer Anschauung mit entsprechendem Erleben zugänglich ist. Für Herrn Stolze konzentrierte sich dieses Potential in der leiblichen Bewegung, für mich in der Bewegung des erlebten Beziehungsgeschehens.

Die wesentlichen Schlüsselworte waren somit "Praxis", "Bewegung" und "Erleben", ferner "Leib" und "Spiel", alle über dem gemeinsamen Nenner eines spezifisch dialogischen Geschehens, dessen Wirklichkeit sich nicht objektiv fassen läßt.

Damit bin ich wieder bei meinem Thema. Was als subjektive Beziehungswirklichkeit möglichst erlebnisnah dargestellt werden soll, meint eine elementare zwischenmenschliche Erfahrungswelt, in der die Patienten nicht anonyme Krankheits- und die Therapeuten entsprechende Wissensträger sind, sondern wo beidseits auch individuelle Verschiedenheit und lebendige Mannigfaltigkeit der beteiligten Personen, im besonderen deren subjektives Selbst- und Beziehungserleben, ins Spiel kommt. Ich nenne diese *personale* Wirklichkeitsdimension auch gerne kontrapunktisch, in der Hoffnung, mit diesem Wortbild aus der Welt der Musik die Vorstellung eines sinnvollen Zusammenwirkens mit den herrschenden *unpersönlichen* Erkenntnis- und Handlungsdimensionen anzusprechen. Das Kontrapunktische meint dann das konkrete Erleben, das im objektivierenden Sach- und Fachverstand nicht direkt faßbar ist. So betrachtet, stellt sich freilich auch die Frage, in welchem Spektrum und in welchen Grenzen dieser Sachverstand unserer beruflichen Alltagswirklichkeit gerecht wird, und wo er untauglich oder gar "lebens-gefährlich" ist.

Auf Balints Spur: Die Umstellung der Einstellung

Mein eigenes Interesse für solches Hinblicken und Fragen geht vorwiegend auf die Begegnung mit Michael Balint und seinem Interesse für die Wirklichkeit des ärztlichen Alltags zurück. In der Arbeit mit ihm und auf seiner Spur wurde zunehmend einsichtig, daß die Beziehung zwischen dem Patienten und seinem Therapeuten nicht zum jeweiligen Fachgebiet und seinen methodisch-technischen Besonderheiten gehört, sondern als Zwei-Personen-Wirklichkeit einer personalen Spezifität folgt. Diese Einsicht wurde auch besonders durch Beziehungsphänomene bestärkt, die überraschend aus dem überblickbaren Rahmen des jeweiligen Wissens und Machens herausfallen.

Solche Erfahrungen und Einsichten legten schließlich die Konsequenz nahe, sich im Bereich des therapeutischen Beziehungsgeschehens vorrangig auf das eigene Erleben mit dem Patienten zu konzentrieren und von daher den entsprechenden Zugang zu dessen Erlebenswelt zu suchen. Personales Erleben wurde in diesem Bereich vor allgemeines Fragen und Verstehen gesetzt bzw. Allgemeines wurde auf Besonderes bezogen und nicht umgekehrt wie üblich.

Ich bezeichne diese sich dem Erleben öffnende statt verschließende, das Subjekt gebrauchende statt ausklammernde Umorientierung ganz einfach als "Umstellung der Einstellung"; sie ist in bezug auf die Ausrichtung unseres heutigen Berufsdenkens nicht nur harmlos: Es hat einen geradezu subversiven Aspekt, wenn das "sub-iectum", was doch das "Unterworfene" heißt, wieder in seine ursprüngliche Wirklichkeit zurückfindet und in der Medizin, d. h. im Blick auf menschliches Gesund- und Kranksein, ein ernsthaftes Mitspracherecht erhalten soll.

In meiner eigenen psychotherapeutischen Praxis habe ich diese Umstellung allerdings nicht als ungehörige Rebellion, sondern vielmehr als notwendige Befreiung erlebt. Zur Illustration erzähle ich vom Umgang mit einem Patienten, der als extremer Zwangsneurotiker früher nur in Kliniken leben konnte, wobei diagnostisch auch immer wieder, je nach Optik der Ärzte, von Schizophrenie die Rede war. Ich würde heute von einer Borderlinestörung sprechen, will aber hier nicht unter klinisch-diagnostischen Aspekten berichten, sondern ausschließlich unter dem Aspekt der Beziehung.

Es handelt sich um einen älteren, bald 70jährigen Mann, den ich seit vielen Jahren begleite, wobei es zwar eine erhebliche soziale Besserung gab, im übrigen aber "nur" beziehungsrelevante Veränderungen, die ich hier so nachzuzeichnen versuche, daß *meine* "Umstellung der Einstellung" möglichst einsichtig wird.

Ich muß mit der Schilderung der Familie beginnen, in welcher der Patient aufgewachsen ist; es wird damit das Grundmuster beleuchtet, von dem her die Notwendigkeit eines Einstellungswandels ihre spezifische Beleuchtung erhält: Der Patient war der jüngste von drei Söhnen eines angesehenen Dozenten einer angesehenen Wissenschaft. Der Vater war in der Familie absolute Autorität im Blick auf richtiges und falsches Denken und Handeln. Die Mutter war als Arzttochter die zuständige Autorität im Blick auf Ernährung, Körperhygiene und Gesundheit, zwei ältere Brüder waren von hoher Kompetenz im Bereich des Schulwissens. Das einzige, was der Jüngste für sich hatte, und wo er alle überragte, war die Musik, bis auch deren Klänge in selbstvergessenen Zwängen erstickten. Seit der Adoleszenz war dieser Patient in psychiatrischer Behandlung, zunächst bei klinischen Psychiatern mit berühmten Namen, dann auch in psychoanalytisch orientierten Psychotherapien, wobei - wie hätte es anders sein können? – auch seine Therapeuten von ihrer Fachkompetenz her quasi alles wußten, diesmal über seine Krankheit und deren Symptome.

Als er mir überwiesen wurde, und ich die Psychotherapie von Prof. XY fortsetzen sollte, agierte ich – im heutigen Rückblick - genauso auf der Linie des antizipierten Wissens, vielleicht noch mit reicherem analytischen Grundwissen bzw. mit noch profunderem "Besserwissen". Erst allmählich, und dies sicher im Zusammenhang mit meiner "Umstellung der Einstellung", ging es mir im *praktischen* Umgang mit dem Patienten auf, daß er aufgrund seiner Geschichte dermaßen ein "gebranntes Kind" war, daß er jeden Versuch, etwas von seinem subjektiven Erleben verstehend ansprechen zu wollen, von vornherein radikal zunichte machen mußte. Jedes formulierte Verständnis schien so gefährlich, daß nur die dichteste Verhüllung helfen konnte, sich dem entsprechenden

Zugriff zu entziehen. Wenn er nicht jede Annäherung gleichsam unbesehen zurückwies, drohte ihm offensichtlich die totale Vereinnahmung des Eigenlebens.

Ein Selbstbewußtsein schien in seiner Welt keinen Platz zu haben, während das Aufgenommene als Angenommenes ohne inneren Spielraum die Alleinherrschaft über den Enteigneten ausübte.

Je mehr ich diese innere Situation des Patienten in *meinem* Innern zu ahnen, zu erraten und vielleicht auch ein wenig zu verstehen vermochte, desto klarer wurde mir, daß ich mich v. a. hüten mußte, ein Vorverständnis – freilich auch das, von dem ich jetzt schreibe - so zu artikulieren, daß meine Rede in die Nähe einer verbindlichen Feststellung rücken könnte. Andererseits machte ich zunehmend die Erfahrung, daß dann am meisten Aussicht auf Ansprache, Antwort und schließlich Ansatz zu einer dialogischen Verständigung zu erwarten war, wenn ich meine eigenen Einfälle betont als *meine* Subjektivität ausgab und sie inhaltlich ganz im Vorläufigen, Unbestimmten, Ungewissen beließ, ohne jeden Anspruch auf verbindliche Geltung. Diese Einstellung gelang mir umso besser, und sie erschien mir auch umso wirksamer, je authentischer und wahrhaftiger sie die meinige war, d. h. je echter ich mich ohne Vorwissen auf die Verständnishilfe durch den Patienten angewiesen fühlte und dann auch bereit war, das einmal Verstandene unverzüglich wieder verwischen, korrigieren oder gar löschen zu lassen, wenn es für ihn die Form von etwas verbindlich Geltendem anzunehmen drohte.

Besonders authentisch und damit wohl am überzeugendsten gelang mir die neue Einstellung, wenn der Patient mit unübertrefflicher Verundeutlichung, aber doch spürbar zur Mitteilung gedrängt, wenn auch immer wieder den Rückzug antretend und dann in neuem Anlauf noch einmal nicht zu beginnen, Bilder oder Fragmente eines Traumes vorbrachte. In dieser Situation fiel es mir am leichtesten, mich in naiver Offenheit dem auszusetzen, was seine Traumbilder an subjektiver Resonanz in mir evozierten, und dabei konnte ich besonders deutlich innewerden, wie mein eigenes Angesprochensein, meine subjektive Antwort auf die – wenn auch noch so karge – Mitteilung des Patienten diese rückwirkend zu verstärken vermochte.

Ist nicht - ich frage jetzt allgemein - die dialogisch sich entwickelnde Verständigung über einen mitgeteilten Traum das treffendste Paradigma dafür, wie in der Dimension der verbindenden Beziehung von erlebendem Subjekt zu erlebendem Subjekt eine gemeinsam verwirklichte Wahrheit Form gewinnt, die gewiß keine objektive Realität ist, aber insofern Wahrheit und Wirklichkeit, als sie Wahrnehmung ermöglicht, wo es keine Objektivität gibt, nämlich im Bereich des subjektiven Erlebens.

Was ich hier anhand des Umgangs mit diesem Patienten hervorheben will, ist der meines Erachtens *fundamentale* Unterschied zwischen der Beziehung zu einem schon wissenden Sachverständigen und der Beziehung um der Verständigung selbst willen. In der Beziehung als solcher und um der möglichen Verständigung willen, wird der Andere, der Patient, nicht zum Gegenstand von Exploration, Interrogation, Konfrontation, Explikation oder was immer gemacht, er wird überhaupt nicht zum Gegenstand gemacht, sondern wird durch Wahrnehmung in eigene Selbstwahrnehmung entlassen und in dieser als erlebendes Subjekt wahrgenommen. Damit ihm diese Möglichkeit eingeräumt wird, müssen wir, bildlich gesprochen, aus unseren Schulhäusern heraustreten und nicht den Patienten in diese hineinziehen. Der Therapeut, der mit seiner Eigenwahrnehmung als Basiswerkzeug dialogisch arbeitet, erschließt für den Patienten die Möglichkeit, sich seinerseits entsprechend wahrzunehmen, und dies gilt nicht ausschließlich im Raum der Psychotherapie, sondern in allen therapeutischen "Werkstätten".

Subjektive Beziehungs-Erfahrung im Leiblichen

Auch im Bereich des Leiblichen und somit in der sog. somatischen Praxis der Medizin ist die Beziehungswirklichkeit zwischen Arzt und Patient die lebendige Basisdimension jeden therapeutischen Handelns. Auch hier gehört das Erleben und Wahrnehmen der jeweiligen Beziehungserfahrung zur Praxis und Klinik als solcher; letztlich entscheidet es sich oft auf dieser Ebene, ob und wie der Arzt sein fachliches Wissen und Können beim einzelnen Patienten sinnvoll gebrauchen kann.

Ich berichte hierzu von einer Erfahrung, die mir unlängst in einer Balint-Gruppe "unter die Haut" ging:

Eine Dermatologin erzählte von einem Patienten, etwa Mitte 40, der ihr zur Behandlung eines stark juckenden Ausschlags, vor allem in der Anal- und Inguinalregion, überwiesen wurde. Sie berichtete von ihm, weil er sie vor der dritten Konsultation schon im Wartezimmer ausfällig beschimpft und der Unfähigkeit bezichtigt hatte, was bei ihr Schuldgefühle und v. a. Angst auslöste.

Bei der Erstkonsultation hatte sich der Patient selber als unmöglichen Rüpel vorgestellt, der wegen seines Charakters seine Frau und kürzlich auch seine Arbeitsstelle verloren habe. Bei der körperlichen Untersuchung hatte er diese "Visitenkarte" noch durch wiederholten Hinweis auf seine extreme Körperbehaarung ergänzt, die ihm gleichzeitig zur Entschuldigung für seine ebenso auffallende Scharnhaftigkeit diente. Die Ärztin, eine altersmäßig etwas jüngere, hübsche und elegante Frau, hatte die Selbstverunglimpfung des Patienten als peinlich erlebt, die ungewöhnliche Freizügigkeit seiner Selbstdarstellung jedoch als Vertrauensbeweis. Umso empfindlicher trafen sie bei der letzten Konsultation die wilden "Ausschläge" seiner Vorwürfe.

In der Balint-Gruppe ging der Kollegin auf, daß sie für den selbstanklägerischen Mann echte Sympathiegefühle empfunden hatte, und dies nicht im Sinne von Mitleid, sondern auf einer reiferen Mann-Frau-Ebene, was ihr als aufblitzende Phantasie erinnerlich wurde und in der Wortsprache etwa hieß: Wie schade für diesen Mann, daß er sich so entwerten muß. Im Gruppengespräch wurde diese Phantasie als Beziehungsgeschehen erkannt, das zur Erstbegegnung mit dem gequälten Hautpatienten gehörte und vermutlich auch für die folgenden Konsultationen nicht bedeutungslos war.

Es ging so weiter, daß die Dermatologin in der nächsten Gruppensitzung erzählte, wie sie bei der folgenden Konsultation eher gelassen, d. h. nicht mehr ängstlich, von ihrer wieder erinnerten Phantasie "Gebrauch machen" konnte, indem sie dem Patienten gegenüber ungezwungen bedauert habe, daß er sich so wenig zutraue. Der Gruppe gegenüber ergänzte sie, daß sich ihre ängstliche Spannung nach dem Gruppengespräch wie von selbst gelöst habe, und es ihr wieder möglich geworden sei, ihre Kompetenz als Hautärztin "an den Mann zu bringen".

Ich unterstreiche speziell dieses Letzte, weil es exemplarisch zeigt, wie der Einbezug des jeweiligen Beziehungserlebens kein bloßes Hobby von zusätzlich auch psychologisch-psychotherapeutisch interessierten Ärztinnen und Ärzten ist, sondern daß Erleben und Wahrnehmen der personalen Beziehungswirklichkeit recht eigentlich zur Praxis gehört. Noch ein weiteres Beispiel im gleichen Sinn:

Ein erfahrener Rheumatologe berichtete von einer Lehrerin, welche an einer aggressiven Form von primär chronischer Polyarthritis litt, sich aber nicht mit der richtigen, nämlich einer aggressiven Therapie behandeln lassen wollte. Arzt und Patient führten in letzter Zeit v. a. "wissenschaftliche" Streitgespräche, wobei der berichtende Kollege zunehmend ein schlechtes Gefühl hatte, weil er der Patientin nicht adäquat, d. h. als kompetenter Rheumatologe, helfen konnte.

Bei diesem Beispiel ging uns v. a. auf, wie die einzige Aussicht auf Entspannung der angstgeladenen beidseitigen Besserwisserei allein in der Möglichkeit zu liegen schien, dem sterilen Gezänke im Objektiven eine spielerische Komponente im Subjektiven beizumengen, wozu sich glücklicherweise schon erste Ansätze erkennen ließen.

Vielleicht noch deutlicher als beim Fall der Dermatologin läßt sich hier sehen und zeigen, wie allgemein verbindliches Wissen, Können und Tun erst in einer personalen Beziehung zum Tragen kommt und in diese integriert werden muß. Gelingt dies nicht, hängt alles Abstrakt-Allgemeine, mag es noch so richtig sein, bodenlos im Raum, und sein sinnvoller Gebrauch ist in Frage gestellt. Hoffentlich machen beide Beispiele auch deutlich, daß der sinnvolle Gebrauch nicht selber wieder Anwendung eines anonymen Wissens und Könnens ist, sondern mit dem Erleben der Menschen zu tun hat, die im therapeutischen Raum miteinander umgehen.

Eigentlich würde es sich hier um Selbstverständlichkeiten handeln, aber die herrschende Mentalität und ihre Macht will zunehmend solche Selbstverständlichkeiten negieren. Sie will keine Umstellung der Einstellung und hält den Einbezug subjektiven Erlebens aus dogmatischen Gründen für unrealistisch und ineffizient. In meinem Blick geht es hier *essentiell* um das Ringen des Lebendigen gegen "lebensbedrohliche" Mächte, wenn ich wieder an meine anfängliche Metaphorik erinnern darf.

Im Raum der Praxis, jeder therapeutischen Praxis, ist und bleibt es doch wirklich "lebens"-notwendig, daß der Therapeut auch subjektive Qualitäten wie imaginative Wahrnehmung, intuitive Einfühlung, beziehungszentrierte Phantasie, kurz seine menschliche Fähigkeit, eigenes Erleben zum Verständnis von und zur Verständigung mit fremdem Erleben zu gebrauchen, fortwährend professionell einsetzt. Eine Ausklammerung des Subjektiven ist hier nicht nur unmöglich, in der Form der personalen Beziehungswirklichkeit, die sich in jedem therapeutischen "Zwischen" konstituiert und dort auch wirksam ist, gehört es unumgänglich dazu.

Zur beziehungsorientierten Phantasie im Körperbereich, wie ich sie am Beispiel aus der dermatologischen Praxis zu veranschaulichen suchte, möchte ich beifügen, daß ich diesen Beziehungsaspekt bzw. den professionellen Umgang mit ihm, in Frankreich kennengelernt habe, wo er speziell von Michel Sapir unter der Bezeichnung "corps-à-corps" als spezifische Praxisperspektive des somatisch tätigen Arztes zur Geltung gebracht wurde.

Die leibliche Seite des Beziehungserlebens muß natürlich so wenig "eingeführt" werden wie das Beziehungsgeschehen selbst. Wo erlebende Menschen miteinander umgehen, nehmen sie sich auch leiblich wahr, aber für diese Wahrnehmung sind wir als Therapeuten unterschiedlich offen oder verschlossen, als Ärzte haben wir sie sogar geflissentlich auszublenden gelernt.

Wo es um das Subjektive im Leiblichen geht, darf freilich auch Viktor von Weizsäcker nicht vergessen werden. Ihm ging es bekanntlich ebenfalls um "Einführung des Subjekts in die Medizin", und dies sehr fundamental auch in Form von "Anerkennung des Subjektes in der Biologie" des Menschen oder als "Grundlage der Erfahrung" seines "gelebten Lebens".

Auf Winnicotts Spur: Spiel und Zusammenspiel

Ich will indes den Weg der Praxis nicht verlassen, sondern bei der lebendigen Erfahrung bleiben, um deren "Lebens"-Rettung es mir doch erklärtermaßen geht. So will ich mich als nächstes noch der spielerischen Wirklichkeit und ihrer Bedeutung zuwenden, und dazu erzähle ich vorerst wieder eine kleine Geschichte, in welcher dieses Element des Beziehungserlebens geradezu elementar in Erscheinung tritt:

Die Geschichte stammt diesmal nicht aus einer therapeutischen Werkstatt, sondern aus einer pädagogischen und gleichzeitig künstlerischen, welch letzte Übertreibung ich mir hier mit Bedacht leiste. Es handelt sich um eine Erfahrung aus einer Gruppe von Musiklehrerinnen und –lehrern, die Kindern und Jugendlichen Instrumentalunterricht - Klavier, Violine, Flöte, Klarinette etc. – erteilen. In dieser Gruppe, die ich im Prinzip wie eine Balint-Gruppe mit Ärzten und Ärztinnen leitete, berichtete eine Klavierlehrerin von einem 7jährigen Mädchen, das kein Wort sprach, aber sichtlich am Klavierspiel und auch an der Lehrerin interessiert war. Diese hatte insgeheim einen therapeutischen Ehrgeiz, auf den ich bei der Gruppenleitung so wenig wie möglich einging. Ich interessierte mich vielmehr für die Beziehungsdynamik, welche vordergründig dadurch gekennzeichnet war, daß die Lehrerin mit dem schweigenden Kind überaus aktiv und - auch in der Gruppe - auffällig redselig umging, was sie zunächst mit ihrem pädagogischen Eifer rechtfertigte, dann aber auch mit dem erlebten Geschehen zwischen ihr und dem Mädchen in Bezug setzen konnte.

Ich weiß nicht, ob es nur die Einsicht in die eigene Beteiligung am Beziehungsgeschehen war, welche die Veränderung bewirkte, jedenfalls konnte die Lehrerin in einer späteren Sitzung von erstaunlichen Verwandlungen berichten: Bald nachdem sie ihr Erleben mit dem stummen Mädchen in die Gruppe gebracht hatte, brachte dieses von sich aus eine Anzahl Stofftierchen in die Klavierstunde, und die Lehrerin konnte dazu bewegt werden, jeweils am Ende der Stunde mindestens 10 Minuten mit diesen Tierchen und deren Eignerin zu spielen. Dabei blieb aber auch das Klavierspiel einbezogen, so daß das Wort "Spiel" für beide Bedeutungen stehen kann. Es ereignete sich wie nebenbei, daß das Kind bei diesem "Doppelspiel" auch verbal zu sprechen begann, und die Lehrerin schloß ihren Bericht mit dem Satz: "Veronika kann jetzt das, was sie in der Stunde neu gelernt hat, auch spielend anwenden".

Ich möchte zu dieser Geschichte gern selber die Meinung äußern, daß hier der therapeutische Effekt, den sich die Lehrerin anfänglich erhofft hatte, sicher mehr dem geglückten *Zusammenspiel* als ihrem Eifer zu verdanken war. Wesentlich scheint mir auch, daß das Mädchen die Geschehnisse selber auf gute Wege gelenkt hat, und daß das Verdienst der Lehrerin v. a. darin bestand, einfühlend mitzuspielen und sich so adäquat "brauchen" zu lassen.

Zum Stichwort "Zusammenspiel" noch eine andere sprechende Erfahrung: Ein 5jähriger Knabe brachte seine spieltherapeutisch ausgebildete Helferin zur Verzweiflung, indem er ihren Versuchen und Versuchungen, ihn zu einer Spieltherapie lege artis zu bewegen, hartnäckig widerstand und dazu erklärte, er spiele nicht. Selbst wenn man mit dem Spiel Therapie "machen" will, bedarf es offenbar eines lebendigen Zusammenspiels; methodisch korrekte Technik und entsprechender Spielplatz sind anscheinend nicht das ganze "Spiel".

Wenn man das Spielerische als Wesenselement der Beziehungswirklichkeit im therapeutischen "Zwischen" anspricht, kommt man, abgesehen von Michael Balint, nicht leicht an Donald W. Winnicott und seinen in 40jähriger pädiatrischer und psychoanalytischer Erfahrung gewonnenen Einsichten vorbei. Ich denke in erster Linie an die Bedeutung jenes "Zwischens" , das Winnicott im Blick auf die kindliche Selbstdifferenzierung als "Übergangsraum" und als "potentiellen Raum'" beschrieben hat, und den er auch als essentiellen Spielraum seiner therapeutischen Praxis erlebte. In meinem Verständnis steht das Beziehungs-"Zwischen" jeder Praxis diesem Winnicottschen Spielraum von Aktualisierungsmöglichkeiten um vieles näher als einem Experimentierfeld nach dem Modell der objektivierenden "Erfahrungswissenschaften", von dem sich üblicherweise unsere maßgeblichen Vorstellungen herleiten. Im Gegensatz zu diesem Modell der klassischen Naturwissenschaften, zu dem auch der sog. "*unbeteiligte Beobachter*" gehört, entstand der Winnicottsche Erfahrungsraum aus dem Erleben eines *beteiligten Beobachters*. Was daraus als vermittelbares Wissen hervorgeht, entstammt folglich dem Nachdenken von Erlebenden, was doch das Grundmuster aller Einsicht im Bereich menschlicher Erfahrung und somit auch im therapeutischen "Zwischen" sein müßte. Näher bei diesem uns vertrauten "Zwischen" scheint mir das Erleben von Kunst zu sein, das doch im wesentlichen ebenfalls ein Beziehungserleben ist, wobei unsere leiblichen Empfindungen von erheblicher Bedeutung sind. Ist es in unserer Lebenspraxis nicht offenbar, daß beim "Sehen" eines Werkes bildender Kunst nicht nur das Auge und das Gehirn, sondern unser ganzes leib-seelisches Vermögen ins Spiel kommt? Desgleichen wird doch auch Musik nicht nur mit unserem "akustischen Apparat" gehört, sondern in Leib und Seel' umfassender Resonanz, was in meinem Blick nicht sehr weit von dem entfernt ist, was wir im therapeutischen "Zwischen" erleben. Vielleicht hilft uns die Erfahrung dort, wo es um Beziehung zur Kunst geht, ein lebendigeres Verständnis dessen zu gewinnen, was die Kunst der Beziehung sein könnte! Unser Erleben von Kunst scheint mir zumindest darauf hinzuweisen, in welcher Richtung das Andere, das Kontrapunktische, das Lebendige in unserem professionellen Alltag immer wieder zu suchen und zu "retten" ist: Das Kunstwerk spricht eine unmittelbare Sprache, und wenn es uns an-spricht, und wir an-gesprochen sind, treten wir mit dieser Sprache ins Gespräch, d. h. wir sind als Erlebende im Dialog mit dem, was im Kunstwerk selber lebt. In analoger Weise sind für uns auch Patienten zunächst sprechende "Sujets", so lange wir nicht alles, was uns von ihnen entgegenklingt, in ent-eignender Begrifflichkeit "ums Leben bringen". Als "Sujets", d. h. subjektiv, haben wir alle unsere selbsteigene Erlebenswelt, auch wenn wir damit in einer äußeren Realität leben, die von uns gemeinsam wahrgenommen wird. In der therapeutischen Praxis begegnet uns der Andere sowohl als Umwelt im Sinne dieser gemeinsamen, sog. objektiven Realität, wie auch als verkörperte Subjektivität, die nur im Beziehungserleben adäquat wahrgenommen und wahr wird.

Lebendige Grundwirklichkeit im therapeutischen Inter-Esse

Tritt in dieser zweiten Dimension nicht eine menschliche Grundbedingung in den Blick, in welcher die Beteiligten, wissend oder unbewußt, in besonderer Weise auch sich selbst begegnen? Und wird in diesem Blick nicht ein besonderes therapeutisches Potential sichtbar, das nur im Erleben selber zugänglich ist, vielleicht analog zum Erlebnis des Träumens, das doch auch als solches schon Bedeutung hat, nicht erst wenn wir Geträumtes explizit verstehen oder gar "deuten" können? In der Wirklichkeit dieser menschlichen Grundverfassung bleibt alles in ständiger Bewegung, und das Wesentliche kann nie im Modus eines geläufigen "Alles klar", "No problem" festgestellt und abgehakt werden. Es würde so "ums Leben gebracht". In der Sprache meines Darstellungsversuches gehört dieses Leben zum sub-iectum, zum Unterworfenen, oder etwas weniger aggressiv: zum Darunterliegenden; ich würde es gerne – nach dem Vorschlag eines Freundes – das Darunterlebende nennen.

Hier sehe ich verwandtschaftliche Züge zwischen dieser menschlichen Wirklichkeit zur gleichsam "vor-realen", sicher "vor-materiellen" Potentialität der Kräfte im Erkenntnisblick heutiger Physiker. Ich denke, daß es da grundlegende Brücken neu zu sichten oder gar zu schlagen gibt. Besonders aufregend wäre bei solchem Brückenschlag die Aussicht, daß es sich nicht nur um Bezüge zwischen schon zurechtgestellten Sach- und Fachbezirken, nicht nur um Interdisziplinaritäten im herkömmlichen Verständnis, handeln würde, sondern um Gemeinsamkeiten in einer Wirklichkeit, die uns als Inter-Essierte verbindet, d. h. vor den jeweiligen Fachrealitäten, ihren Wissensgütern und Informationspaketen. Wenn die Brücken zwischen hinblickenden Subjekten, zwischen erlebenden Fragenden, Suchenden, wesentlicher wären als die Bezüge zwischen fest-gestellten Objektbereichen, würden wir uns dann nicht eigentlich in der Menschenwelt befinden, in der doch alles Erkennen, Wissen, Forschen und so auch alles "Erzählen der Fachleute" eingebettet bleibt? In dieser Menschenwelt sind wir aber auch im therapeutischen "Zwischen", wo sie allererste räumliche Wirklichkeit ist, in die wir eingelassen und als aktive Mit-Spieler ausgesetzt sind. In der therapeutischen Situation, speziell im Psychischen, das uns vertraut ist, scheint es mir evident, daß es sich im Sinne meiner Überlegungen "lebens"-gefährlich auswirkt, wenn wir uns bestimmen lassen, von unserer lebendigen Erfahrung in konkreter Form und Färbung mehr und mehr abzuheben, um schließlich alles, auch uns selber, in allgemeinen Abstraktionen fassen zu wollen.

Zur Illustration mag wieder einmal uralte Literatur dienen, ein klassischer Stoff, der in der Geschichte der Psychotherapie einige Resonanz gefunden hat, nämlich das Drama des König Oedipus. Hierbei geht es diesmal nicht allein um Vatermord und Inzestverstrickung, es geht vornehmlich um einen anderen Aspekt der Tragödie, wie sie von Sophokles erzählt wird, und wie er in einer eindrücklichen Schrift des Oldenburger Philosophen Rudolf zur Lippe mit dem Titel "Oidipus und die verweigerte Seelenfahrt" herausgearbeitet wurde. In dieser Schrift wird dargestellt, wie Sophokles in kunstvollem Spannungscrescendo den Gang der Untersuchung nachzeichnet, welche Oedipus persönlich an die Hand nimmt, um die Hintergründe des auf seiner Stadt Theben lastenden Fluches aufzuklären. Der König geht wie ein moderner Untersuchungsrichter mit logischer Konsequenz und Gründlichkeit ans Werk, aber für den Leser, früher Zuschauer und Hörer, wird dabei zunehmend deutlich, wie der königliche Richter im Prozeß der Ahnungsloseste in der ganzen Runde ist, bis er umso bestürzter zur Einsicht kommt, daß er selbst das Objekt seiner Untersuchung ist. Am Ende des ganzen Verfahrens stellt sich heraus, daß dessen Subjekt das gesuchte Objekt ist.

Als alter Arzt und Psychotherapeut am Ende des 20. Jahrhunderts fühle ich mich gedrängt, diesen Aspekt der Tragödie als Gleichnis für unseren methodischen Allerweltsszientismus zu lesen, der uns leicht vergessen läßt, daß es letztlich bei allem Suchen und Forschen um uns selbst, um unser Leben, um das Subjekt unserer Anstrengungen geht. Auf unsere Berufswelt übertragen, wäre die notwendige Gegenbewegung einmal mehr die "Einführung des Subjekts" wie sie bereits vor dem großen Krieg das zentrale Anliegen Viktor von Weizsäckers war. Im Blick des Praktikers und Klinikers handelt es sich dabei um eine Wirklichkeit, die in unseren Räumen von vornherein da ist, wenn wir sie nicht künstlich ausblenden, dogmatisch unterwerfen oder sonstwie weg-sterilisieren. Im praktisch-therapeutischen Raum *leben* wir in dieser Wirklichkeit, die für das allgemeine Denken, Planen, Verfügen und Machen eine weitgehend unbekannte Welt, eine "terra incognita", geworden ist, für die Beteiligten jedoch ein Lebensschauplatz von unumgänglicher Herausforderung bleibt. In der Wirklichkeit des therapeutischen "Zwischens" erleben wir eine conditio humana, die keine Theorie, auch keine Metatheorie, keine Weltanschauung und keine Anwendung von irgendetwas ist oder meint, sondern offene Welt menschlichen Lebendigseins, Sich-Wahrnehmens und -Verständigens. Es ist die Welt des Erzählens, Zuhörens und Antwortens, die Welt des Inter-Esses im wörtlichsten Sinn und - immer neu - die lebendige Welt der Überraschung und des Staunens.

Epilog

Ich habe *mein* "Erzählen" mit dem Hinweis auf die Erzählungen aus den Tausend und ein Nächten begonnen, wo eine Frau ihr Leben rettet, indem sie den bedrohlichen Anderen zum ansprechbaren und interessierten Zuhörer zu verwandeln weiß.

Abschließend möchte ich auf eine Geschichte eingehen, in welcher das Leben eines erzählenden Königs auf dem Spiele steht. Es handelt sich dem Stoff nach wieder um eine sehr alte Geschichte; in der Bearbeitung, die mich zur Mitteilung drängt, gehört sie jedoch zur heutigen Gegenwartsliteratur. Ich meine den Roman des italienischen Schriftstellers Luigi Malerba mit dem Titel " Itaca per sempre", inzwischen auch auf deutsch erschienen mit "König ohne Schuh" betitelt. Wie die italienische Überschrift verrät, geht es um Odysseus, d. h. um jenen König, der bekanntlich 20 Jahre von seiner Heimat Ithaka fern war und schließlich nach Hause zurückkehrt. Diese Heimkehr ist Thema des Romans, wobei das Originelle an Malerbas Perspektive darin besteht, daß der König trotz seiner Verkleidung als Bettler von seiner Gattin Penelope sogleich erkannt wird, was sie ihm aber ebenfalls verheimlicht, um sich für die Zumutung *seines* Versteckspiels zu rächen. Penelope ist gekränkt, daß Odysseus sich ihrem Sohn und der alten Magd als er selbst zu erkennen gibt, während er sie, die Königin, über seine Identität zu täuschen versucht und erst noch glaubt, daß ihm dies gelingen würde. Sie übernimmt im Gegenzug das Versteckspiel und spielt es auch dann noch weiter, als Odysseus nach seiner Rache an den Freiern die Zeit für gekommen hält, sich seiner Frau zu erkennen zu geben.

Ich erzähle die Geschichte v. a. wegen der Reaktion des Odysseus auf die Weigerung der Penelope, ihm, dem gewandten Erzähler, zuzuhören, als er ihr endlich *von sich* erzählen will. Odysseus verliert durch diese Weigerung gleichsam die Empfindung seiner selbst, den Sinn für seine eigenste Wahrheit. Sein inwendiger Boden gerät ins Wanken, er weiß nicht mehr sicher, ob er wirklich Odysseus ist. In Malerbas Darstellung hat er während seiner 20jährigen Abenteuer nie solche Selbstzweifel gekannt, wie sie jetzt über ihn kommen, als seine Frau das Wiedererkennen verweigert.

Ich lese die Geschichte sowohl als zeitgenössische wie als zeitlose Illustration der ebenso zeitlosen conditio humana, die auch in der Beziehungswirklichkeit der therapeutischen Praxis grundlegend da ist: Der Erzähler braucht den Zuhörer, wenn er aus seinem Leben erzählt, und das Lebendige gerät in Gefahr, wenn es keinen Widerhall, keine spezifische Wahrnehmung und Resonanz findet.

Literatur

Balint E, Norell JS (Hrsg) (1975) Fünf Minuten pro Patient. Suhrkamp, Frankfurt aM

Balint E, Courtenay M, Elder A, Hull S (1993) The doctor, the patient and the group: Balint revisited. Routledge, London

Balint M (1959) Angstlust und Regression. Klett, Stuttgart

Die Erzählungen aus den Tausend und ein Nächten. Vollständige deutsche Ausgabe in zwölf Bänden. Nach dem arabischen Urtext. dt. insel taschenbuch 224, Frankfurt aM (1976)

Gadamer HG (1975) Wahrheit und Methode, 4. Aufl. Mohr (Siebeck), Tübingen

Gadamer HG (1997) Lesebuch. Mohr (Siebeck), Tübingen

Hahn P, Jacob W (Hrsg) (1987) Viktor von Weizäcker zum 100. Geburtstag. Springer, Berlin Heidelberg New York

Lippe R z (1990) Oidipus und die verweigerte Seelenfahrt. Wiener Vorlesungen. Picus, Wien

Malerba L (1997) Itaca per sempre. Mondadori , Milano

Sapir M (1980) Soignant-soigné: le corps-à-corps. Payot, Paris

Stolze H (Hrsg) (1984) KBT - Die Konzentrative Bewegungstherapie - Grundlagen und Erfahrungen. Mensch und Leben. Berlin

Trenkel A (1992) Führt die unendliche Wissensvermehrung endlich zum Einstellungswandel? Psychother Psychosom Med Psychol 42: 315 - 321

Trenkel A (1997) Das Phänomen der Beziehung in der therapeutischen und pflegerischen Praxis. Gruppenpsychother Gruppendyn 33: 243 - 258

Winnicott DW (1993) Vom Spiel zur Kreativität. Klett, Stuttgart

Von der Wirklichkeit des therapeutischen Handelns

Helmuth Stolze

Wir versuchen in dieser Reihe, uns von verschiedenen Seiten der "Wirklichkeit" anzunähern. Es können dabei immer nur, wie es im Gesamtthema formuliert ist, einzelne Aspekte sein, von denen wir uns leiten lassen. Was für die ganze Reihe gilt, nehme ich auch für meinen Beitrag in Anspruch und greife aus der "Wirklichkeit des therapeutischen Handelns" nur einige Aspekte heraus.

Die Psychotherapie ist "in Wirklichkeit" anders

Zunächst kann man ganz einfach die Frage stellen: Wie sieht die Psychotherapie wirklich aus, dort, wo sie ambulant oder in der Klinik praktiziert wird? Das sollte eigentlich keine Frage sein, nachdem es jetzt "Richtlinien über die Durchführung der Psychotherapie in der kassenärztlichen Versorgung" gibt, Richtlinien, die über die Kassenpraxis hinaus mehr und mehr die Ausübung der Psychotherapie ganz allgemein definieren. Es sieht aber "in Wirklichkeit" anders aus - erfreulicherweise, möchte ich sagen -, als es nach diesen Richtlinien sein sollte. Es werden zur Förderung des therapeutischen Prozesses und zum Nutzen der Patienten Methoden angewandt, die es nach den Vorstellungen der "Richtlinien-Psychotherapie" gar nicht gibt, und es findet eine Kombination von Methoden statt, die es nicht geben dürfte. Dies trifft in besonderem Maß auf die tiefenpsychologisch fundierten, handlungsorientierten Verfahren zu, die in den "Richtlinien" (und auch sonst) wenig zutreffend als "körperbezogene Therapieverfahren" bezeichnet werden. Es wird in Wirklichkeit anders gehandelt und behandelt, als es nach außen zugegeben werden darf - insbesondere gegenüber den Kassen und den Gutachtern. Man macht möglichst kein Aufhebens davon, weil sonst die Kassen und die Beihilfe nicht zahlen und weil man sonst als Psychotherapeut in den Geruch des unseriösen Außenseiters kommt. Aber dadurch entsteht eine rechtlich anfechtbare und menschlich unwürdige Situation. Ein Teilnehmer an einem Rundtischgespräch beim Kongreß der "Arbeitsgemeinschaft Psychotherapeutischer Fachverbände" im Oktober 1997 in München brachte das Unbehagen an diesem Verheimlichen-Müssen auf die knappe Formel: "Ich möchte nicht mehr lügen müssen!"

Um dem abhelfen zu können, muß man sich einmal klarmachen, daß Gesetze, Verordnungen und eben auch Richtlinien sich immer nur auf Erfahrungen der *Vergangenheit* stützen können; sie können immer nur festlegen, was eigentlich schon hinter uns liegt. Deswegen sind sie nicht nutzlos, denn sie sind ein Orientierung-gebendes Element. Aber sie dienen nur dann der Gegenwart und der Fortentwicklung, wenn sie ständig interpretiert, verändert, "novelliert" werden. Denn die "Wirklichkeit" - das lehrt uns die moderne Physik - ist nicht ein in Objekten und "harten" Fakten Gegebenes, sondern ist ein Mögliches, aus dem der Einzelne jeweils seine für ihn sinnvolle Welt gestaltet. Das heißt für unsere Frage: Jede einzelne Therapie ist etwas Besonderes, Einmaliges, das sich aus vielfältigen Möglichkeiten im Hier und Jetzt der Therapiesituation entfaltet. Das ist extrem formuliert, denn selbstverständlich gibt es Methoden und Regeln, an die wir uns halten können, weil sie uns mit einer gewissen Wahrscheinlichkeit weiterhelfen. Aber diese Regeln müssen flexibel gehandhabt werden. Sie können als "Empfehlungen" und sogar als "Leitlinien" vorgegeben werden (Bauer 1998, Ulsenheimer 1998). Eine "Richtlinien-Psychotherapie" aber ist schon als Wort und Begriff ein Widerspruch in sich. Die therapeutische Aufgabe besteht doch gerade darin, den Patienten aus seinen "Richtlinien", d.h. seinen vorgefaßten Meinungen und erworbenen Fixierungen, zu befreien. Psychotherapie ist - das sollten wir nie vergessen - wie alles Lebendige ein offenes System und braucht diese Offenheit, um wirksam zu sein.

Zur Frage der Wirksamkeit der Psychotherapie

Das führt zum zweiten Aspekt meines Themas, zur Frage nach der Wirksamkeit der Psychotherapie, der heißumstrittenen Effizienz. Ich werde deren Probleme hier nicht ausbreiten, sondern nur auf eine grundsätzliche Problematik hinweisen: Groß angelegte Metastudien zur Effizienz der Psychotherapie in den USA (Lambert 1992) haben gezeigt, daß nur 15% der Besserungen von Psychotherapiepatienten auf den Einsatz umschriebener Methoden zurückzuführen sind. Auf diese 15% aber konzentrieren sich 95% aller Arbeiten aus der Effizienzforschung. Nur 5% der Forschungsarbeiten befassen sich mit den 30% Besserungen, die auf allgemeine Faktoren, wie Empathie, Wärme, Angenommensein und Ermutigung zum Risiko, zurückzuführen sind, mit den weiteren 40% Besserungen durch außertherapeutische Faktoren, wie einschneidende Veränderungen im Umfeld des

Patienten, soziale Hilfestellungen usw., und mit den 15% Plazeboeffekten. Ich möchte auf diese Fragen hier nicht näher eingehen. Wer sich speziell dafür interessiert, sei auf den Arbeitskreis um Butollo (1995) am Psychologischen Institut der Universität München verwiesen. Ich will mit diesen Zahlen nur zeigen, daß die Effizienzforschung, wie sie in der Regel betrieben wird, schon vom Ansatz her ziemlich schief liegt, weil sie sich auf etwas konzentriert, das gar nicht in erster Linie entscheidend für die wirkliche Wirksamkeit der Psychotherapie zu sein scheint. Daran hat sich trotz einer inzwischen intensivierten Forschung auf dem Gebiet der spezifischen Wirkfaktoren in der Psychotherapie noch nichts grundlegend geändert.

Das hat dann auch seine Rückwirkungen auf die Gestaltung der psychotherapeutischen Weiterbildung: Ist diese nicht allzusehr zentriert und eingeschränkt auf Methoden und deren theoretische Begründungen? Wo lernt der angehende Psychotherapeut die Flexibilität des Handelns, die er in der Wirklichkeit der Praxis und Klinik braucht? Wenn, dann in der Supervision! Der wesentliche Teil meiner Tätigkeit als Supervisor besteht in einer "Geburtshelfer"-Funktion, einem Hervorlocken und Kommenlassen eigener kreativer Einfälle des Supervisanden durch ein Erweitern des durch Theorien, Konstrukte und Richtlinien verengten "Geburtskanals" des Denkens, Fühlens und insbesondere des Handelns.

Ich meine, daß das, was Trenkel über die Beziehungswirklichkeit gesagt hat, für die Frage der Wirksamkeit der Psychotherapie viel entscheidender ist als die Ergebnisse der Effizienzforschung, wie sie uns heute meist vorgelegt werden.

Die Wirklichkeit des Handelns

Der dritte und mir wichtigste Aspekt meines Themas läßt sich durch eine bestimmte Betonung deutlich machen: Es geht mir um die Wirklichkeit des *Handelns* in der Psychotherapie. Die Erkenntnis, daß Wirklichkeit aus dem Möglichen subjektiv ge- und erschaffen wird, enthält sowohl eine große Chance als auch eine große Verpflichtung. Die Chance ist die Freiheit zur jederzeit möglichen Veränderung, ist die Freiheit, sich von alten Anschauungen zu lösen und neue Standpunkte einzunehmen. Das ist bekanntlich oft ein langer und beschwerlicher Weg: "Aber wer macht sich neu und zerschlüge sich nicht vorher", schrieb Rilke 1914 an Lou Andreas-Salome. Weigert man sich aber, diesen Weg zu gehen, so stiehlt man sich aus der Verpflichtung, eine selbstverantwortete Wirklichkeit zu schaffen. Änderung und Veränderung, das ist nach meinem Verständnis der Dreh- und Angelpunkt einer jeden psychotherapeutischen Behandlung.

Und es geht dabei - wie im Bild vom Dreh- und Angelpunkt zu sehen - um eine Bewegung. Wir müssen uns also therapeutisch immer fragen, wie wir eine wirklichkeitsfördernde Bewegung bewirken können.

Die Psychotherapie hat sich, beginnend mit den Entdeckungen der Psychoanalyse, zunächst ganz auf den Binnenraum des Menschen konzentriert. Freud hat, geleitet von einer reduktionistisch-wissenschaftlichen Zielsetzung, das Handeln in der Therapie hintangestellt. (Es gibt allerdings Zeugnisse, die belegen, wie menschlich treffend er in therapeutischen Situationen handeln konnte, wie beispielsweise der Dirigent Bruno Walter oder der Schriftsteller Bruno Goetz in ihren Lebenserinnerungen berichten.) "Handeln" wurde dann im theoretischen Gebäude der Psychoanalyse mit "Agieren" gleichgesetzt, mit einem Widerstand gegen die psychoanalytische Kur. Und wenn heute in der Psychoanalyse von "Probehandeln" gesprochen wird, so ist dies nicht mehr als eine Metapher - denn dieses "Probehandeln" bleibt auf Vorstellen und Phantasieren beschränkt, ist also kein wirkliches Tun.

Entgegen der psychoanalytischen Theorie, die weitgehend den Charakter eines Glaubensbekenntnisses annahm, blieb aber in der psychotherapeutischen Praxis von Anfang an das Handeln als ein unverzichtbares Ingrediens der Therapie beigemischt. Namen wie Sandor Ferenczi, Georg Groddeck, Gustav Richard Heyer, Johann Heinrich Schultz und Ernst Kretschmer, z. T. auch Wilhelm Reich - um nur einige zu nennen - stehen für diese Arbeitsweise. Und beim VI. Kongreß der Allgemeinen Ärztlichen Gesellschaft für Psychotherapie (Kretschmer u. Cimbal 1931) wurden nicht nur Referate über Autogenes Training gehalten, sondern auch über Gymnastik, Atemtherapie, Sport, Massage und Bäder im Rahmen psychotherapeutischer Kuren. Auch hier bei den Lindauer Psychotherapiewochen wurden die handlungsorientierten Verfahren von Anfang an gelehrt, und es bedurfte nicht erst der Verhaltenstherapeuten - die 1969 zum ersten Mal hier ihre Konzepte vorlegten -, um dem Tun einen Platz im therapeutischen Repertoire zu sichern.

Gleichwohl haftet dem Handeln in der Psychotherapie etwas an, das manchem Therapeuten nicht behagt, so daß er sich ihm verschließt - wenn er nicht sogar heftig dagegen polemisiert! Was da im Gange ist, werden wir später noch sehen.

Versuche

An dieser Stelle des Vortrags wurden einige kurze Versuche eingeschaltet, die den Zuhörern - und nun auch Handelnden - eigenleiblich die Wirkung des Handelns nahebringen konnten:

1. Sitzen, wenn möglich mit geschlossenen Augen, und Erspüren, was "Sitzen" ist. Dann eine Hand erspüren. Mit dieser Hand die andere Hand erspüren.
2. Dem Nachbarn etwas geben, das man gerade bei der Hand hat (Schlüssel, Schreibgerät, Geldbörse o. ä.), das vorher in seiner Qualität erspürt worden ist. Dann vom Nachbarn diesen Gegenstand zurückbekommen oder/und etwas von ihm bekommen.
3. Was ist erlebt worden? Verbaler Austausch mit dem Nachbarn über Empfindungen, Erfahrungen, assoziative Einfälle usw. während dieser Versuche.
4. Einige Bälle werden in Abständen ins Auditorium geworfen. Was geschieht mit diesen Bällen? Wie verändern sich Stimmung und Haltung der Zuhörerschaft (der Mitspielenden)?
5. Wie 3.

Was zeigen uns diese einfachen Versuche? Es werden Prozesse in Gang gesetzt. Wir begeben uns auf einen Weg, einen Weg zunächst zu uns selbst und dann - unter Benutzung von Gegenständen - auch von einem zum andern und zu den anderen. Unterschiedlich haben Sie sich eingelassen auf diese Versuche und entsprechend unterschiedlich-subjektiv haben Sie sie erlebt und mitgestaltet: "Endlich kann und darf ich mich bewegen, kann/darf etwas tun", bis hin zum: "Jetzt soll/muß ich mich auch noch bewegen, soll/muß etwas tun." Eine ganze Skala unterschiedlichster subjektiver Wirklichkeiten hat sich entfaltet, abhängig von Zustimmung über Gleichgültigkeit bis hin zu Ablehnung und Widerstand. Und es sind Ihnen dabei vielleicht auch Einstellungen und Haltungen erfahrbar geworden, die Sie mehr oder weniger schon an sich kennen, die also zu Ihren Verhaltensmustern und festgelegten (Wert-)Urteilen gehören. Manche mögen aber auch eine Lust verspürt haben, einmal etwas Neues, nicht Übliches auszuprobieren - wie es die Situation erlaubt hat (denn im allgemeinen erwartet man ja nicht, während einer Vorlesung mit Bällen spielen zu dürfen).

Und wenn ich mir jetzt Ihre Gesichter anschaue, so sehe ich, daß Sie im ganzen gelockerter, gelöster, wacher, lebendiger sind als vorher. Es ist eine Bewegung entstanden und die Wirklichkeit - Ihre je eigene Wirklichkeit - hat sich anders und neu gestaltet in Ihrem Mit-Handeln.

Tun im Naheliegenden

Skeptiker werden nun einwenden - und in jedem von uns steckt auch ein Skeptiker (das hoffe ich jedenfalls): Das ist ja alles recht schön und gut, aber das, was wir da so tun, geht doch nicht in die "Tiefe", berührt nicht das "Eigentliche". Ich könnte diesen Einwand abtun mit dem Hinweis: Wenn Sie in dieser Weise das Tun und Handeln in die Therapie einbeziehen, so werden Sie sich wundern, in welche biographischen und bedeutungsvollen "Tiefen" der Patient hinabtaucht, und zwar oft überraschend schnell. (Ich bin ziemlich sicher, daß auch bei einigen von Ihnen während unserer Versuche, besonders beim "Ballspiel", Erinnerungen aus Kinder- und Jugendzeiten aufgetaucht sind - begleitet von den unterschiedlichsten Gefühlstönungen.) Aber ich möchte Ihnen zu dem geäußerten Einwand auch einen Gedanken nahebringen, den Sie *hier* nachvollziehen können: Wir sind als Psychotherapeuten geschult, das "Eigentliche" *hinter* den Erscheinungen zu suchen. Wir senden die Boten unserer Anteilnahme und unseres Nachdenkens aus, um das "verborgene Wesen" dessen zu ergründen, dem wir uns gegenübergestellt finden. Und dabei übersehen wir allzu leicht das Naheliegende, uns in der Erfahrung, etwa im Symptom oder im Befinden des Patienten unmittelbar Gegebene, also das, was uns *im* Phänomen vor Augen liegt. Schauen Sie sich etwa einmal einen Patienten genau auf die Art und den Ort seiner Bewegungsblockierungen an, der zu Ihnen kommt mit der Klage: "Es *geht* nicht mehr", dann wird Ihnen "das Eigentliche" der Störung meist ziemlich schnell einsichtig.

In seinem Buch: "Der Tag, an dem mein Bein fortging" - ein Buch, das ich jedem Psychotherapeuten als Lektüre nur dringend empfehlen kann - schreibt Sacks (1989): "Die Lösung für das Problem des Gehens" (an dem er wochenlang gerätselt hatte) "ist - Gehen. Die einzige Möglichkeit, etwas zu tun, ist - es zu tun" (S. 151). Das klingt bestechend einfach. Aber ist es nicht so - trotz oder gerade in seiner Einfachheit? Weiter unten (S. 199) schreibt Sacks, "... daß alle Funktion in ein Handeln eingebettet und somit der Schlüssel zu jeder Therapie das Handeln ist, sei es nun spielerisch, ernsthaft, impulsiv, spontan, musikalisch, theatralisch - solange es nur Handeln ist." Und gleichsinnig formulierte schon vor fast 50 Jahren Viktor von Weizsäcker: "Es gibt meines Erachtens Gegenstände der Erkenntnis, welche nur zu erkennen sind durch Akte des Handelns". Wenn wir diese Sätze in ihrer vollen Bedeutung *wahr*nehmen, dann verändert sich die psychotherapeutische Wirklichkeit grundlegend! Denn dann suchen wir nicht mehr in erster Linie nach dem Warum und Woher einer Störung - etwas, das sich nach meiner Erfahrung im therapeutischen Prozeß ohnehin meist von selbst erschließt, wenn es überhaupt erschlossen werden muß. Wir versuchen vielmehr, *im* Phänomen der Störung ihr Wesen zu verstehen und zusammen mit dem

Patienten den Umgang mit der Störung handelnd zu verändern. (*Nach*denken ist dabei nicht nur erlaubt, sondern genauso notwendig wie in jeder anderen, mit Sorgfalt betriebenen Psychotherapie!)

Damit wir uns recht verstehen: Das, wovon ich spreche, ist keine Verhaltenstherapie. Es geht beim Handeln in der Psychotherapie, so, wie ich es hier meine, nicht um Anweisungen und Strategien einer Verhaltensänderung mit dem Ziel einer verbesserten Anpassung an die "Realität"; das Ziel ist vielmehr *die Entwicklung des Willensbereiches.* Wieviele Therapien dümpeln nicht monate- und jahrelang so vor sich hin: Es wird geredet, interpretiert, geträumt und assoziiert, alles wird erfühlt und verstanden - nur es ändert sich nichts! Ich denke, Sie kennen solche Verläufe und haben unter ihnen gelitten. Hier fehlt es nicht an Einsichtsfähigkeit und Gefühlsbereitschaft. Die Stagnation solcher Therapien beruht vielmehr auf einer Schwäche oder Blockierung des Willens. Und die Lösung heißt hier eben: "Die einzige Möglichkeit, etwas zu tun, ist - es zu tun".

Handeln - Wollen - Können

"Tun" und "Handeln" sind dabei klar abzugrenzen von "Machen". Macher, oder wie man heute eleganter sagt: Manager, haben wir genug. Handelnde Therapeuten sind keine Macher, die einen Prozeß von außen steuern, sondern sind Mitspieler, Mitwirkende. Die therapeutische Beziehung als eine conditio humana - wie sie Trenkel versteht - wird mit dem Handeln um die konkret-leibhaftige Dimension erweitert. Das ist nun nicht eines jeden Therapeuten Sache. Nicht jeder ist zu jeder Zeit sich seiner Leiblichkeit so sicher, als daß er sie in den therapeutischen Prozeß einbringen könnte. Hier für sich eine persönliche, ihn schützende Grenze zu ziehen, ist dem Therapeuten nicht nur erlaubt, sondern das ist sogar notwendig. Schließlich dürfen wir uns auch als Therapeuten unsere Wirklichkeit gestalten! Da braucht es keine weiteren Begründungen, die sich noch dazu meist als Scheingründe entlarven lassen, da sie sich aus vorgefaßten Meinungen, Theorien (Stichwort: "Abstinenz") oder sogenannter "Wissenschaftlichkeit" herleiten.

Als Mithandelnder tritt der Therapeut als denkender, fühlender und wollender Mensch auf im therapeutischen Feld. Gerade durch sein Mitwirken schafft er einen geschützten Raum, in dem der Patient ausprobierend lernt zu handeln und so seine Fähigkeit entwickeln kann zu wollen.

Wollen, das ist eine der wichtigsten "Ressourcen" unseres Lebens, weil es uns an die Möglichkeiten des Lebendigen heranführt, an die "Potentialität" der Wirklichkeit. Dieser Begriff, so trocken-wissenschaftlich er auch klingen mag, ist doch gut gewählt, weil er - entsprechend dem lateinischen "posse", von dem er sich herleitet - nicht nur das "Ermöglichen", sondern auch das "Können" meint. Und dieses Können weist eine Eigentümlichkeit auf, die für die psychotherapeutische Arbeit besonders wichtig ist: Es ist zielgerichtet. Tun, Handeln, Wollen und Können sind wie Flüsse, die eine Landschaft gliedern und ihr eine Ausrichtung geben. Gliedern heißt: Entscheiden und Ordnen, und schließt ein, was ein Patient einmal so ausgedrückt hat: "Alles, was ich wirklich tue, hat einen Sinn". Handeln als selbstverantwortliches Wählen aus dem Möglichen gibt dem Leben einen Sinn. Das ist kein "Sinn", den wir einem Menschen von außen anbieten; es ist ein Lebenssinn, der sich dem Patienten im Handeln selbst erschließt.

"Handeln in der Psychotherapie" heißt also: Mit dem Patienten in die Erfahrung eintauchen, daß aus dem Tun ein Können erwächst, zuerst vielleicht nur erahnt als Möglichkeit, aber immer mehr als die Gewißheit, wollend aus der Fülle der Möglichkeiten eine eigene sinnvolle Wirklichkeit zu erschaffen. Das ist die Bewegung, die ich als einen Dreh- und Angelpunkt jeder psychotherapeutischen Behandlung ansehe, weil sie Veränderung bewirkt.

Therapeutisches Handeln fördert Flexibilität und Intuition

Ich hoffe, daß aus dem, was ich bisher über das Handeln in der Therapie ausgeführt habe, klar geworden ist, daß ich nicht für ein Handeln an sich eintrete. Es stellt für mich allein noch keinen Wert dar. Es muß, um die Wirkungen entfalten zu können, die psychotherapeutisch erzielt werden sollen, eingebettet sein in das gesamte Erleben eines Menschen. "Unbedingte Tätigkeit, von welcher Art sie sei, macht zuletzt bankerott", gibt der dem Tätigen sonst sehr zugeneigte Goethe in seinen "Maximen und Reflexionen" (Nr. 1081) zu bedenken. Ferner könnten Worte wie "Möglichkeiten", "Spielen" oder "Ausprobieren" dazu verleiten, das Handeln in der Therapie als eine "Möglichkeitsspielerei" (eine Formulierung Gottfried Benns) mißzuverstehen. Durch Handeln kann sich ein Freiheitsraum auftun. *Diese* Freiheit ist dabei immer als eine "Freiheit wozu" und nicht bloß als eine "Freiheit wovon" gemeint!

Die therapeutisch förderliche Bewegung kann aber nur dann zustande kommen, wenn die Psychotherapie wie alles Lebendige ein offenes System bleibt. Es wird notwendig sein, daß wir für *diese* Wirklichkeit eintreten und Widerstand leisten gegenüber allen Tendenzen, die diese Offenheit einschränken wollen. Wachsamkeit ist notwendig gegenüber allen Anpassungsversuchen an die sog. Realität. Wir sind psychotherapeutische Be-handler und dürfen uns nicht eingliedern lassen in die Reihen der Verteilungskämpfer und Zahlenjongleure, wie sie derzeit das Feld des Gesundheitswesens besetzen. Denn sonst verlieren wir die Flexibilität, die Fähigkeit zum spontanen Einfall und damit die Verbindung zu einer wesentlichen Grundlage unseres Arbeitens, zum Schöpferisch-Intuitiven. Es ist ein großes Vorrecht unseres Faches, daß wir das intuitive Denken gleichberechtigt neben das naturwissenschaftlich-rationale stellen dürfen. Eigentümlicherweise sind es nicht nur Dichter und Philosophen, sondern viel mehr Naturwissenschaftler und Wissenschaftstheoretiker, die sich neuerdings zu Sprechern dieser Gleichberechtigung machen. Zwei Belege dafür:

In einem nur 124 Seiten umfassenden, aber gewichtigen Buch schreibt der von der Quantenphysik herkommende englische Wissenschaftstheoretiker Bortoft (1995):

"Der wirkliche Wert seines [Goethes] originären Zugangs zur Naturwissenschaft liegt darin, daß es eine neue Art ist, Wissenschaft zu treiben, und eine neue Art, die Natur ganzheitlich zu betrachten. Als solche gehört sie in die Gegenwart, nicht in die Vergangenheit. Sie ist ein originäres Ereignis des Erlebens, an dem wir lernen können teilzunehmen. Indem wir sehen, wie die Philosophie der wissenschaftlichen Erkenntnisweise Goethes durch die zeitgenössische europäische Philosophie erhellt wird, besonders aber, wie die Psychologie dieser Naturwissenschaft sich durch jüngere Untersuchungen zur Psychologie des Bewußtseins klärt, beginnen wir anzuerkennen, daß sie ein authentischer Wissenschaftsweg eigenen Rechts ist. Die Wissenschaft, die zum intuitiven Denken und zum ganzheitlichen Bewußtsein gehört, kann Aspekte der Naturphänomene enthüllen, die dem verbal-intellektuellen Verstand und dem analytischen Bewußtsein verborgen bleiben *müssen*" (S. 103).

Und bei dem Physiker Dürr (1995) finden wir die Sätze:

"Um das Komplexe in seiner Gesamtheit zu erfassen, ist eine Zusammenschau notwendig. Diese Zusammenschau wird vorbereitet durch vielfältige Spiegelungen und Überlagerungen von unterschiedlichen Betrachtungsweisen. Die eigentliche Zusammenschau, die Synthese aller dieser partikulären Erfahrungen, erfordert darüber hinaus eine echte Nachschöpfung, die durch unsere prinzipielle Fähigkeit zur intuitiven Erfahrung ermöglicht wird" (S. 109).

"Ganzheitliches Betrachten", "intuitives Denken", "ganzheitliches Bewußtsein", "Zusammenschau", "Fähigkeit zur intuitiven Erfahrung" - das sind die Stichworte, auf die es mir hier ankommt. Was "Wirklichkeit" für jeden Menschen ist, das kann er nicht erschließen durch ein Addieren von Einzeleindrücken. Es ist vielmehr gegeben in einem Ganzen. Dieses Ganze aber erfassen zu können, ist dem intuitiven Bewußtsein vorbehalten.

Handeln - das ist das Eigentümliche daran - fördert nun in besonderer Weise das Intuitive. Das ist eine Erfahrung, und ich wüßte auch nicht sicher zu sagen, warum das so ist. Ich vermute - und das würde sich mit den Anschauungen der Physiker decken - , daß die dem Handeln innewohnende Bewegung das Nichtsubstantielle, die Formen und Strukturen also, hervorruft. Das hängt zusammen mit dem öffnenden Charakter des Tuns: Jeder Schritt, den wir versuchsweise in ein Neues hinein wagen, führt uns nicht sogleich zu Gewißheiten, sondern zuerst in einen Bereich von Ahnungen, die wir eben nur intuitiv erfassen können. Dieses allmähliche und schrittweise Eindringen zeigt uns aber auch, daß "Intuition" nicht wie ein heiliger Geist über uns kommt, sondern uns gegeben wird nach intensiver Bemühung, vielfach erneuter Schritte des Versuchens, Erprobens und Übens - und dann wieder der Überwindung allen Bemühens durch Loslassen!

Wir können durch unsere Überlegungen also auch erkennen, *wie* Handeln an dem Prozeß der Erschaffung der Wirklichkeit beteiligt ist. Das gilt für das Leben jedes einzelnen Menschen und gilt besonders für die Therapie. Denn hier ist es ja unsere Aufgabe, den Zerfallskräften einer Störung oder Krankheit gegenüber das Heilende eines Ganzen zu entwickeln.

Das handelnde Wort

Nachdem ich nun so nachdrücklich und einseitig für das Handeln in der Psychotherapie eingetreten bin, ist es notwendig, mit einem Hinweis auf die therapeutische Bedeutung des Wortes das Gleichgewicht wieder herzustellen. Das Wort er-gänzt das Handeln, wie das Handeln das Wort er-gänzt - das heißt: zu einem Ganzen macht. Ich schätze und benutze den verbalen Zugang in gleicher Weise wie den handelnden und versuche beides miteinander zu verbinden. Dieses Verbinden ist mein Anliegen. Und das ist nur *logisch* - denn in dem "logos, der im Anfang war" (Johannes-Evangelium) ist beides enthalten: das Wort und seine Verwirklichung. "Logos", das ist das handelnde Wort, erschafft Welt und Wirklichkeit. Wort und Tat, beides erwächst aus einer letztlich nur intuitiv zu erfassenden, vorgegebenen "Ganzheit". Ich habe es immer als etwas Befriedigendes empfunden, wenn ich - trotz aller Belastungen, die es mit sich gebracht hat, und trotz aller Fehler, die mir dabei unterlaufen sind, - als ein gleichzeitig naturwissenschaftlich-rational und künstlerisch-intuitiv Sprechender und Handelnder an dem Prozeß der Gestaltung neuer Wirklichkeiten für den Patienten mitwirken konnte.

Literatur

Bauer H (1998) Leitlinien als Grundlage rationalen ärztlichen Handelns. Bayer Ärzteblatt 1: 3-8

Bortoft H (1995) Goethes naturwissenschaftliche Methode. Freies Geistesleben, Stuttgart

Butollo W (1995) Therapieentwicklung - Ein semi-empirischer Ansatz in der Therapieforschung. Bericht über den 39. Kongreß der Deutschen Gesellschaft für Psychologie, Hamburg 1994. Hogrefe, Göttingen Bern Toronto Seattle

Dürr HP (1995) Naturwissenschaft und Poesie - Begreifen und Spiegeln der Wirklichkeit. In: Dürr HP (Hrsg) Die Zukunft ist ein unbetretener Pfad. Herder, Freiburg i. Br.

Kretschmer E, Cimbal W (Hrsg) (1931) Bericht über den VI. Allgemeinen Ärztlichen Kongreß für Psychotherapie, Dresden 14. - 17. Mai 1931. Hirzel, Leipzig

Lambert MJ (1992) Psychotherapy Outcome Research: Implications for Integrative and Eclectic Therapists. In: Norcross JC (ed) Handbook of Psychotherapy - Integration. Basic Books, New York

Sacks O (1989) Der Tag, an dem mein Bein fortging. Rowohlt, Reinbek

Ulsenheimer K (1998) "Leitlinien, Richtlinien, Standards" - Risiko oder Chance für Arzt und Patient. Bayer Ärzteblatt 2: 51-56

Weizsäcker Vv (1986) Soziale Krankheit und soziale Gesundheit. In: Achilles P, Schrenk M, Weizsäcker CFv (Hrsg) Gesammelte Schriften, Bd 8. Suhrkamp, Frankfurt aM

Das Entstehen der Wirklichkeit im Anschauen

Grenz-Erfahrungen in der Kunst

Michael Bockemühl

Wenn man über das Entstehen der Wirklichkeit im Anschauen sprechen will, liegt darin eine nicht gerade anspruchslose Behauptung und - was das praktische Vorgehen betrifft - auch ein Widerspruch. Über Wirklichkeit zu sprechen, ist zumindest ein Konzept, das sehr leicht statt sie zu klären, mit ihr kollidiert. Denn Wirklichkeit betrifft zuallererst die Erfahrung. Und erst recht, wenn es sich darum handeln soll, verschiedene Qualitäten von Wirklichkeit zu beachten, und uns über ihre ggf. unterschiedlichen Wirkungsweisen zu verständigen, erscheint ein rein theoretisch geführter Diskurs problematisch. Dagegen scheint mir eine Chance darin zu liegen, die hier anzustellenden Beobachtungen an mehr oder weniger bekannte Erfahrungen anzuknüpfen. Dabei sollen diese Erfahrungen hier selbst - mehr als die Worte - zum Verständigungsmittel über Wirklichkeit dienen in der Hoffnung, daß es das geeignete Verständigungsmittel ist, da es sich eben um Erfahrungen handelt.

Und so bitte ich um Ihr Verständnis, wenn ich Sie nun mit einer gewissen Übergangslosigkeit nicht nur als Leser behandle, sondern Sie von vornherein mit involviere in das eine und oder Erfahrungsexperiment.

Ich habe dabei durchaus auch die Hoffnung, daß sich die eine oder der andere von Ihnen zu einer Antwort hinreißen läßt - obschon diese Fragen recht einfach klingen.

Die erste Frage: Woran sehen Sie, daß Sie sehen?

Teilnehmer: Sie!

Bockemühl: Meinen Sie mit Sie, daß Sie mich hier sehen? - O danke. Wenn die Tatsache, daß Sie mich sehen, der Grund ist, woran Sie sehen, daß Sie sehen - dann sollte ich wohl möglichst dauernd in Ihrer Gegenwart bleiben.

Nochmals: Woran sieht man, daß man sieht? - Vielleicht finden Sie das Gemeinte eher, wenn Sie bereit sind, für einen kleinen Augenblick die Augen zu schließen und dann wieder zu öffnen: Worin liegt der Unterschied?

Teilnehmer: Ein großer Unterschied!

Bockemühl: Worin aber besteht er? Sie bemerken, ganz so einfach ist die Antwort nicht. Denn wenn Sie sehr aufmerksam sind, kann Ihnen auffallen, daß das Sehen auch bei geschlossenen Augen nicht aufhört. Was also macht den Unterschied aus für das Sehen mit offenem und das mit geschlossenen Augen?

Teilnehmer: Mit offenen Augen sehe ich richtig und mit geschlossenen Augen - eher nicht.

Bockemühl: Dem werden wohl alle beipflichten. Aber lassen wir es zunächst dabei bewenden und halten nur fest, daß die Frage: Woran sieht man, daß man sieht nicht so unmittelbar - auf jeden Fall nicht einfach so morgens um halb 9 Uhr - zu beantworten ist.

Die zweite Frage: Was sieht man - wenn man sieht?

Teilnehmer: Jeder sieht etwas anderes.

Bockemühl: Gut, knüpfen wir also an das Sie von vorhin an, um auf den Punkt zu bringen, wie Sie das wohl meinen: Sie sehen mich hier stehen und 120 andere Menschen auch. Sollte jeder tatsächlich etwas anderes sehen - was ist dann mit mir? Bin ich dann immer etwas anderes? Gibt es mich dann 121mal?

Ich frag ja nur wortwörtlich und damit zugegebenermaßen blöd zurück. Wie meinen Sie es wirklich?

Teilnehmer: Ich meine, daß jeder Mensch von einem Menschen, den er sieht, einen unterschiedlichen Eindruck hat. Jede Person wird verschieden wahrgenommen. Deswegen werden auch die Antworten auf Ihre Fragen immer verschieden sein.

Bockemühl: Was den je verschiedenen Eindruck betrifft, den eine gesehene Sache auf uns macht, da sind wir uns völlig einig: Da ist vor uns das Sehfeld. Gleichwie, wir nehmen nicht alles mit gleicher Intensität auf. Wir selektieren, setzen Prioritäten, wir filtern - und dieses macht jeder anders. Es geschieht das auf so persönliche Weise, daß man dieses Filtersystem bereits als das Ich bezeichnet. Zumindest können Sie bei Oliver Sacks derlei lesen. Ihre Antwort bezieht sich jedoch auf die tatsächlich sehr unterschiedliche Weise der Reaktion auf das, was man sieht. Meine zweite Frage zielt aber schlicht auf das Was des Sehens. Was sieht man, worauf fällt das Auge?

Teilnehmer: Ich sehe Linien und ich kombiniere das zu etwas Ganzem. Aber sehen - ich sehe eigentlich nur Linien.

Bockemühl: Nur Linien? Und woran sehen Sie die Linien - wenn Sie überhaupt Linien sehen können?

Teilnehmer: Also, eigentlich nicht die Linien, ich sehe Umrisse.

Bockemühl: Und woran sehen Sie die Umrisse?

Teilnehmer: An unterschiedlichen Farben.

Bockemühl: An unterschiedlichen Farben, an der Abgrenzung verschiedener Farben. Und diese Grenzen, die nennen wir Linien. Wäre ich hier also völlig uni - mein Anzug, Hemd, Krawatte, aber auch Gesicht und Haare - alles in ein und derselben Farbe, ggf. genau so blau wie der Vorhang hinter mir, dann wäre mit dem Sehen nicht mehr viel los. Sie hätten dann wohl auch alles Genannte noch vor sich. Sie könnten es aber nicht unterscheiden und selektieren. Die Linien als die Grenzen der Farbeinheiten sind also auch nicht unmittelbar das, was man sieht. Primär ist die Farbe. Für das Sehen ist die Farbe das Primärphänomen. Aber im konkreten Erleben tritt ja mehr ins Bewußtsein als nur Farben mit ihren Umrissen. Sie haben vorhin schon gesagt, daß man Ergänzungen macht, Ergänzungen, die so weit gehen, daß man zumeist nicht weiß, daß man primär nur Farben sieht.

Teilnehmer: Licht und Schatten.

Bockemühl: Licht und Schatten. Und woran - verzeihen Sie meine Hartnäckigkeit - sehen Sie Licht und Schatten?

Teilnehmer: Am Unterschied.

Bockemühl: Am Unterschied - doch wieder nur von Farben. Für das Sehen gibt es primär nur Farbe, auch wenn Sie sich nach Licht und Schatten umsehen. Wenn Sie Ihren Nachbarn aber anschauen: Handelt es sich dabei dann auch nur um Farbe oder Licht und Schatten? Oder wie geschieht das?

Teilnehmer: - und Bewegung.

Bockemühl: Bewegung als Veränderung der Farben und ihrer Grenzen. Aber was machen Sie, wenn Ihr Blick auf Ihren Nachbarn oder Ihre Nachbarin fällt? Sagen Sie dann: Guten Morgen, Bewegung, Farbe, Licht und Schatten? - Im konkreten Erleben tritt doch immer mehr als dieses ins Bewußtsein. Nennen wir dieses Mehr einmal die Gegenstände, die Dinge.

Teilnehmer: Wir nehmen, wenn wir Farben, Licht und Schatten, Bewegung sehen, Beziehungen zu etwas auf.

Bockemühl: Wir nehmen Beziehungen zu etwas auf, was sich durch Farbe, Licht und Schatten kenntlich macht. Genauer: Wir beziehen das primär Sichtbare auf ein Etwas, eine Einheit, die wir damit zugleich von allem anderen abheben. Z.B. dieser Blumenstrauß, er wird wohl etwas anderes sein als dieses Pult; und wenn ich hier auf der Bühne stehe, werden Sie mich auch nicht als Teil der Bühne ansehen, weil ich ja die Füße davon abheben kann - wenigstens für kurze Zeit. Und auch von meiner Brille denken Sie sicher nicht, daß ich mit ihr geboren bin, sondern daß sie etwas für sich ist. Was sieht man aber, wenn man die Dinge sieht?

Vielleicht machen Sie ja doch mal das kleine Experiment. - Verzeihen Sie, das grenzt jetzt schon an Didaktik. Aber nehmen Sie es mir nicht übel. - Das Experiment ist so einfach, daß man es auf jeden Fall einmal ausprobiert haben sollte. Und Sie wissen dann am besten, was hier gemeint ist.

Wenden Sie sich Ihrer Nachbarin oder Ihrem Nachbarn zu und beobachten nicht das Gesicht vor Ihren Augen, sondern die Weise, wie Sie dieses Gesicht ansehen. Wohin blicken Sie, wenn Sie den anderen sehen wollen? Man kann das natürlich sehr gründlich gemeinsam analysieren. Aber hier kommt es nur darauf an, eines der Probleme des Sehens und damit eines der Wirklichkeitserfahrung zu bezeichnen.

Teilnehmer: Man sieht in die Augen.

Bockemühl: Sie machen geltend, daß man sich in die Augen sieht. Das wird immer wieder betont. Aber das macht man nur sehr kurz - es sei denn, Sie hätten vielleicht bereits eine besondere Beziehung geknüpft und würden sich nun darein vertiefen.

Aber wenn Sie sich konzentrieren und darauf achten, was der Blick macht, so bemerken Sie, daß er nicht nur an einer Stelle haftet, sondern immer herumschweift, und dieses noch nicht einmal kontinuierlich. Er hüpft. Man macht bei diesem Springen sogar sehr oft noch die Augen zu - zumindest einen Lidschlag lang. Und da der Nebenmensch nicht nur aus einem Gesicht besteht, werden Sie sicher auch blitzschnelle Schweifbewegungen mit Ihren Augen machen zu den Händen, Knien, Schultern usw.. Dabei gibt es übrigens auch sehr verschiedene Selektionsmuster.

Um es abzukürzen. Sie wissen, daß wir im Sehfeld immer nur einen sehr kleinen Bereich scharf stellen können, sozusagen nur unseren Aufmerksamkeitsfokus. Wenn der nun - wie so eben nochmals experimentiert - mit kaum geplanter Selektion hin- und herschweift und konkret nur mit unterschiedlichen Farben konfrontiert ist, was kann dabei denn als Wirklichkeit sichtbar werden?

Teilnehmer: Die Gestalten.

Bockemühl: Ja durchaus. Wir fassen tatsächlich unter diesen Umständen sogar ganzheitliche Gestalten. Wir beziehen Farben, Umrisse, Bewegungen sowie den jeweils scharf gestellten Punkt unseres Sehfelds auf Gestalten und können diese auch benennen. Alle diese einzelnen Elemente können wir Heinrich Meier nennen, wenn der Nachbar so heißt. Aber wir können weder eindeutig angeben, wie wir sehen, noch wohin, ja nicht einmal genau, was wir sehen. Und alles dieses zusammen soll die zu erfahrende Wirklichkeit sein?

Damit bin ich bei der dritten Frage: Von wo aus sieht man die Welt?

Immer wieder wird bei dieser Frage geltend gemacht, wir sehen "nach draußen". Aber wo befindet sich dann das Innen, von dem aus wir "nach draußen" blicken? Die Frage verschärft sich, wenn man sich fragt, ob man tatsächlich mit innen "im Kopf" meint und damit als innen bezeichnet, was vom eigenen Körper umschlossen ist. Aber inwiefern ist das vom Körper Umschlossene mehr innen als alles andere? Wir können uns im eigenen Körper ja nicht umsehen? Sie können auch nicht, um einen anderen Menschen zu sehen, ihm durchs Auge "nach innen" hereinsehen. Denn da sehen Sie doch nur wieder etwas Äußeres, nämlich das Auge, die Pupille oder höchstens den Augenhintergrund und nicht den Nachbarn selbst.

Und doch ist es sehr oft entscheidend, den Anderen wirklich zu sehen. Und, gemessen daran, wie unbewußt dies alles verläuft, funktioniert unsere Kommunikation oft ganz erstaunlich gut. Andererseits - wie will man mit einem Patienten bewußt umgehen, wenn man nicht einmal angeben kann, wohin man blickt, wenn man ihn sehen will, und von wo aus man ihn als Wirklichkeit erfaßt? Was also ist, was wir normalerweise Wirklichkeit nennen?

Teilnehmer: Das, was wirkt!
Bockemühl: Sehr wohl. - Doch wie nehmen wir das wahr?

Und damit stelle ich meine vierte Frage; die allerdings spitzt das Problem noch weiter zu: Ist Wirklichkeit sichtbar?

Sie bemerken sicher, daß diese Frage in der Folge der anderen Fragen nicht abzuweisen und wohl sehr schwierig zu beantworten ist - schwierig, da wir alle mehr oder weniger stillschweigend voraussetzen, daß sich Wirklichkeit an wahrnehmbar Vorhandenem mißt, uns aber aus dem bislang Erwogenen dieses Vorhandensein als ein fester Bestand fraglich erscheinen muß.

Das Vertrauen in die Wirklichkeit als einen festen Bestand sitzt sehr tief - das Vertrauen in die Wirklichkeit als das Andere, von uns nicht Beeinflußte, das von unserer Subjektivität Unabhängige, Unbetroffene, in das wir - wollen wir es erkennen - auch nicht glauben eingreifen zu dürfen. Es gilt uns geradezu als Voraussetzung für das Erfassen der objektiven Wirklichkeit, daß wir sie nur ohne das diese erfahrende Subjekt definieren - fast so, als könnte diese reine Objektivität schon durch das notgedrungen subjektive Sehen ein bißchen angeschmutzt werden. Notgedrungen sage ich, weil ein jeder doch nur selbst sehen kann.

Andererseits ist meine im Titel des Vortrags angekündigte Behauptung, die Wirklichkeit entstehe im Anschauen, im höchsten Maße problematisch. Radikal konstruktivistisch könnte sich jedes Subjekt seine Wirklichkeit dann nach eigenen Kriterien herstellen, wie er es eben muß oder wie es ihm beliebt. Vom Vorhandenen muß man dann nicht ausgehen, weil immer im Anschauen gerade das entsteht, was eben entstehen soll - das kann nicht gemeint sein und ist nicht gemeint.

Denn wie würden die verschiedenen vom jeweiligen Subjekt abhängigen Wirklichkeiten denn dann zueinander stehen oder ineinanderpassen?

Eine solche Gegenüberstellung der Vorstellung einerseits einer rein objektiven und andererseits einer vom Subjekt jeweils willkürlich zu konstruierenden Wirklichkeit überspitzt hier die Sache der Deutlichkeit halber. Soll das eine oder das andere gelten? Wie verhält es sich tatsächlich? Darüber läßt sich streiten und darüber ist auch viel gestritten worden. Wichtig für uns ist nur, daß beide Konzepte ihre begrenzte Berechtigung haben und mithin beide fraglich sind. Wie man dazu Stellung nimmt, ist daher nicht so sehr interessant. Ich möchte heute nur auf einige Erfahrungsmöglichkeiten verweisen, unter denen sich Anhaltspunkte für eine Lösung dieses Widerspruchs ergeben können.
Wie nehmen wir Wirklichkeit wahr?

Wie wirkt sie? Was ist daran - wenn Sie so wollen, wirklich wirklich? Eine kleine Folge von Erfahrungen, wie sie durch Kunst eröffnet werden können, kann hier besonders aufschlußreich sein.

Ich zeige Ihnen jetzt gleich dort an der noch halbweißen Leinwand ein sog. Dia. Sie können sich vorstellen, daß dort gleich etwas anderes zu sehen ist als jetzt. Deswegen bitte ich Sie, da schon einmal so draufzusehen. Ich werde Ihnen das Dia dann ganz plötzlich zeigen.

Wir sind normalerweise dazu erzogen worden, auch immer gleich zu wissen, was man sieht, wenn man etwas sieht. Und wer das sehr gut kann und dieses als System voll beherrscht, den nennt man sogar Wissenschaftler. Was wir in dieser Hinsicht können, ist sehr weit entwickelt. Aber jetzt bitte ich Sie, entgegen dieser Fähigkeit den Versuch zu machen, das, was da gleich aufleuchten wird, mit allem Ernst des Wortes nicht zu erkennen.

Damit Sie wissen wie das gemeint ist, und weil dieses Experiment oft schon vorbei ist, ehe man es erwartet, vorab noch eine kleine Vorübung: Ich stelle eine mathematische Aufgabe, wobei ich Sie bitte, das Ergebnis versuchsweise nicht zu denken. Also bitte nicht stolz sein, wenn man es herausbekommt, sondern im Gegenteil : 5 + 2 = - ? -

Ist jemand so begnadet, das Ergebnis noch nicht erraten zu haben? Ich spreche von Begnadetheit, weil es uns kaum möglich ist, den Gedanken der Aufgabe ungelöst anzuhalten. Der läuft nahezu unaufhaltsam wie automatisch ab. (Und so bitte ich nun also das Bild, das jetzt aufleuchten wird, nicht zu erkennen.)

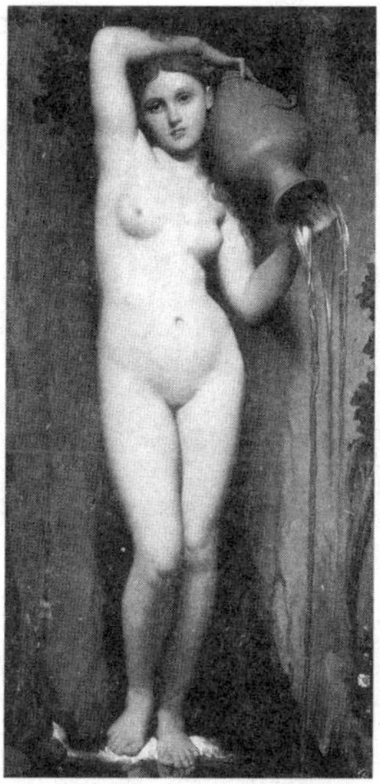

Abb. 1. Dominique Ingres: Die Quelle, 1856, auf Leinwand, 163 x 80 cm, Paris, Musée d' Orsay)

Wem gelingt es? Was sehen Sie?

Teilnehmer: Einen Gegenstand.

Bockemühl: Wissen Sie, das ist schon - sagen wir mal - eine recht gehobene Antwort. Aber zum Glück noch das, was ich hören wollte. Denn Sie haben natürlich unrecht - worauf wir gleich zu sprechen kommen. Aber wenn schon Gegenstand, so wird hier kaum jemand so verstockt sein, ihn nicht auch zu benennen. Man hat kaum eine Chance, nicht ein Mädchen zu sehen.

Der Maler hatte auch nichts anderes im Kopf als genau das zu bewirken. Was man sieht, soll zugleich begriffen werden, und zwar eindeutig und komplett.

Und doch ist da kein Mädchen - kein Gegenstand. Und uns ist auch bewußt, daß es sich um nichts anderes handelt als um Farbe und Form. Was wir trotzdem benennen, das Mädchen, ist vorgestellter Zutrag.

Das Schöne bei der gegenständlichen Kunst ist, daß man das Wissen von der Scheinhaftigkeit akzeptiert. Es hat Tradition, vom Schein der Kunst zu sprechen, weil sie von dem, was sie zeigt, nur eine Teilwirklichkeit zeigt. Nämlich hier die wunderbare Form und Farbe und die Differenz der Helligkeiten, so schön, daß man die Verteilung eigentlich gar nicht besser treffen könnte, wenn man die Vorstellung eines weiblichen Körpers damit verbindet. Aber sichtbar ist das Mädchen nicht, denn es ist keines da. Oder ist keines da, weil es nicht anders als nur sichtbar ist? Entscheidend soll im Moment nur sein, daß selbst unter dem klaren Wissen, daß es sich nur um Farbe und Form handelt, nahezu zwangsläufig die Aussage ergibt, ein Gegenstand sei zu sehen. Das Gesehene und das Begriffene wirken dabei wie eine fraglose Einheit.

Die nächste Abbildung ist nun ohne distanzierende Aufgabenstellungen. Denn Sie werden das Bild bereits selbst so strukturiert sehen, daß es sein Problem mitzeigt.

Abb. 2. René Magritte: Die Blankovollmacht. 1965, auf Leinwand, 81x 64 cm, Washington, Mr. and Mrs. Paul Mellon Collection

Vielleicht schon bei einer kurzen oberflächlichen Betrachtung werden Sie feststellen, daß z. B. das hier dargestellte Pferd in einem eigenartigen Verhältnis zu den Bäumen steht, aus denen der hier dargestellte Wald besteht. Normalerweise fragt man in solchen Situationen: Fällt Ihnen irgend etwas auf ?

Das Pferd hat vorn ein ganz ordentliches Vorderteil vor einer Waldkulisse. Aber was schließt zur Mitte hin an dieses Vorderteil? Wie würden Sie das bezeichnen? Hat das Pferd hier nicht eine senkrechte Lücke? Solche Lücken kennt man allerdings bei ordentlichen Pferden weniger, denn die sind meistens durchgängig. Was ist hier los?

Teilnehmer: Die Landschaft ist hier im Vordergrund.

Bockemühl: Sie sagen, die Landschaft, die den Hintergrund des Pferdes bildet, sei an dieser Stelle vor das Pferd gezogen. Dabei stellen Sie sich auch sicher vor, daß das Pferd wie ein ordentliches nicht gemaltes Pferd durchgängig ist, keine Lücke hat. Oder hat das Pferd doch eine Lücke? Darauf finden wir wohl kaum eine endgültige Antwort.

Entsprechendes gilt, auch für das Hinterteil des Pferdes, insbesondere für die hinteren Läufe im räumlichen Verhältnis zu den großen und kleinen Bäumen: Die Einheit von Anschauung und Begriff - bei Ingres' Quellnymphe scheinbar so geschlossen - wird heimtückisch attackiert. Da wir nicht in der Lage sind, das Pferd und den Wald gegenständlich nicht zu erkennen, und damit wie automatisch auch das für sie notwendige Raumsystem mit-wissen, zeigt sich die von Magritte vorgeführte Konstellation dieser Dinge - das Pferd, der Wald - als unauflöslicher Widerspruch. Eine solche Anschauungssituation läßt sich in der Kunst natürlich leichter herstellen, als in der sog. Realität. Aber als Wirklichkeit kann dabei ins Bewußtsein die scheiternde Bemühung treten, Pferd und Wald - wie besprochen - auf eine Sinneinheit zu beziehen. Das Entscheidende dabei: Dieses Beziehen der Elemente auf eine Sinneinheit kann hier als Akt des Betrachters und dieser Akt als ein Bestandteil der an diesem Bild erfahrbaren Wirklichkeit bewußt werden. Das möchte ich für das weitere zunächst nur festhalten.

Gerade das zuletzt Genannte kann anläßlich des nächsten Bildes noch deutlicher hervortreten.

Abb. 3. Salvador Dalí, Spanien, 1938, 91,8 x 60,2 cm, Museum Boymans-van Beuningen, Rotterdam

Ihnen sind besonders Bildstrukturen mit zwei unterschiedlichen Bedeutungshorizonten vertraut. Deshalb ist es nicht so ergiebig, nun gemeinsam zu entdecken, daß hier eine sich nahezu über die gesamte Bildhöhe erstreckende Frau gezeigt wird, die sich mit einem Ellenbogen auf eine Art Nachtkasten stützt, und deren Dekolleté so weit ausgeschnitten ist, daß ihre Brüste sichtbar sind. Mit gleichem Recht wäre andererseits eine Wüste zu beschreiben, in der ein Kampfgetümmel stattfindet - verstreute, teils fliehende Menschen zu Fuß, kämpfende Reiter usw.. Und wenn Sie es genauer betrachten, dann erweisen sich z. B. ausgerechnet die Brustwarzen der zuerst beschriebenen Frau als die rosafarbenen Helme zweier Reiter, die sich wie beim Turnier gegenseitig auf ihre Lanzen gespießt haben.

Sie können das Bild also angesichts derselben bildlichen Gegebenheiten als stehende Frau oder als Kampfszene deuten - nur nicht zugleich. Denn wenn Sie den Kampf beachten, ist die Frau unsichtbar, wenn Sie die Frau sehen, ist der Kampf verschwunden.

Wenn Sie das am unteren Bildrand geschriebene Wort - Espana - dazunehmen und auch noch Ihr Wissen vom spanischen Bürgerkrieg, dann ergibt sich aus diesem doppelten Horizont sogar ein recht tiefer Sinn. Dem aber möchte ich jetzt nicht weiter nachgehen, sondern vielmehr Ihre Aufmerksamkeit darauf lenken, daß man willentlich von einer Sicht in die andere wechseln kann. Wenn Sie es probieren, so geht dieses Wechseln nicht ganz glatt. Auch das setze ich hier als bekannt voraus; der herstellbare Wechsel ist nur teilweise willkürlich zu steuern.

Hier setzt nun das nächste Experiment an: das Umschlagen vom einen in den anderen Sinnzusammenhang vollzieht sich zumeist bei offenen Augen. Was sehen Sie, wenn Sie im Augenblick des Umschlagens die Frau nicht mehr und den Kampf noch nicht im Bewußtsein haben? Das ist nicht leicht zu fassen, da sich dieses normalerweise dem Bewußtsein entzieht. Deshalb ist dieser Augenblick gerade für das Sehen so aufschlußreich. Es handelt sich dabei um eine Situation, in der man nur sieht und in der keine fertigen Deutungsschemata mit dem Gesehenen in Verbindung gebracht sind - nicht mehr oder noch nicht.

Was sehen Sie also, wenn Sie auf diese Stelle blicken und hier nicht mehr das Dekolleté der Dame und noch nicht der Wüstensand der Reiterschlacht ist?

Teilnehmer: Beige. Die Farbe.

Bockemühl: So wären wir also wieder bei der ungedeuteten Farbe. Aber auch die wird ja identifiziert. Wie tritt denn nun die Wirklichkeit auf?

Zunächst kommt da etwas vor den Augen auf, das uns nahezu zwangsläufig zu einer Deutung provoziert. Auf jeden Fall scheinen die Deutungen unaufhaltsam, auch wenn es sich - wie hier - um eine doppeldeutige Struktur handelt. Als Angehörige der westlichen Kultur halten wir offensichtlich den Blick auf ein Ungedeutetes, Unbenanntes oder wie eingangs bemerkt: Ungefiltertes, kaum aus. Denn die von uns ungedeutet erfahrene Wirklichkeit erscheint uns unstrukturiert, schemenhaft, unfaßbar. Die Unsicherheit, die sich jedes Mal dabei ergibt, wenn man dieses bemerkt, deute ich als elementare Angst - Angst vor der wirkenden Wirklichkeit. Unsere förmliche Deutungswut, unsere Deutungszwänge sind die konditionierte Folge. Wir wollen mit dem Sehen schon Wissen und halten uns an die Devise: Man sieht nur, was man weiß. Es geht das - wie eben zu erfahren - so weit, daß man das Nur-Sichtbare sogar ausblendet.

Wir neigen dazu, die Wirklichkeit als solche nur gelten zu lassen, wenn man abschließende Urteile über ihren Bestand gefällt hat, kurz wenn sie begriffen ist. Die schönen Farbflecken hier - wir machen einen Blumenstrauß daraus. Zum Partner sagen wir: Du brauchst gar nicht zu Ende zu reden, ich weiß schon, was jetzt wieder kommt.

Aber das läßt sich auf lange Sicht nicht durchhalten. Denn ohne etwas zu sehen, das noch ungedeutet ist, kann auch nichts Neues ins Bewußtsein treten: Man weiß eben auch nur, was man sieht. Die Kunst - insbesondere die gegenwärtige - kann mit diesen Elementen spielen, sie deckt unsere Begriffsmechanismen auf, indem sie diese z. B. auflaufen läßt, Dalí durch den doppelten Deutungssinn, Magritte mit Aporien - nur der sog. Realismus z. B. von Ingres scheint unfehlbar eindeutig zu sein und macht gerade damit seine dargestellten Gegenstände zum bloßen Anschein.

Wie aber verhält es sich unter solchen Erwägungen mit der Wirklichkeit? Offenbar akzeptieren wir das im Bewußtsein ungedeutet Aufkommende, das ungefiltert auf uns Wirkende, wie es aktuell als präsent wirksam erlebt wird, nicht als volle Wirklichkeit.

Andererseits bewirken unsere deutenden Begriffe, daß wir die Welt als das Andere, das uns Fremde begreifen, da es außerhalb und unabhängig von uns begegnet und als etwas, das es prinzipiell immer schon gibt. Die gedeutete Welt ist immer die Welt von gestern. Deshalb übrigens vertrauen wir ja auch abends darauf, daß es die Welt morgen noch geben wird, selbst wenn wir sie beim Schlafen nicht mehr im Bewußtsein haben werden. Und wir sind auch so bescheiden, daß wir glauben, die Welt sei nicht mit uns geboren und gehe nicht unter, wenn wir sterben. Gleichviel: Die Mehrzahl unserer Begriffe dient uns als Schutz vor dem Unmittelbaren, vor dem - wie Sie es selbst anfangs treffend bemerkt haben - was wirkt.

Das ist es auch, was sich normalerweise der Sprache entzieht, denn "sprechen über" kann man nur über Gedeutetes - es sei denn, man geht mit der Sprache anders um als nur informativ, wie z. B. Dichter.

Die Wirklichkeit muß sich also zwischen diesen Extremen zutragen - zwischen den Extremen eines rein Wirkenden und einer fertig gedeuteten Welt.

Statt die Rede über dergleichen weiterzuführen, bitte ich Sie zum Abschluß zu einer Beobachtung, die zwar nicht im engeren Rahmen der Kunst liegt, aber doch einer künstlerischen Erfahrung entspricht, die man haben kann, wenn man sich mit den monochrom blauen Flächen von Yves Klein befaßt. (Der Saal wird abgedunkelt. Auf der Bühne wird eine weiße Platte von einem Scheinwerfer beleuchtet.)

Auf diese große weiße Platte hier streue ich nunmehr farbiges Pulver auf und zwar in Form einer ziemlich gleichmäßig bedeckten Kreisfläche. Auch ohne daß ich es hier vorher angekündigt hätte, werden Sie jetzt schon die Farbe des Pigments identifiziert haben. Ein sehr tiefes Blau, das schon seine Faszination hat. Sehr intensiv blau, gewissermaßen blauest - blauer kann dieses Blau wohl kaum werden. Ich bin versucht zu sagen: wirklich Blau!

Die Erfahrung: Da leuchtet uns etwas sehr Wirksames entgegen und wir identifizieren es - wie gehabt - als Blau, Kenner vielleicht als Yves-Klein-Blau. Und weil wir wissen, daß Blau blau ist, und auch sonst nichts anderes darstellt, könnten wir uns wie üblich zufriedengeben und die nächste Farbe ansehen.

Nur vorher noch eine Frage: Was meinen Sie, wie sah diese Farbe gestern aus? Wohl ebenfalls Blau. Und wir schließen daraus - der Kalauer ist so unvermeidlich, daß Sie ihn bitte entschuldigen mögen: Heute Blau; morgen Blau ... Unser Vertrauen in die Konsistenz der identifizierten Dinge scheint sich einmal wieder zu bestätigen als die Wirklichkeit dieser spezifischen Farbe Blau als eines festen Bestandes.

Zudem wissen Sie, daß mindestens drei Momente da sein müssen, wenn man diese Farbe so sehen will, wie wir sie eben sehen: Das Pigment, das Licht und das Auge. Fehlt eine dieser Komponenten, dann kommt die Erfahrung nicht zustande, ist keine Farbe zu sehen. Das ist ja auch mehr oder weniger selbstverständlich.

Nun ändere ich nur einen dieser Faktoren, nämlich die Beleuchtung, indem ich den Scheinwerfer etwas herunterdimmen lasse. Währenddessen sollten Sie Ihre Augen in der Mitte der blauen Fläche ruhen lassen und abwarten. (Die Beleuchtung wird stufenlos heruntergefahren.)

Was sehen Sie? Verschiedene Teilnehmer: Schwarz! - Grün! - Gelb! - Violett!
Bockemühl: Nochmals. Wir wiederholen es etwas langsamer.

(Der Scheinwerfer ist so hell wie zu Beginn und wird wieder langsam dunkler gestellt.). Was sehen wir jetzt? Blau - also weder Schwarz, Gelb oder Violett usw. Der Scheinwerfer wird jetzt langsam dunkler - und auch das Blau. Das Blau scheint sogar schneller dunkel zu werden als der Scheinwerfer. Es wird schnell und intensiv dunkel, als fiele ein schwarzer Schatten darauf. Jetzt aber zeigt sich ein dunkles Moosgrün, das mehr und mehr ins Rötliche übergeht. Jetzt zeigt sich Dunkelrot. Dann kommt dunkles Orange und jetzt - wo der Scheinwerfer ganz abgeschaltet ist - sehen wir dort noch immer etwas, nämlich schließlich ein helles Orange leuchten.

Zugleich sehen Sie die Fläche um das mittlere Farbfeld nicht mehr weiß - wie zu Beginn um das Blau - auf der Fläche zeigt sich nunmehr ein selbstleuchtendes Blau. Auch diese Fläche hat also die Farbe gewechselt, obwohl sie ja nur weiß war - oder immer noch weiß ist? Wie soll man das sagen?
Wenn wir die Beleuchtung nun langsam wieder heller werden lassen, ändert sich wieder alles. Und wir müßten schon eine ganze Zeit intensiv üben, um alle Nuancen zu fassen. Denn beim Hellermachen läuft nicht alles einfach nur in umgekehrter Reihenfolge wie beim Abdunkeln ab.

Sie sehen auch, daß das Blau jetzt, wo es wieder so hell wie vorhin ist, anders aussieht, so nämlich, als schwebe ein ganz heller, milchig-violetter Schleier davor. Erst wenn das Auge wieder erholt ist, wird das zuerst bemerkte Blau wieder präsent.

Auf die Details kommt es im Moment aber weniger an. Festzuhalten ist, daß je nach Bedingung statt Blau alle Farben sichtbar werden können. Viele von Ihnen kennen diese Phänomene. Es handelt sich um eine Überlagerung von Subtraktions-Effekten und physiologischen Nachbild-Erscheinungen. Man hat es vielleicht nicht immer so extrem ausprobiert. Aber entscheidend für uns soll nicht die Erklärung, sondern die unmittelbare Wirkung dieser Phänomene, die aktuelle Erfahrung sein. Und in diesem Zusammenhang ist nun zu fragen: Handelt es sich bei den verschiedenen Farben, die Sie vorhin gesehen haben, um das zuerst gesehene Blau? Kann man tatsächlich sagen: Das ist dasselbe in Grün - oder Gelb oder Rot? Mit welchem Recht nennen wir Blau, was sich nur unter einer ganz bestimmten Bedingung als Blau erweist? Wie wirklich ist dieses anfangs so wirkliche Blau? Damit kommen wir zum Schluß dieser Betrachtungen.

Wenn wir fassen wollen, wie sich Wirklichkeit zuträgt, müssen wir daher noch etwas ergänzen. Man deutet nichts ohne Kontext. Dieses Blau ist nur zu identifizieren im notwendig mit zu begreifenden Zusammenhang bestimmter Bedingungen. Alles Benennbare ist nur im festgestellten Kontext von Bedingungen benennbar, auch wenn man diese nicht immer mit aussprechen kann. Das behaupte ich hier einmal der Kürze halber. Ohne den Zusammenhang eines mit-festgestellten Systems hat das Blau in unserem Bewußtsein keinen festen, bleibenden Bestand, wenn ich es unter anderen Bedingungen sehe. Man könnte auch von Konnotations-Systemen sprechen, die es zu fassen gilt. Aber im Wort Feststellung kündigt sich deutlicher an, was hier geschieht. Denn ganz im wörtlichen Sinne handelt es sich bei den Benennungen um Fest-Stellungen. Wir stellen fest, was wir sinnlich immer nur als Prozeß erleben. Wirkende Farbe ist konkret nur im Prozeß oder als Prozeß aktuell sichtbar.

Schon rein physiologisch kann man kaum mehrere Sekunden lang ein und dieselbe Farbe wahrnehmen. Nur im kürzesten Blick scheint Farbe festen Bestand zu haben. Alle einzelnen Farben, die wir vorhin benannt haben, waren nur herausgegriffen aus einem Prozeß von nahezu unbegrenzter Variabilität und wir haben nur herausgegriffen, wozu wir vorher bereits fertige Begriffe hatten. In letzter Konsequenz gilt dieses auch für das zuerst vermerkte Blau, dessen wir uns so sicher waren.

Wenn wir uns verständigen wollen, so kommen wir kaum umhin, uns an das Festgestellte, an die endgültigen Begriffe, die fixierten Kontexte zu halten - denen wir oft mehr vertrauen als dem aktuell jeweils Sichtbaren. Wäre es anders, dann müßten wir auch ständig neue Bezeichnungen erfinden, die jeweils passend sind. Aber all dieses gilt nicht allein für die Farben. Ich versuche zusammenzufassen, welche Aspekte sich für die Einschätzung der Wirklichkeit durch die gemeinsam gesammelten Erfahrungen eröffnen.

Die Vorstellung einer Wirklichkeit als einer wie auch immer gearteten Gegebenheit erweist sich als vage. Wir nehmen im allgemeinen nicht zur Kenntnis, wie wir zu unserer Auffassung von Wirklichkeit kommen. Zumal gilt dieses für die Erfahrungen, die uns zu unserem Wirklichkeitsbewußtsein führen; nur selten nehmen wir sie zur Kenntnis. Das, was unmittelbar wirkt, entzieht sich zudem großenteils unseren Feststellungen. Das schiere Wirken von etwas gilt uns dabei ebenso wenig als volle Wirklichkeit wie unsere deutenden Begriffe für sich genommen - die im übrigen auch ständig korrigiert werden müssen.
Die hier angeführten Erfahrungen können als Schlüsselerfahrungen gewertet werden, da sie das Wahrnehmen von Erfahrungen wahrnehmbar machen. Solche Schlüsselerfahrungen scheinen mir wichtig, da wir sonst kaum in die Lage kommen könnten, etwas darüber zu sagen:

- ob Wirklichkeit sichtbar ist
- von woher aus wir etwas sehen
- was wir sehen
- und woran wir überhaupt bemerken, daß wir sehen.

Es ließ sich beobachten, daß unsere Begriffe aus dem stets veränderlichen Prozeß von Wirkungen, denen wir begegnen, stets nur Partielles herausgreifen und festhalten und daß wir dieses so tief eingeübt haben, daß wir es als Akt, als eigene Tätigkeit nicht mehr bemerken.

Wir haben dagegen Angst vor dem unmittelbaren Gewahrwerden der aktuellen Prozesse und auch wenig Übung, Prozesse wahrzunehmen. Etwas lange und öfter anzusehen und vor allem langsame Veränderung zu bemerken, fällt uns schwer. Denn dazu ist es nötig, ein aktives Verhalten im Wahrnehmen zu entwickeln und es immer neu auszuhalten, auch zunächst Ungedeutetes aufzunehmen. Man könnte auch sagen: Es stellt sich dann die Forderung, mit einer noch nicht abgeschlossenen Wirklichkeit umzugehen, und dabei zu bemerken, daß diese wirkende Wirklichkeit, um zur vollen Wirklichkeit zu gelangen, der Herstellung einer Kontinuität im vereinzelt Erfahrenen oder partial Erkannten bedarf. Oder noch anders ausgedrückt: Es bedarf das Nur-Sinnenfällige einer Erfahrung durch den, der wahrnimmt, durch uns. So daß es nicht nur als leere Formel gelten muß, wenn man vom Entstehen der Wirklichkeit im Anschauen spricht.

Man kann den Wahrnehmungsprozeß ernst nehmen, indem man ihn nicht nur als Zutrag zu unserem Wissen wertet. Wir lassen uns auf die wirkende Wirklichkeit kaum ein und halten uns eher an die konstruierte, weil wir mehr bei unseren Vorstellungen als bei Sinnen sind. Denn bei Sinnen sein bedeutet: Sich einlassen auf die Vielfalt und Veränderlichkeit der Prozesse.

Dabei ist man nicht allein angewiesen auf die zufällige Art von Wahrnehmung, wie sie bei uns entstanden ist. Man kann die Wahrnehmung üben und damit präzisieren und vertiefen, um diese Sinnstiftung immer aktueller und den Prozessen näher auszugestalten. Die Kunst bietet dafür nahezu ideale Gelegenheiten - und weit vielfältigere als ich dieses heute zeigen konnte - in Form von Grenz-Erfahrungen.

Nur ganz am Rande und mit gebotener Vorsicht möchte ich bemerken, daß hier auch fruchtbare Ansätze für therapeutisches Handeln liegen. Das Sich-Einlassen-Können auf die konkreten Prozesse kann selbst schon heilsam wirken, denn wer es vermag, gewinnt ein angemessenes Verhältnis zur Wirklichkeit. Und es kann nicht nur heilsam, sondern auch sinnvoll sein.

Denn was wir Wirklichkeit nennen, ist weder nur pures Wirken noch reines System - beides jeweils für sich separiert wäre nur etwas Potentielles. Erst wenn beides durch den Anschauenden ins gemeinsame Spiel gebracht wird, erscheint das Eine am Anderen, der Wandel am Festgestellten, das Feste am Sich-Wandelnden.

Dann haben wir die Chance, selber Wirklichkeit zu erfahren in dem Sinne, daß wir uns selber als Teil der Wirklichkeit verstehen und daß wir ohne die Welt zu verfälschen, ja um die Welt überhaupt erst zu haben, erkennen können. Wir sollten uns an den Gedanken gewöhnen, daß wir ein produktives Verhältnis zu unserer Wahrnehmung entwickeln können, damit wir die Wirklichkeit als wirklich erfahren. Darin liegen dann die Ansätze zur Heilung und auch vielleicht zur Selbstbestimmung.

Es ist ja einer der Widersprüche, daß heute kaum jemand wagt zu sagen, es gäbe eine Seele. Aber Psychotherapie, das ist anerkannt, das gibt es. Hält man nun diese beiden Wirklichkeiten nebeneinander, dann - sagen wir mal - können Sie den Streit darüber vergessen, ob es eine Seele gibt. Denn es könnte sich ja mit der Seele ebenso verhalten, wie wir das von der Wirklichkeit zu sagen versucht haben. Vielleicht gibt es die Seele tatsächlich nicht. Vielleicht wird auch sie ständig erst zur Wirklichkeit, wenn sie mit der Welt ins Spiel kommt - die wirkenden Prozesse wahrnehmend und produktiv zur Sinneinheit verbindend - als Teil der entstehenden Wirklichkeit.

Göttliches Kind und alte Weisheit-
Innere Wirklichkeiten

Theodor Seifert

Um dem Göttlichen Kind zu begegnen, brauchen Sie nicht erst auf Weihnachten und die damit verbundenen besonderen Stimmungen und Möglichkeiten zu warten. Sie können es als innere Wirklichkeit täglich, ich wage zu sagen, wann immer Sie wollen oder seinen Beistand brauchen, erleben, indem sie die Verbindung mit ihm aufnehmen.

Auf der persönlichen Ebene ist es Ihnen sowieso bekannt, denn wir alle waren ein Kind, sind aus der Ursprünglichkeit des weiten geistigen Raumes in diese Welt, die wir wirklich nennen, eingetreten. Somit können wir sowohl ganz hier in dieser uns bekannten Wirklichkeit sein, als auch das Wissen um die Wirklichkeit unserer Herkunft wieder erwecken.

Damit ist schon gesagt, was im Zusammenhang mit dem Archetypus des Göttlichen Kindes eine innere Wirklichkeit ist: Das Göttliche Kind ist eine Dimension der Wirklichkeit der Psyche. Diese Wirklichkeit hat mehrere Facetten, daher die Mehrzahl: innere Wirklichkeiten. Einige seien hier schon genannt:

Es geht um die *Wirklichkeit des Erlebens*, sicher ganz individuell ausgeformt, das Göttliche Kind ist erlebbar.

Es geht um *Erkennen* - das Göttliche Kind wird Ihr geistiger Besitz, Sie wissen, wovon Sie sprechen, wenn Sie davon reden.

Es geht um eine Dimension der *Beziehung* zu einem Energiefeld der Psyche, in dem Sie im inneren Dialog Hinweise und Führung, Antwort auf Ihre Fragen und eine Form der Geborgenheit und Sicherheit gewinnen, die im Bezug zu äußeren Objekten, zu Menschen, Geld und Besitz nicht zu erhalten ist.

Mit dem Göttlichen Kind kann ich jederzeit in Beziehung treten. Dort, wo man im äußeren Lebensvollzug leer ausgeht, traurig wird und vielleicht vereinsamt, ist hier Fülle und Kraft zugänglich. Mit der Zeit - Übung und Ausdauer sind nötig, da wir alle sehr extravertiert leben und den Bezug nach innen erst wieder, oft mühsam, erlernen müssen, - verfügen Sie über eine *Kultur des inneren Dialogs*. Diese Kultur des inneren Dialogs ist ein wesentliches Moment der Begegnung und Auseinandersetzung mit uns selbst, die leider fast nur in verkümmerter Form oder meist noch mit destruktiven Inhalten angefüllt, existiert. Die psychoanalytische, psychotherapeutische Arbeit könnte ein guter Weg in diese Richtung sein. Denn Sie finden wieder Anschluß an die alte Tradition des "colloquium cum anima sua" oder "mea", an das "colloquium cum suo angelo bono" oder, wie es in der altägyptischen Tradition heißt, an das "Gespräch (eines Lebensmüden) mit seinem Ba" (Jacobsohn 1952).

Ich möchte es kurz so zusammenfassen: Die Verbindung mit dem Göttlichen Kind erschließt innere Wirklichkeiten, die zur Weisheit führen. Es eröffnet sich ein Raum, der innere Weite und Freiheit ermöglicht. Somit ist der Raum des Göttlichen Kindes eine wunderbare Möglichkeit der Psyche, jedem jederzeit zugänglich.

Zur Phänomenologie des Göttlichen Kindes

In unserer Kultur erscheint das Göttliche Kind als Jesuskind, dritte Person der Gottheit und der Hl. Familie. Es wurde in der Kunst immer wieder dargestellt. Über die Jahrhunderte hinweg wurden Künstler nicht müde, es neu darzustellen und dem Erleben nahe zu bringen. Aber das, woran wir gewöhnt sind, ist so be kannt, daß es uns eher den Zugang zum Erleben verstellt als eröffnet. Stellen Sie sich folgendes Bild vor: Das Bild ist in Japan im 9. Jahrhundert entstanden und zeigt den Knaben Kukai, der später als unsterblicher Gott verehrt und die große Symbolgestalt einer esoterischen Form des Buddhismus wurde. Seine Anhänger vertreten zwei Formen des Buddhismus: eine exoterische, die sie mit Sakyamuni Buddha, dem historischen Buddha, verbinden und eine esoterische, deren Inhalt vom kosmischen Buddha vermittelt wurde. Aber auf diese Fragen kommt es mir hier nicht an.

Wenn die innere Wahrnehmung etwas geschult ist, lösen solche Bilder immer auch Bewegungsimpulse aus. Es gehören eben unmittelbar zusammen: die Wahrnehmung des Bildes und die körperlich sich äußernde Hingabe, das Einschwingen und sich Bewegen in diesem Erlebnisraum. Wir verneigen uns, knien nieder, legen die Hände zusammen oder falten sie, bekreuzigen uns, neigen unser Haupt usw., immer sind wir mitbewegt, psychisch und körperlich. Mit der Zeit entwickeln wir ein neues, ein erweitertes Raumgefühl, der innere Raum wird eine zugängliche Wirklichkeit.

So wie wir im Außen Tempel und Kirchen bauen, um den Gott, um das Göttliche Kind aufzunehmen, zu beherbergen - zunächst war ja kein Raum in der Herberge, wie wir aus dem Lukasevangelium wissen - finden wir nach einiger Übung auch in uns Räume, Erlebnisräume vor, die das Göttliche Kind beherbergen. Wir ahnen etwas mehr von den unendlichen Möglichkeiten des Mikrokosmos. Theoretisch formuliert heißt das, daß jeder Archetypus seinen ihm gemäßen inneren Raum beansprucht.

Das Göttliche Kind und der Lotos

Kukai kniet in einem Lotos. Der Lotos ist eines der großen, weltumspannenden Symbole, seine Kraft reicht vom alten Ägypten - wir werden ein ägyptisches Göttliches Kind, das in einem Lotos tanzt, gleich noch kennenlernen - bis zu den östlichen Kulturen und Religionen, von denen es uns am ehesten bekannt ist. In der Dunkelheit und dem Schlamm des Grundes wurzelnd wächst er im Wasser empor und entfaltet seine Blütenpracht im Licht des Tages und der Sonne in einer Reinheit, die immer als vollkommen erlebt wurde, nicht einmal ein Tropfen Wasser haftet an ihm. Brahma wird oft auf einer Lotosblume sitzend dargestellt, die aus dem Nabel des Vishnu gewachsen ist, der seinerseits ebenfalls auf einem Lotos ruht.

Diese Amplifikationen einbeziehend steht Kukai in engster Verbindung mit der unendlichen Weite des Seins, der in ihm enthaltenen Entfaltungsmöglichkeiten und seiner Weisheit, ja er verkörpert sie, indem er daraus hervorgeht. Auch wenn der Schritt sehr groß, eher wie ein Sprung erscheinen mag, er ist im Alltag des Lebens vollziehbar. In der Tradition des Lotos-Sutra, eines der bedeutendsten Sutras des "Großen Fahrzeugs", wird der Buddha nicht als historische Person aufgefaßt, sondern als Manifestation des "Körpers der großen Ordnung" (Dharmakaya), die in Ewigkeit besteht. Jedes Geschöpf hat Anteil an diesem transzendenten Wesen des Buddha und kann deshalb zu einem Buddha werden, zu seinem Wahren-Wesen erwachen. Dies ist auch die Botschaft des Kukai.

In einem altägyptischen Schöpfungsmythos werden die großen Wasser des Anfangs als unendlich dunkel beschrieben. An der Wasseroberfläche entfaltet sich die Blüte eines weißen Lotos. Voller Leuchtkraft schon bei seiner Entfaltung schenkt er der Welt das Licht und den wunderbaren Duft des Morgens. Da der Lotos sich mit der Sonne öffnet und schließt, wurde er auch zum Symbol der Sonnenkraft in ihren sich wandelnden und das Leben ermöglichenden Stadien, zum großen Entzücken des Sonnengottes Re.

Auf einem alten Relief aus dem 3. Jahrhundert n. Chr. wird ein neugeborener Gott dargestellt, auf einer Lotosblüte tanzend.

Er ist begleitet von zwei Göttinnen, die ihm Musikinstrumente reichen. Das Göttliche Kind tanzt. Das erinnert an den Tanz Shivas, aber auch an den biblischen David, der vor dem Herrn tanzte, wie die Psalmen berichten. Der Tanz gehört elementar zum numinosen Erleben, denn was ist der 'Urknall' anderes als der Beginn eines gewaltigen Tanzes des Lichts, das, einmal in Bewegung gesetzt, in Bahnen und Kreisen sich formte und so die uns bekannte Erscheinungswelt kreierte? Dieser Prozeß ist noch längst nicht abgeschlossen, er tanzt weiter, fort und fort, ist in Bewegung als das Leben selbst, das immerzu, bis in die kleinsten Zell- und Atomverbände hinein nichts anderes ist als ein Kreisen und Schwingen.

Für diese Bilder, die Bewegung im allgemeinen ausdrücken, haben wir heute auch wissenschaftliche Begriffe: die zum Erleben z.B. des Bildes oder der Vision gehörenden Körperempfindungen und Bewegungen werden durch einen "somatischen Marker" verankert, das Körperempfinden wird in Verbindung mit dem Erlebnisinhalt gespeichert und ist so zu einem anderen Zeitpunkt wieder abrufbar.

Das mit dem Lotos innigst verbundene Göttliche Kind ist eine innere Wirklichkeit, auch wenn wir sie höchstens in ersten Ansätzen ahnen und erleben. Mit ihm, über seine Vermittlung, sind wir mit der Quelle aller Ressourcen verbunden, die Göttlichen Kinder sind eine bildhaft poetische Beschreibung dieses Konzepts der modernen Psychologie und Psychotherapie. Da wir uns aber mit ihm in eine persönliche Verbindung bringen können, sagt es unendlich viel mehr aus als das Wort "Ressourcen", ist es doch ein lebendiger Inhalt der Psyche. Dafür ist die Wissenschaftssprache kein Ersatz, auch keine Ergänzung, es ist eher umgekehrt: aus der Sicht des gelebten Lebens ergänzt die Wissenschaftssprache die Sprache dieser archetypischen Bilder, die ohnehin mehr sagen als mit tausend Worten formulierbar ist. Alles was je erdacht und erschaut wurde, die großen Ideen Platons, die Erkenntnisse des Augustinus, die Visionen Meister Eckeharts oder der Aufstieg zum Berge Carmel des Johannes vom Kreuz bis zum Erwachen des Buddha entsprangen der Innenschau in der Verbindung mit dem Göttlichen Kind. Es ist der große Vermittler, wir kennen uns als empfangende und wahrnehmende Partner, die andere Seite kennen wir noch nicht oder nicht mehr, wir sind auf eine Vermittlung angewiesen. Doch über das Göttliche Kind sind wir "Online mit dem Selbst".

Ein anderes Bild führt in die Welt des Göttlichen Kindes, wie wir es in unserer Kultur kennen, die Geburt des Jesuskindes im Stall zu Bethlehem.

Schon bei der Ankündigung durch den Engel Gabriel erfuhr Maria, daß sie mit einem Kind schwanger werde, von dem er sagte: "Er wird Macht haben aus Gottes Macht und man wird ihn "Gottes Sohn" - oder "Sohn des Höchsten" - nennen. Er wird ein Herr sein über das Heilige Volk Gottes in alle Ewigkeiten und sein Reich wird kein Ende haben" (Lukas 1,32 und 33).

Gott ist sein Vater, er zeugt seinen Sohn durch den Heiligen Geist in Maria, der Jungfrau.

Charakterische Aspekte des Göttlichen Kindes zeigen sich in diesen Sätzen. Es ist irdischer Natur und hat wichtige Funktionen auf dieser Erde und es ist himmlischer Natur, transpersonal würden wir heute sagen. Sein Reich ist nicht von dieser

Welt, ist spiritueller Natur, es ist nicht der Zeit unterworfen und es verfügt über Kräfte, die ihm seine irdischen Eltern, welche bei Göttlichen Kindern meistens im Hintergrund bleiben, nicht vermitteln können.

In der oberen Mitte des Bildes leuchtet ein Stern, eingebettet in ein vierfaches Kreissymbol, von dem ein Strahl direkt die Krippe erreicht. Die Quarternität ist, wie C. G. Jung vielfach nachgewiesen hat, eines der großen Ganzheitssymbole. Wenn es, wie hier, noch mit Kreissymbol, dem Rotundum, dem großen Runden verbunden ist, zudem mit der Farbe Gold, wird diese bildhafte Aussage noch um ein Vielfaches verstärkt. Die Verbindung zur kosmischen Bedeutung des Lotos ist offensichtlich. Die großen Symbole sind Menschheitssymbole, ihre Aussage ist von ganz allgemeiner Natur und menschheitsverbindend, auch wenn die Formen unterschiedlich und kulturell mitbedingt sind. Ihre numinose Qualität, die entsprechende Bewegungen der Hingabe in uns auslöst, ist unabhängig von der Form.

Engel gehören immer zu diesen Bildern, sie stellen eine symbolische Repräsentanz des inneren Engels dar, des 'colloquium cum suo angelo bono', wie erwähnt. Drei Engel geleiten die drei Weisen aus dem Morgenland, ein anderer Engel weist auf die Krippe und das Kind.

Der Aufbau der Beziehung zum Göttlichen Kind

Das Konzept "Inneres Kind" ist heute vielen Therapeuten geläufig. Das Kind hat sich gewissermaßen in die meisten Therapieformen irgendwie eingeschlichen, der Charme eines Kindes ist eben umwerfend, allen Theorien zum Trotz. Ausgegangen ist sein Siegeszug in den Therapien wahrscheinlich von der Transaktionsanalyse, wie sie Eric Berne entwickelt hat. In dieser Auffassung der verschiedenen Ich-Zustände, spielt das freie und das angepaßte Kind eine zentrale Rolle neben dem Erwachsenen-Ich und dem kritischen oder wohlwollenden Eltern-Ich. Mit diesen Konzepten läßt sich gut therapeutisch arbeiten. Auch das seinerzeit vielgelesene Buch von Miller 'Das Drama des Begabten Kindes', hat sicher dazu beigetragen, daß das innere Kind heute zu Recht eine große Bedeutung bei den Behandlungen einnimmt.

C. G. Jung hat in seiner 1940 erschienenen Abhandlung "Zur Psychologie des Kindarchetypus" Grundlegendes dazu geschrieben, was aber weniger allgemein bekannt wurde. Die Dimension des Göttlichen Kindes erscheint eher in der allgemeinen Faszination, die von dem Kind in der Psychotherapie ausgeht, nicht nur von der Kindheit. Das innere Kind, wie es meist genannt wird, ist ein lebendiges Gegenüber geworden, mit dem ich mich in Verbindung setze, mit dem ich spreche, es in den Arm nehme usw. Dabei bezieht man sich jedoch meist und fast ausschließlich auf die biographischen Erlebnisse der und des "Kleinen" in mir. Aber sein Wissen um das, was ihm fehlt, was er will, wie es ihr geht, weist schon über das rein Biographische hinaus, es ist nicht mehr weit bis zum Göttlichen Kind.

Ein erster Bezug zum inneren Kind kann beispielsweise über einen Traum geschehen. Ein Mann, Mitte 50, beruflich in einer sehr verantwortungsvollen Position tätig, träumte:

"Ein Kind, ein Mädchen, vielleicht 4 - 6 Wochen alt, wird mir übergeben. Es ist mein Kind. Ich bin beglückt, halte es liebevoll in meinen Armen und wiege es. Doch dann bemerke ich, daß es gar nicht sehen kann. Die kleinen Augen sind zugekniffen, wie verklebt, es ist sehbehindert. Ich spüre eine starke Beziehung zu dem Kind, bin sehr besorgt, ob die Augen wohl durch eine Operation noch geöffnet werden können. Ich lege es, in eine warme Decke eingepackt, vorsichtig zur Seite."

Der Mann war sehr betroffen von diesem Traum, zog gleich die Parallele zu seiner jetzigen Arbeitssituation, in der er unter großem inneren Druck nach einer Lösung der ihn stark belastenden Probleme sucht. Bisher konnte er den Weg dahin noch nicht erkennen - sein Kind ist sehbehindert. Was für eine Operation muß er durchführen, um die Lösung der Probleme sehen zu können?

Der sicherste und schnellste Weg ist der direkte, nämlich der über das innere Kind, das ihn unmittelbar zum Göttlichen Kind führen kann. Und dort liegen alle Antworten der Welt zum Abruf bereit.

Mit viel Verständnis für seine elementaren Bedürfnisse, vor allem denen nach Ruhe und Entspannung, nach Wärme und Geborgenheit, Bewegung und Fröhlichkeit kann der Träumer sich unter Weisung des behinderten Kindes einen inneren Raum des Wohlbefindens und damit der Heilung schaffen, einen 'Temenos', einen Heiligen Raum, oder, wie ihn die Ägypter nannten, einen 'Mamessi', den Tempel, in dem das Göttliche Kind geboren wird.

Es bedarf keiner Frage, daß damit ein gefährlicher break-down verhindert werden kann.

Diese Beziehung zum "inneren Kind", wie es auch im einzelnen theoretisch konzipiert sein mag, ist immer *der erste Schritt*. Es hat sich praktisch bewährt, bis zu seiner Geburt zurückzugehen, es so ins Leben hinein zu begleiten. Im *zweiten Schritt* und den *darauf folgenden* werden dann seine weiteren Stadien im Leben wiederbelebt und bis in kleinste Einzelheiten der Kleidung, der Erfahrungen im Elternhaus, in Kindergarten und Schule usw. neu angeschaut. Immer kommt es darauf an, die damit verbundenen Gefühle ebenso genau wahrzunehmen wie die optisch vergegenwärtigten Einzelheiten und die körperlichen Empfindungen. Letzteres ist zunächst ungewohnt und etwas schwieriger weil wir, auch im therapeutischen Setting, hauptsächlich auf Vorstellungen und Gefühle eingehen und unsere Patienten dies auch sehr gut lernen. Die 'somatischen Marker', die mit den früheren Erlebnissen verbundenen körperlichen Zustände werden oft noch ausgeblendet. Man kann aber genau so erleben, wie weh die Ohrfeigen damals getan haben, als ich vor den Kopfnüssen bei den Schularbeiten wegzuckte, wie daß ich mich einfach daran erinnere, daß es so war.

Ist dann eine gewisse Vertrautheit im Umgang mit dem inneren Kind erreicht, kann ich im *weiteren Schritt* beginnen, ihm Fragen zu stellen, die mich gerade beschäftigen oder belasten. Und dann geschieht das Erstaunliche: das Kind antwortet und zwar so, als wisse es viel mehr, als mir im Augenblick bewußt ist oder überhaupt bewußt sein kann. Es überblickt einen viel größeren und weiteren Raum, als er meinem Ich zugänglich ist. Dies ist die erste und oft umwerfende Erfahrung mit dem Göttlichen Kind. Ein innerer Raum öffnet sich, den ich immer wieder betreten kann. Die meist unmittelbar erfolgenden Antworten zeigen, daß das Göttliche Kind darauf wartet, mit mir, mit meiner bewußten Person, über mein wahrnehmendes und empfangsbereites Ich in Verbindung zu treten und mir seine Hilfe, die ich ja meist brauche, zur Verfügung zu stellen. In der Arbeit mit schwerst traumatisierten Frauen hat sich die Verbindung mit dem "inneren Helfer" bestens und zunächst erstaunlicherweise bewährt. Diese Phänomene sind im Rahmen der bisherigen psychodynamischen Konzepte noch nicht ohne weiteres unterzubringen, aber eben trotzdem sehr wirksam und hilfreich.

Ist diese Stufe erreicht, steht der *regelmäßigen Verbindung* mit dem Göttlichen Kind als einer inneren Wirklichkeit nichts anderes mehr im Wege als unsere Trägheit oder unser erneuter Zweifel.

Auf die alten Erkenntnisse des 'Colloquiums cum anima sua' und das Gespräch eines Lebensmüden mit seinem 'Ba' hatte ich schon hingewiesen. Die Ba-Seele ist jene wissende Instanz, die in uns wirksam ist, uns führt und anregt. Wir knüpfen mit diesen Erfahrungen und den dazu gehörenden Überlegungen an alte Weisheiten an. In der christlichen Kultur wird die Zwiesprache mit Gott empfohlen und im Chassidismus, um ein anderes Beispiel zu wählen, ist der ständige Dialog mit Gott eine tägliche Angelegenheit.

Die Aktive Imagination

In der Analytischen Psychologie hat C. G. Jung die Technik der Aktiven Imagination entwickelt, an die eben genannten Traditionen anknüpfend. Sie ist also nichts grundsätzlich Neues, neu ist nur, daß sie in das therapeutische Geschehen einbezogen wird. Voraussetzung ist auch hier, daß die Therapeutin und der Therapeut über entsprechende eigene Erfahrungen verfügen. Ausgangspunkt für eine Aktive Imagination ist meist eine Traumfigur: ein Tier, das spricht; ein Landstreicher, der mit mir wandert; eine Katze, die mich beißen, also Verbindung zu mir herstellen will, usw. Die erste Frage, die ich stellen kann, lautet z.B.: "Was willst du von mir, daß du mir hinterherläufst und mich beißen willst?"

Wenn ich nun, wieder einige Übung im Umgang mit dem Unbewußten als einer richtungsweisenden, autonomen Instanz und Matrix der psychischen Prozesse vorausgesetzt, diese Frage gestellt habe, muß ich auf die Antwort oder Reaktion des Angesprochenen warten. Entscheidend ist nun hier das theoretische Konzept der "objektiven Psyche", wie Jung (1971) es formuliert hat. Es besagt, daß unser Ich einer Realität der Psyche gegenübersteht, die so real gegeben ist, wie die Außenwelt. Aus der Arbeit mit Träumen, wie mit Heilungsprozessen überhaupt, wissen wir, daß vom Unbewußten alle Informationen kommen, welche der/die Betroffene zur Kompensation seines gegenwärtigen Zustandes braucht. Für Jung ist die Kompensation eine der am besten gesicherten Gegebenheiten der Psyche. Aber wir gehen auch von der Zeitlosigkeit, von der Zukunftsgerichtetheit, der Finalität der psychischen Prozesse aus. So wie es eine "Wisdom of the body", eine "Weisheit des Körpers" gibt, postulieren und erfahren wir auch eine entsprechende "Weisheit der Psyche". Woher wüßten wir sonst, was der sinnvolle nächste innere Schritt ist, den ich gehen sollte? Wie verstehen wir sonst die beeindruckenden Synchronizitäten, die jeder kennt, auch wenn wir sie in der Regel wenig oder gar nicht beachten? Wie anders begründen wir unser Selbst-Vertrauen und die tiefenpsychologische Arbeit mit Menschen?

Was wir im Traum ohne unser eigentliches Zutun erleben - von Tagesresten abgesehen - erzeugen und gestalten wir in der Aktiven Imagination selbst. Unser Ich, unsere bewußte Person, muß sich selbst völlig treu und an die Gegebenheiten des Lebens, das sie gerade lebt, gebunden bleiben. Ich stelle meine Fragen so, wie sie mir kommen über das, was mir wichtig ist. Mit dieser Technik gelange ich in direkten Kontakt mit der "Inneren Weisheit".

Die ersten Schritte sollten unter Anleitung und Kontrolle geschehen, im weiteren Verlauf gestaltet sich der Prozeß von selbst und wird immer vertrauter. Mit der Zeit weiß ich um die Verläßlichkeit des inneren Gegenübers jenseits aller intellektueller Zweifel, welchen Namen ich ihm auch geben mag. Manche bevorzugen den "Inneren Meister", den "Inneren Helfer" oder Freund. In jedem Fall ist es

Zwiesprache und die Entwicklung der Kultur des Inneren Dialogs. Eigentlich kann man sich gar kein besseres Geschenk machen, und geschieht es noch im Bezug zum Göttlichen Kind, so eröffnen sich ungeahnte Möglichkeiten. Daß diese Möglichkeiten unvorhersehbar sind, liegt schon im Symbol des Kindes begründet, da es doch die Offenheit in die Zukunft hinein repräsentiert. In diesem Zusammenhang möchte ich noch einige Aspekte des Göttlichen Kindes zusammenfassen, die in den Mythen zu finden sind.

Einige Aspekte des Göttlichen Kindes

Das fast elternlose und bedrohte Göttliche Kind ist ein Aspekt, der immer wiederkehrt. Buddhas Mutter starb kurz nach der Geburt des Kindes (was übrigens auch in vielen Märchen so erzählt wird), Jesus hatte nur eine irdische Mutter, auch von Krishna kennen wir nur die Mutter. Die Kinder werden oft weggegeben - wie in dem noch darzustellenden Wogulenmythos - Mose wurde im Schilf ausgesetzt, gelangte jedoch dann noch zur Königswürde. Er war zwar kein direkt göttliches Kind, aber ein großer, fast göttlicher Held der jüdischen Tradition. Helden- und Götterkinder teilen oft das gleiche Schicksal: sie sind verlassen, aber trotzdem unüberwindlich; sie leben in ihrer Zeit und haben doch die Zeit schon überwunden; sie werden irdisch geboren, sind aber überirdischen, himmlischen Ursprungs. Göttliche und irdische Eltern begegnen sich in ihnen, Maria wird schwanger durch den Heiligen Geist. Trotz aller rationalen Kritik hat sich diese Vorstellung als Dogma über die Jahrhunderte erhalten. Warum? Eine Antwort ist sicher, daß wir um unsere irdische und unsere überirdische Bezogenheit wissen, mögen wir mit rationalen Argumenten auch noch so geharnischt dagegen zu Felde ziehen.

Ich wünsche es unseren Patienten und Patientinnen, daß wir Therapeutinnen und Therapeuten mehr Mut haben, uns mit diesen archetypischen Gegebenheiten der menschlichen Existenz zu konfrontieren und hier auch unsere eigenen lebendigen Erfahrungen zu machen, die über die persönliche Biographie und die konventionellen religiösen Systeme weit hinausgehen, aber mit Sicherheit in ihnen enthalten sind. Wir erleben eine Gegebenheit der Psyche, die wir zwar verleugnen oder wegdiskutieren, aber nicht aus der Welt schaffen können. Die Archetypen sind die unerschütterlichen Elemente des Unbewußten, aber sie wandeln ihre Gestalt ständig.

Das Göttliche Kind ist ausgeliefert, nur durch Flucht konnten Josef und Maria ihr Kind vor der Tötungsraserei des in Panik geratenen Herodes retten. So stellt sich bildlich die Situation der werdenden menschlichen Ganzheit dar, die ständig durch Umgebungseinflüsse gefährdet ist, was wir täglich in den Behandlungen erfahren. Die Geburtssituation ist von eigentümlicher Dialektik: der göttliche Vater erscheint kaum, auch Joseph verschwindet in den Evangelien, das Kind ist bald auf sich selbst gestellt. Der zwölfjährige Jesus spricht im Tempel zu aller Erstaunen. Er steht dort ganz allein und ist ohne Schutz den Angriffen der Schriftgelehrten ausgesetzt. Auch in seiner Todesstunde wehklagt er: "Mein Gott, mein Gott, warum hast du mich verlassen?!" und trotzdem geschieht die Auferstehung, die irdischen Bindungen werden überwunden, seine ewige, seine kosmische Natur wird offenbar, wie vor seiner Geburt vorausgesagt.

Die Göttlichen Kinder zeigen oft hermaphroditische Züge, sind männlich und weiblich zugleich, auch hier die mögliche Ganzheit vorwegnehmend. Und ihr Ewigkeitscharakter sei nur noch einmal vervollständigend erwähnt.

Es ist unmöglich, die Fülle dieses Archetyps, des Archetyps des Göttlichen Kindes und der in ihm uns gegebenen Weisheit, auszuloten. Warum auch? Die persönliche Erfahrung in der Begegnung mit ihm wird die vielen möglichen Facetten immer neu aufzeigen und für das Alltagsleben konkret werden lassen. Wir fühlen uns oft ebenso verlassen wie sie, wir leiden unter der Endlichkeit und Vergänglichkeit all' dessen, was wir lieben, leiden unter der Fragmentierung unseres Lebens, darunter, daß wir so Vieles nicht erreichten, was wir gern geschafft oder noch erlebt hätten. In all' diesen Situationen können wir uns über die Aktive Imagination mit der inneren Fülle, wie sie im Göttlichen Kind erscheint, in Verbindung bringen. Dort ist sie, die Fülle. Ich will in diesem Zusammenhang auch an die 'Unio mystica' erinnern, diesen Ausstieg aus der Zeit, bei dem alles endet, ohne zu enden. Es läßt sich nur paradox formulieren: wie kann alles enden, ohne zu enden? In der alten religiösen Sprache und ihrer Weisheit heißt es ja, daß wir von der Zeit in die Ewigkeit hinübergehen. Das ist zwar immer mit der Todesvorstellung verbunden, doch muß es keinesfalls den physischen Tod bedeuten.

"Wenn das Weizenkorn nicht in die Erde fällt und stirbt, bringt es keine Frucht" sagt der Christus, uralte Weisheit wiedergebend. Der Mythos der Ewigen Wiederkehr, den Eliade (1963) so gut beschrieben hat, erscheint immer wieder. Er wird heute in eher wissenschaftlicher Sprache in der Auseinandersetzung von Linearität und Zirkularität, oft mit dem Patriarchat und dem Matriarchat verknüpft. Wir geben dem alten Mythos nur eine neue Gestalt. So ist der Zugang zur Fülle immer möglich, hier aber auch einiges an innerer Übung vorausgesetzt. Doch warum soll es in diesem Bereich anders sein als sonst in Wissenschaft und Kultur? Überall bedarf es des persönlichen Einsatzes, der klaren Entscheidung, der Konzentration und der Ausdauer.

Ich zögere etwas, diesen Ewigkeitscharakter so darzustellen, daß er in die Alltagswelt hineinreicht. Und doch ist es so, wenn wir den Archetypus des Göttlichen Kindes als innere Wirklichkeit und damit Möglichkeit des Erlebens ernst und in unser inneres Tun aufnehmen. Nicht nur Thomas von Aquin, der große Kirchenlehrer, hörte auf zu schreiben, nachdem er dem inneren Licht begegnet war. Wahrscheinlich läßt sich die innere Weisheit nur andeutungsweise in Worte fassen, eine Erfahrung, von der alle Mystiker berichten. So leben wir, auch mit dem Göttlichen Kind, als Bürger wenigstens zweier Welten, aber wir können uns ziemlich sicher unter seiner Führung auf diesem Weg bewegen.

In ihm erblicken wir die ganze Welt

Eine der schönsten diesbezüglichen Erzählungen handelt von Krishna und seiner Mutter Yashoda:

> Die Pflegemutter des Gottessohnes, Yashoda,
> Nahm den Krishna einst auf ihren Schoß,
> Mit süßer Lust und liebevoll gab sie dem Kind,
> Das trinken wollte, ihre Brust.
> Der Knabe trank und öffnete den Mund
> Mit leichtem Gähnen dann,
> Liebkosend sah die Mutter da das schöne Antlitz zärtlich an.
>
> Und wunderbar! Mit einem Blick sah sie die Welt,
> Luft, Sonne, Mond, das Sternenmeer am Himmelszelt.
> Meer, Erde, Berg, Fluß, alles, was die Erde hegt,
> Helläugig sah sie zitternd alles das im Nu
> Und lieblich lächelnd schloß sie dann die Augen zu.

Nach einer anderen Erzählung berichten seine Spielkameraden der Mutter ganz aufgeregt, Krishna habe Lehm gegessen. Das Kind stritt dies zuerst ab, doch als es auf Geheiß der Mutter seinen Mund öffnen mußte, erblickte sie zwischen seinen Gaumen das ganze Universum. Erschrocken nahm sie es in ihre Arme und streichelte es liebevoll und ehrerbietig.

Lehm, Ton und Erde in der Hand des Schöpfers oder als Bilder der Mutter Erde, sind uralte Motive der Weisheit der Psyche, um die Entstehung der Welt oder des Menschen abzubilden.

Wenn wir nur auch mit unseren irdischen Kindern so liebevoll und ehrerbietig umgehen würden, wie Yashoda mit Krishna, dem Göttlichen Kind. Warum meinen wir, Unterschiede zwischen dem Göttlichen und Natürlichem, zwischen dem Heiligen und dem Profanen machen zu müssen? Wäre es nicht besser um die Natur mit all ihren Lebewesen bestellt, zu denen ja auch die Menschenkinder gehören, wenn uns *Alles* heilig wäre? In den Erzählungen von den Göttlichen Kindern werden diese von einer irdischen Mutter geboren, die Väter bleiben jedoch meist im Hintergrund oder sind selbst Götter. In der Bhagavadgita heißt es: Immer, wenn Verbrechen sich erhebt oder Frömmigkeit zu wanken droht, erschafft Gott Vishnu sich erneut und geht durch Seine Wunderkraft Maya in einen menschlichen Mutterschoß ein. Es wird seine wunderbare Geburtsgeschichte erzählt, in der erst Vishnu und dann Krishna mit all ihren göttlichen Symbolen erscheinen, damit er von seinen Eltern als der eigentliche Gott erkannt werden kann. Erst danach nahm er die Gestalt eines gewöhnlichen Kindes an.

Der König des Landes wußte von der bevorstehenden Geburt, ließ die Eltern ins Gefängnis werfen, aneinander fesseln und von Wächtern, Löwen, Hunden und Elefanten bewachen. Aber die Wachen fielen in Schlaf und Vasudeva, der Vater, konnte das Kind zu einem Freund in Sicherheit bringen, dessen Frau gerade ein Mädchen geboren hatte. Der König wollte in seinem Zorn das Mädchen gegen einen Felsen schmettern, doch da verwandelte es sich in eine Göttin. In sinnloser Wut ließ der König alle neugeborenen Kinder, deren er habhaft werden konnte, töten.

Herodes hat ähnlich gehandelt. Die Bilder der Psyche entspringen der gleichen archetypischen Matrix.

Für die Kindwerdung Gottes in Krishna wie für alle Göttlichen Kinder gilt, daß Gott nicht nur als Kind erscheint, sondern sich im Kindsein als in seinem eigentlichen Wesen erschließt (Schwarzenau 1984) Das Wunder dieser Möglichkeit in unserer menschlichen Existenz, in der Realität der Psyche, läßt sich in Worten kaum besser fassen, eigentlich nur feiern, wie wir es alljährlich auch tun. Warum sollte es nicht auch ein Wunder bleiben, vor dem wir staunend stehen, wie die Kindlein, von denen es bekanntlich heißt, daß nur diejenigen, die werden wie sie, in das Reich der Himmel eingehen.

War es vorhin der Aspekt der Ewigkeit und des Heraustretens aus der Zeit, so ist es hier der Blick in eine unendliche Weite, die das Göttliche Kind eröffnen kann. Diese Symbolik deutend, heißt das, daß wir einen unendlich erweiterbaren Raum hin zur Ganzheit erleben und erreichen können, sicher nur Stufe um Stufe, die gesamte Biographie einschließend.

Wilber (1983) unterscheidet klar den präpersonalen vom transpersonalen Raum der persönlichen Entwicklung. Das Kindmotiv hat zunächst hauptsächlich mit unserer persönlichen Vergangenheit und unseren früheren Erfahrungen zu tun, es ist erst einmal ein ganz gewöhnliches Kind, vielleicht noch behindert, krank oder auch mißhandelt. Nur selten erscheinen Wunderkinder, wie sie in den Mythen von Hermes und Apoll beschrieben sind, aber die Kraft und die Weisheit des Göttlichen Kindes ist immer der Kern seines Wesens.

Wer therapeutisch mit Kindern arbeitet, kann stets beobachten, mit welcher Zielsicherheit und innerem Wissen sich der Heilungsprozeß vollzieht und im

Symbol sich darstellt. Vielleicht haben Sie selbst einmal ein Sandbild gestaltet und dabei erfahren, daß Sie genau wußten, welche Figur Sie zu welcher Zeit an eine bestimmte Stelle des Bildes stellen wollten, ja mußten, und wann es fertig war und in seinen Einzelheiten stimmte. Diese Klarheit und Stimmigkeit ist es, an der wir unsere Verbundenheit mit der alten Weisheit als innere Wirklichkeit erkennen und sie, dies vor allem, erleben. Das Wissen darum ist erst die Vorstufe. Ein zu schneller Sprung vom präpersonalen in den transpersonalen Raum ist eine Selbsttäuschung, zu der oft mit wohlklingenden verführerischen und leider als esoterisch bezeichneten Angeboten eingeladen wird. Viele, oft schmerzliche Einzelschritte sind nötig, bis wir den präpersonalen und personalen Raum mit seinen Bindungen und Fixierungen überwunden haben, frei geworden sind und wirklich loslassen können, um in die große Weite einzutreten und doch mit der Wirklichkeit unseres Lebens, innen wie außen, fest verbunden zu bleiben. In jedem Raum zeigt das Göttliche Kind ein anderes Gesicht.

Die Fülle der symbolischen Aussagen auch nur der Krishnageburt, ihrer Vorgeschichte und dem damit verbundenen Weltverständnis läßt sich höchstens andeuten. Das bedrohte Mädchen verwandelt sich in ein Göttliches Mädchen, in eine Göttin - ein Thema, dem sich der Mythenforscher Kerényi (1951) besonders gewidmet hat. Meist jedoch sind es Knaben, in denen der Gott erscheint, er realisiert oder inkarniert sich selbst wieder.

Der paradoxe Gott

In den bisher dargestellten Geschichten war die dunkle und zerstörerische Seite in den beteiligten Menschen dargestellt, vor allem in den Königen, den herrschenden Bewußtseinsdominanten. Alle neugeborenen Kinder wurden wahllos getötet. Es gibt aber mythische Geschichten von Göttlichen Kindern, die "das Sichenthüllen der Gottheit in ihrer paradoxen Einheit des Tiefsten und Höchsten, des Allerschwächsten und Allerstärksten" zeigen (Kerényi 1966).

Das fügt sich nicht ohne große Schwierigkeiten in unser Gottesbild ein. Meines Wissens hat sich bisher nur C. G. Jung mit der dunklen Seite Gottes vor allem in seiner leidenschaftlichen persönlichen Schrift 'Antwort auf Hiob' befaßt und auseinandergesetzt (Jung 1971). Das Göttliche Kind der Wogulen wird in einer zwischen Himmel und Erde hängenden Wiege lebensgefährlich hin und her geschaukelt und schließlich auf die Erde herabgelassen.

Sein Vater setzte Ihn in eine gebogene Wiege mit silberner Krümmung,
Er ließ Ihn hinunter in die Welt des Menschen,
Aufs Dach Seines menschlichen Onkels, des mit Adlerfedern,
Fiel Er mit der gewaltigen Stimme des Donners.
Sein Onkel war plötzlich draußen, er nahm Ihn hinein.
Tags erzieht er Ihn, nachts erzieht er Ihn.
Als Er so wächst, schlägt Ihn Seine Tante,
Als Er so wächst, schlägt Ihn Sein Onkel.
So werden hart Seine Knochen, so werden stark Seine Muskeln.
Seine Tante haut Ihn das zweite Mal.
Das dritte Mal haut Ihn sein Onkel.

Das Leiden des Kindes wird eindrucksvoll geschildert. Es wird mit einem Klopfer aus Mammutknochen fast totgeschlagen, wird auf den Misthaufen geworfen und soll als Opfertier dienen. An diesem Tiefpunkt erfolgt die Wendung. Er gelangt plötzlich in den Besitz göttlicher Kräfte, verfügt über Schneeschuhe, Panzer, Köcher und Schwert. Mit einem Pfeilschuß tötet er sieben Hirsche, durchbohrt sieben Elche. Er zerstört die Städte der Samojeden und der Russen mit dem Druck seines Rückens und seiner Brust. Er tötet seinen Onkel und seine Tante. Er entwickelt eine große zerstörerische Kraft, er ist ein dunkler Gott.

Das, aus unserer Sicht, Böse wird externalisiert, doch insbesondere in den nordsibirischen Mythen gehört es zum Uranfang, zum Göttlichen des Ursprungs. Denn was dem Göttlichen Kind angetan wird, woher kommt es, wer veranlaßt es? In einer für unser heutiges Verständnis kaum nachvollziehbaren extremen Form zeigt sich das in einem finnischen Ursprungsmythos, in dem das Göttliche Kind furchtbar gequält wird, aber alle Folter und Angriffe auf sein Leben unverletzt übersteht. Einige Verse aus den Gesängen der Kalevala sollen dies verdeutlichen.

Nachdem der Knabe nicht im Meer ertrunken war, sollte er verbannt werden.

Aufgesammelt und gestapelt wurde trockenes Holz der Birke,
Tannen mit viel hundert Zweigen, Bäume, die mit Harz gefüllet,
Tausend Schlitten voll mit Rinde, hundert Klafter dürrer Eschen;
Feuer auf das Holz geworfen, auf den Haufen ausgebreitet,
Dorthin dann der Knab' geschleudert, mitten in die Glut des Feuers.
Brannte einen Tag, den zweiten, brannte noch am dritten Tage.
Hin ging man, um zuzuschauen; bis zum Knie saß er in Asche,
In der Asche bis zum Arme, in der Hand den Kohlenhaken,
Um des Feuers Kraft zu mehren, um die Kohlen dicht zu schüren,
Nicht ein Härchen war versengt, nicht verletzet eine Locke.

Nach Kerényi (1966) ist dies "zweifellos der Urstoff der Mythologie und nicht der der Biographie, aus dem das Leben von Göttern und nicht von Menschen sich formt".

Der Ursprung des Bösen bleibt offen, es ist von Anfang an mit da, auch im Göttlichen Raum, nicht erst bei den Menschen, bei Kain und Abel. Die Verfolger und Quäler des Göttlichen Kindes gehören ebenso zu ihm wie die schützenden Kräfte und Mächte, die seine Gottesnatur, seine Unverletzlichkeit zeigen. Und wenn es, wie bei Vishnu, den ganzen Gott repräsentiert, so gehört auch diese paradoxe Polarität, diese Gegensätzlichkeit zu ihm, ein Thema, das auch aus der Bibel des Alten und des Neuen Testaments bekannt ist.

Jahwe ist auch ein grausamer Gott, so sehr er sein auserwähltes Volk liebt, und der Gott des Neuen Testaments opfert seinen eingeborenen Sohn am Kreuz. Selbst wenn er nicht getötet werden kann, sein Leid begegnet uns in unserer Kultur bis heute in jedem Kruzifix. Offenbar können wir uns in unserem innersten Erleben dieser Polarität nicht entziehen, sie gehört zur archetypischen Matrix unserer Erlebnismöglichkeiten und wird uns deshalb immer wieder in uns und außerhalb von uns begegnen. Wir können ihr nicht entrinnen, seit aus dem Großen Einen, dem TAO, die Zweiheit und die Dreiheit und aus ihnen die Zehntausend Dinge geboren wurden, wie Lao Tse sagte.

Uns, die wir in die Vielfalt der Polaritäten der zehntausend Dinge eingefangen sind, bleibt die Kraft der Sehnsucht nach dem Einen, das sich auch im Göttlichen Kind offenbart. Die alte Weisheit sagt beides, das Eine und die Zwei mit allem, was unserem Erleben davon zugänglich ist.

Die Straßenkinder von Bombay

Der Fotograf des Fotobandes 'Die Kinder von Bombay', Mitidieri (1994) hat aus seinem Buch mehr als eine Offenbarung der Traurigkeit gemacht, die ein alleingelassenes Kind auf der Straße empfindet. Er hat diesen Kindern die Würde gewährt, jene Augenblicke zu zelebrieren, in denen sie ihre dunklen, ungewaschenen Köpfe zurückwerfen und loslachen.

Es ist der Schall dieses Gelächters, mit dem sie eine Antwort auf ihr Leben geben, das uns noch in den Ohren klingt, wenn wir dieses Buch weglegen. Und weil wir die Möglichkeiten, die in diesem Gelächter stecken, vernehmen, trauern wir. Diese Trauer kann eine doppelte sein: einmal, weil die Kraft des Göttlichen Kindes durch das Elend auf den Straßen von Bombay und an anderen Orten der Welt verschüttet wird, zum anderen, weil wir in unserem Wohlstand nichts mehr erleben von diesem unmittelbaren Gelächter der Kraft, das allem Elend spottet, weil seine ihm innewohnende Kraft ihm überlegen ist. Peter Dalglish, der Gründer von "Street Kids International" schreibt am Ende seines Vorworts zu dem Bildband über die Straßenkinder folgendes:

"I believe, that their resilience and determination should be recognised and supported, and should serve as an inspiration for the rest of society. In the eyes of our poorest and youngest citizens we can find hope for the whole world." "Ich bin der Überzeugung, daß ihre Elastizität und Entschlossenheit erkannt und vermittelt werden muß und der Gesellschaft zu einer Quelle der Inspiration werden kann. In den Augen der ärmsten und jüngsten Bürger können wir Hoffnung für die ganze Welt finden."

Selbst in diesen Ärmsten der Armen auf unserem Planeten leuchtet der Strahl des Sterns, doch bedürfen sie derer, die ihn zu sehen und zu fördern vermögen und dazu willens sind.

Wir kennen dieses Phänomen auch aus der täglichen Arbeit in den Behandlungen: das Unbewußte bedarf, damit seine lebensfördernden Kräfte wirksam werden können, der kundigen und wissenden Begleitung. Im Hinblick auf die innerpsychische Dynamik sprechen wir von der Ich-Selbst-Achse, von den dialektischen funktionalen Beziehungen zwischen Ich und Selbst, beide Instanzen sind wechselseitig aufeinander angewiesen.

Vom mittleren Punkt zwischen den dynamischen Polen soll ein Bild noch einmal zur hellen Seite zurückführen, nach diesen düsteren Visionen von der Totalität des Göttlichen.

Das Lichtkind

Eine Frau, die sich in einer schwierigen Krisensituation befand - ein alter überholter Lebensabschnitt mußte zugunsten eines neuen, jetzt für sie angemesseneren beendet werden - bringt ein Bild mit, das sie spontan gemalt hat. Ein Weg ist darauf zu sehen, der hinaus und hinauf führt, eine Brücke, ein nach oben sich öffnender, unten jedoch tief verwurzelter Baum und groß, das ganze untere Drittel des Blattes einnehmend, ein rotes, uterushaftes Gebilde und mitten darin ein helles leuchtendes Etwas in Form eines Embryos.

"Das ist das Lichtkind" sagte die Frau sichtlich erregt und bewegt. Sie weiß weiter nichts darüber zu berichten. "Es ist einfach das Lichtkind" sagt sie, während sie zu den anderen Motiven ihres Bildes Vieles assoziiert. Dieses Bild war ihr sehr wichtig. Warum? "Weil das Lichtkind darauf erschienen ist". "Erschienen?" "Ja." Sie hatte nicht vor, ein Lichtkind zu malen, "es hat sich wie von selbst gemalt". Dieses Kind ist der leuchtende Repräsentant der Kraft und des Wissens um ihr Ziel, das ihr vom Unbewußten zur Verfügung gestellt wird, so daß sie den Weg der Erneuerung in ihren neuen Lebensabschnitt gehen kann. Das Kind muß noch wachsen und geboren werden, um ein springlebendiges, seinen Weg laufendes Menschlein zu sein. Es ist noch eingeschlossen im schützenden mütterlichen Raum.

"Nachdem ich das Bild gemalt hatte, ging es mir viel besser", sagte die Frau, "ich spürte eine innere Erregung und wieder neue Energie nach der langen Zeit der Kraftlosigkeit, in der ich mich so hilflos fühlte". Der Hinweis auf das Göttliche Kind in uns hilft, das Selbst-Vertrauen zu bauen und zu verankern. Auf dem Bild der Geburt Jesu war statt des meist dargestellten Stalls eine Höhle zu sehen, in der Maria saß. Die Höhle ist Bild des Eingangs in den Mutterleib der Erde, aus dem wir hervorgehen und in den wir zurückkehren, ein Tor für Geburt und Tod, wie die alten Geschichten und die innere Weisheit berichten.

Ich wünsche uns allen, daß wir gewahr werden, wie uns das innere Kind, in dem das Göttliche Kind immer mit erscheint, in jeder Lebenssituation entgegenläuft, seine ganze Fülle mitbringt und uns großzügig zur Verfügung stellt.

Es ist immer einfach da.

Literatur

Eliade M (1963) Der Mythos der Ewigen Wiederkehr. Diederichs, Düsseldorf

Jacobsohn H (1952) Gespräch eines Lebensmüden mit seinem Ba. In: Studien aus dem C. G. Jung-Institut Zürich. Rascher, Zürich

Jung CG (1978) Zur Psychologie des Kindarchetypus. GW Bd 9/1. Walter, Olten

Jung CG (1971) Antwort auf Hiob. GW Bd 11. Walter, Olten

Jung CG (1971) Psychologie und Religion und das Wandlungssymbol in der Messe. GW Bd 11. Walter, Olten, S 49 u 316

Kerényi K (1951) Das Göttliche Mädchen. In: Jung CG, Kerényi K (Hrsg) Einführung in das Wesen der Mythologie. Rhein, Zürich

Kerényi K (1966) Humanistische Seelenforschung. VVM-Verlag, Wiesbaden , S 76

Kerényi K (1966) Humanistische Seelenforschung. VVM-Verlag, Wiesbaden, S 71 u 89

Lao Tse, Tao te king. Diederichs, München, Nr. 42

Mitidieri D (1994) Die Kinder von Bombay. Braus, Heidelberg

Moon B (1991) An Encyclopedia of Archetypal Symbolism. Shambala, Boston London

Schwarzenau P (1984) Das Göttliche Kind. Kreuz, Stuttgart, S 17ff

Wilber K (1983) Die Drei Augen der Erkenntnis. Kösel, München, S 119ff

Sachregister